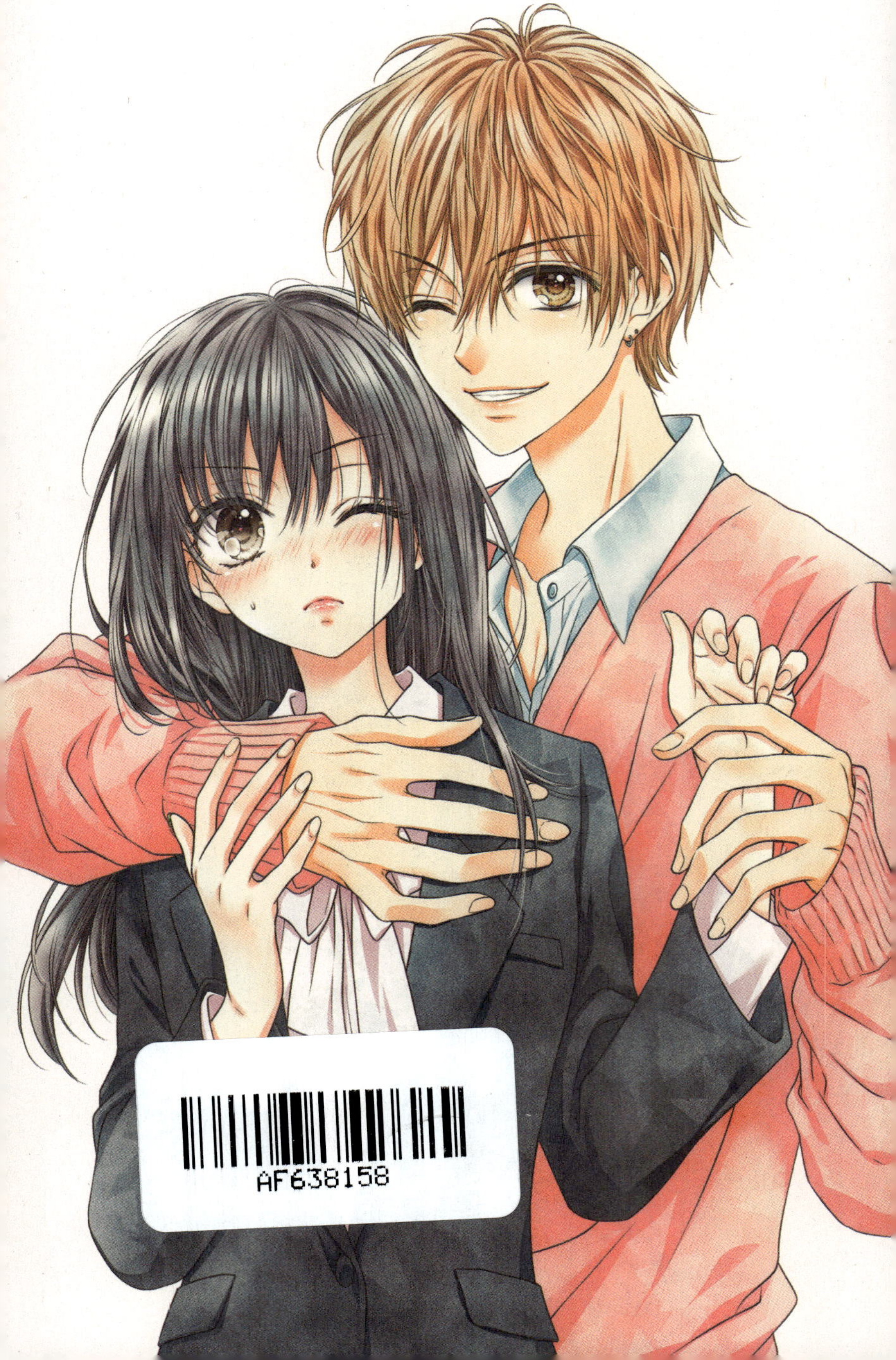

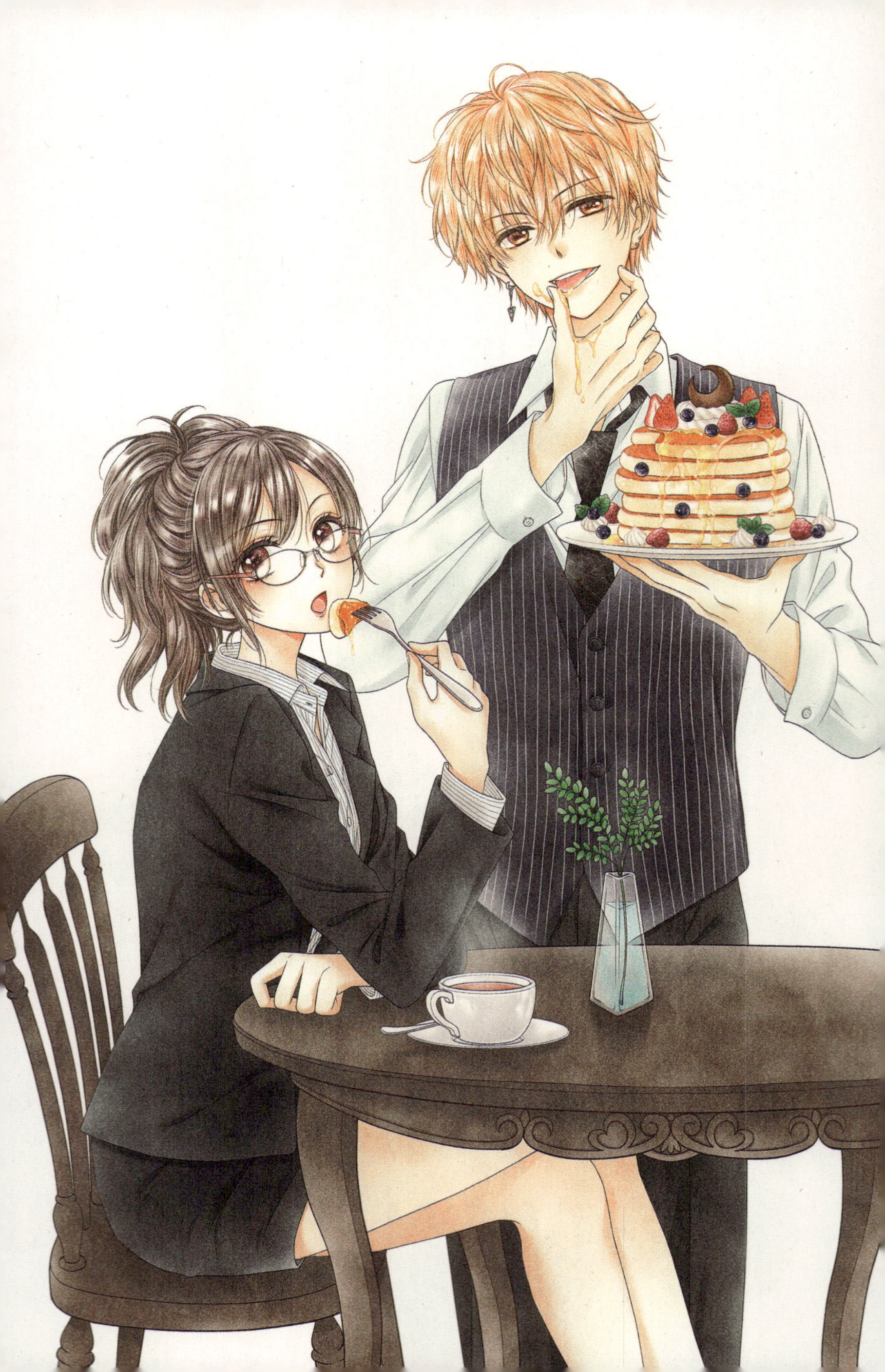

Sirupsüße Sünde

華夜 Kayoru

1

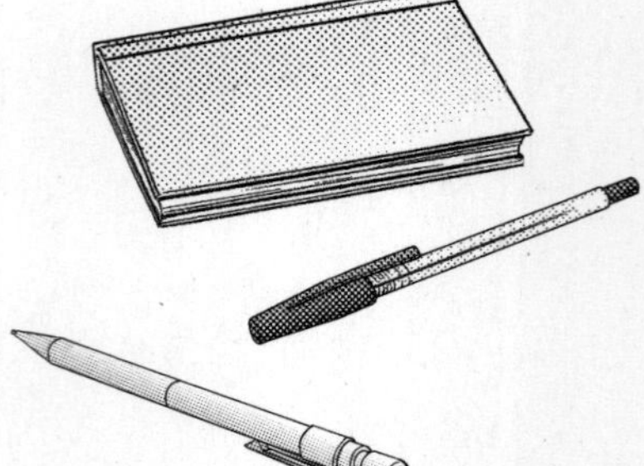

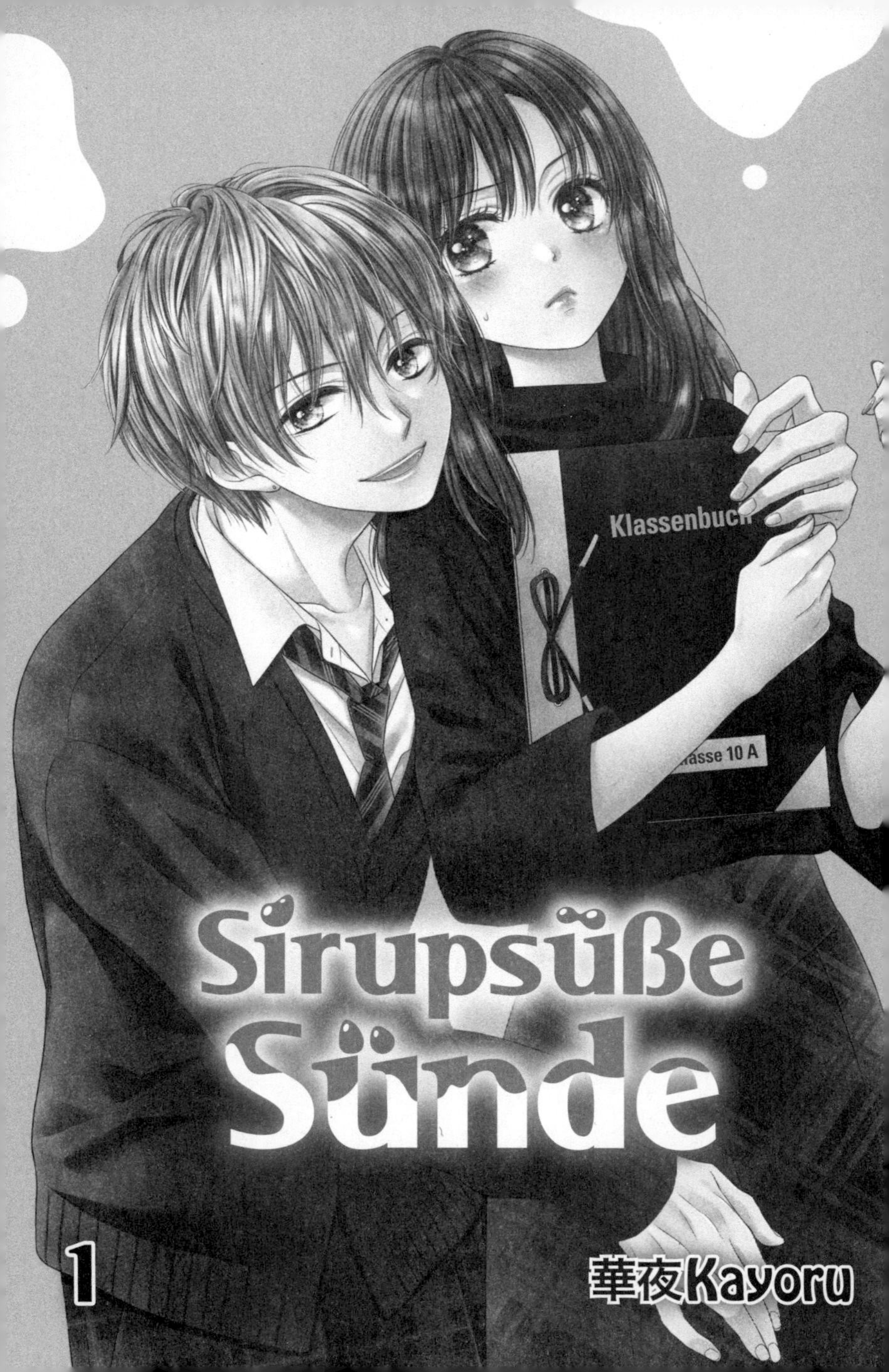
Klassenbuch
Sirupsüße Sünde
1
華夜Kayoru

Sirupsüße Sünde

Inhalt

»Die Küsse meiner Lehrerin schmecken nach Honig.«

Sirupsüße Sünde

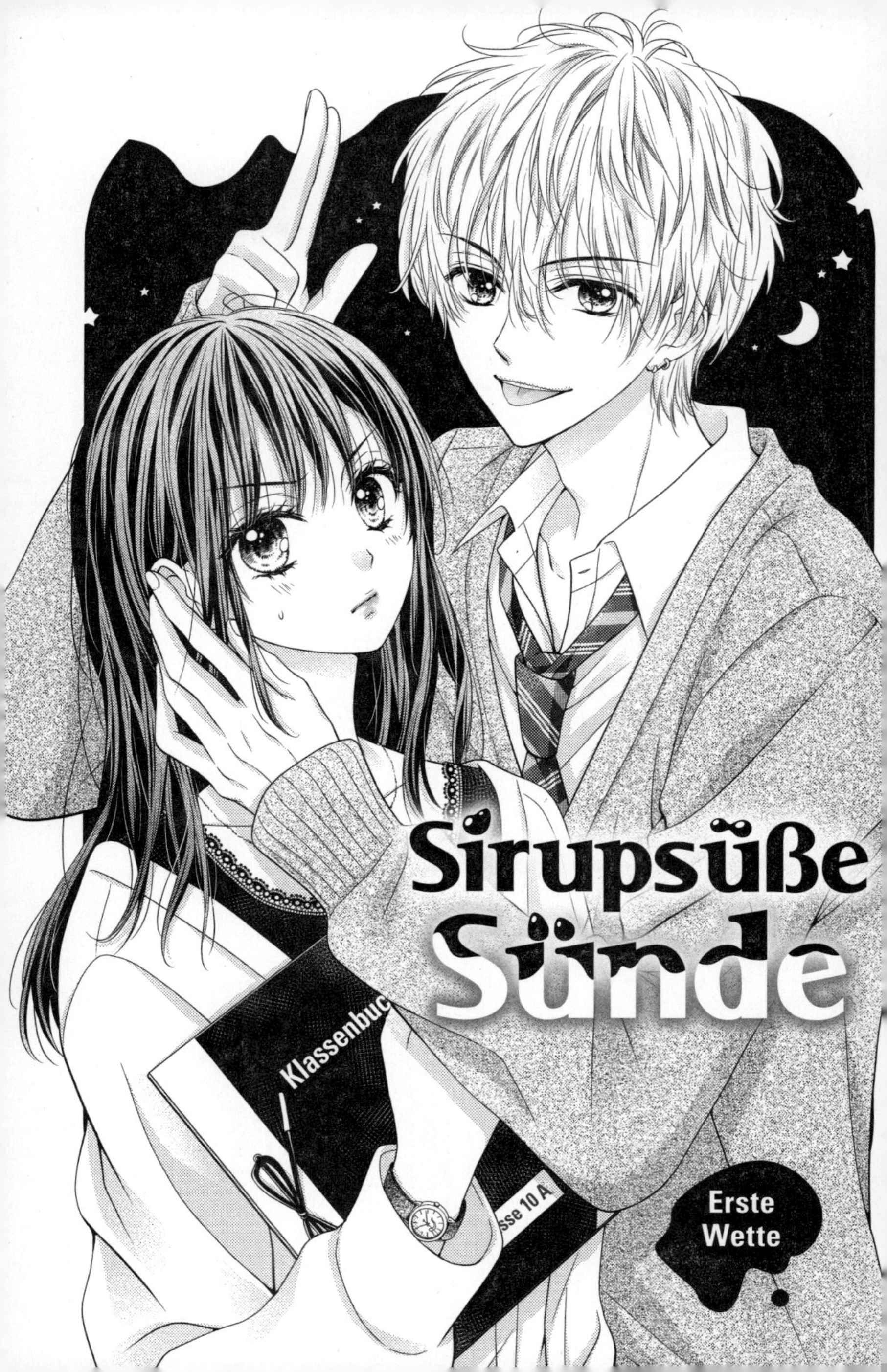
Sirupsüße
Sünde
Klassenbuc
sse 10 A
Erste
Wette

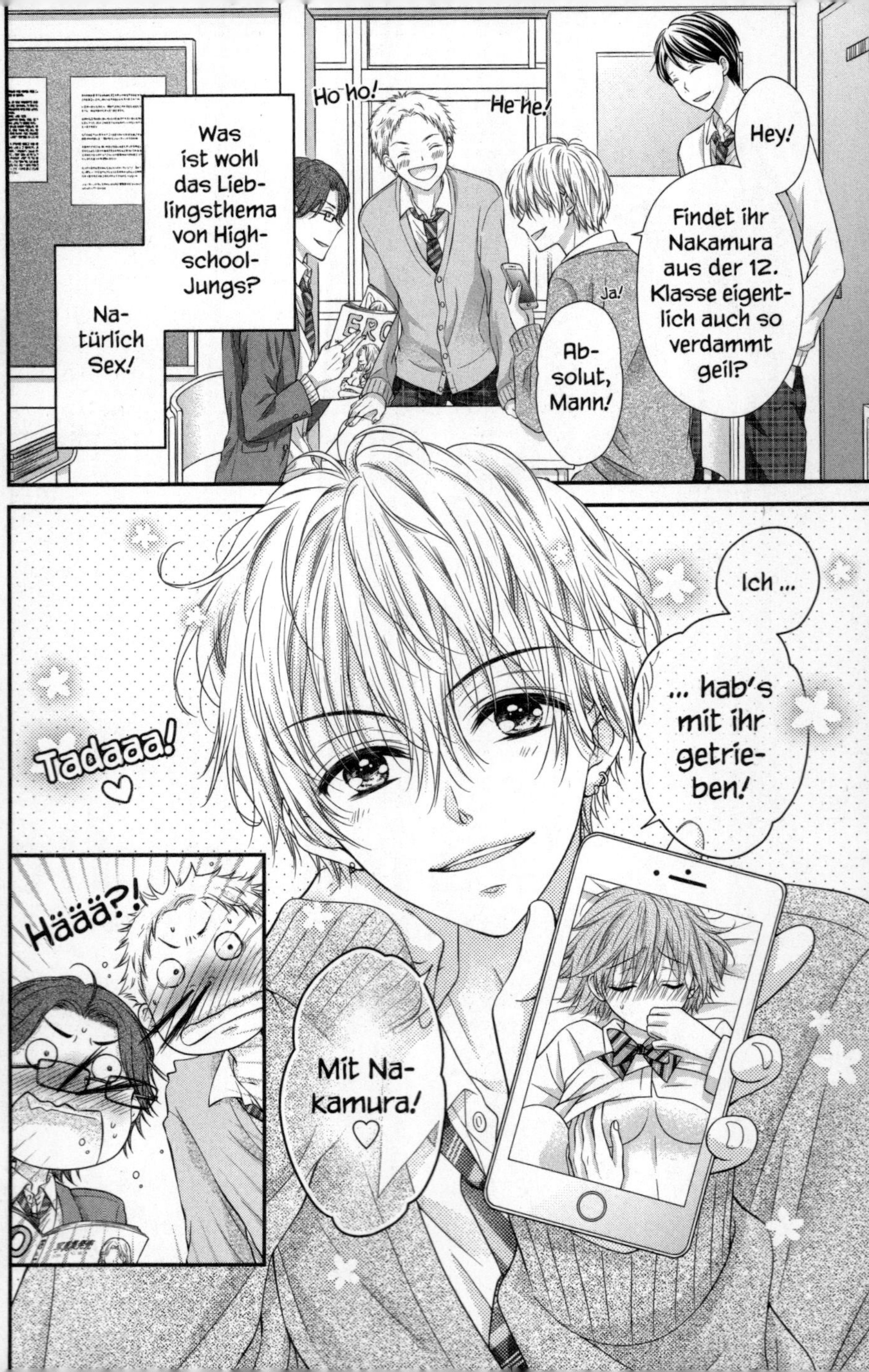
Hey!
Findet ihr Nakamura aus der 12. Klasse eigentlich auch so verdammt geil?
He-he!
Ho-ho!
Ja!
Absolut, Mann!
Was ist wohl das Lieblingsthema von High-school-Jungs?
Natürlich Sex!
ERO
Ich ...
... hab's mit ihr getrieben!
Tadaaa! ♡
Mit Nakamura! ♡
Hääa?!

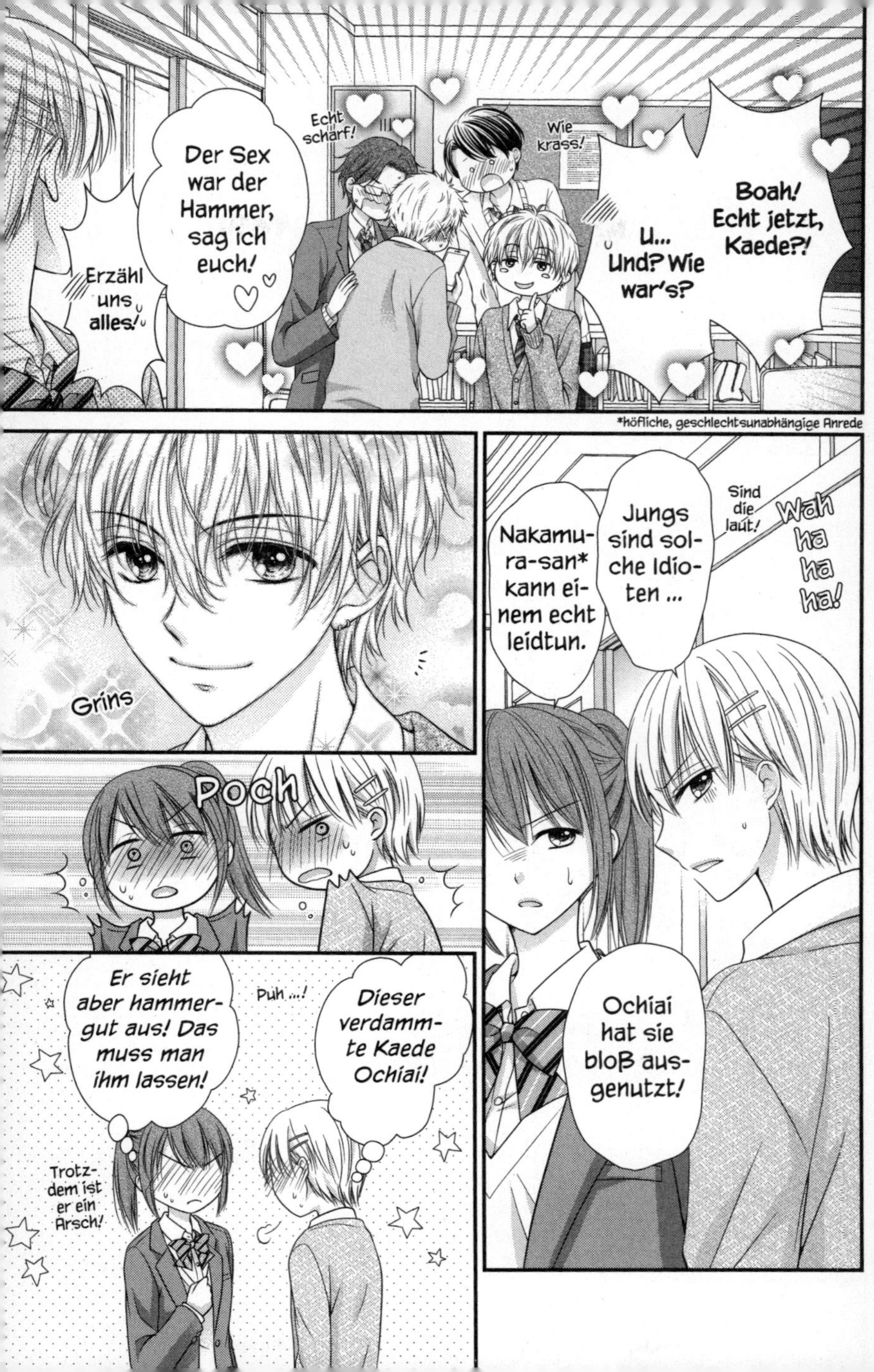

*höfliche, geschlechtsunabhängige Anrede

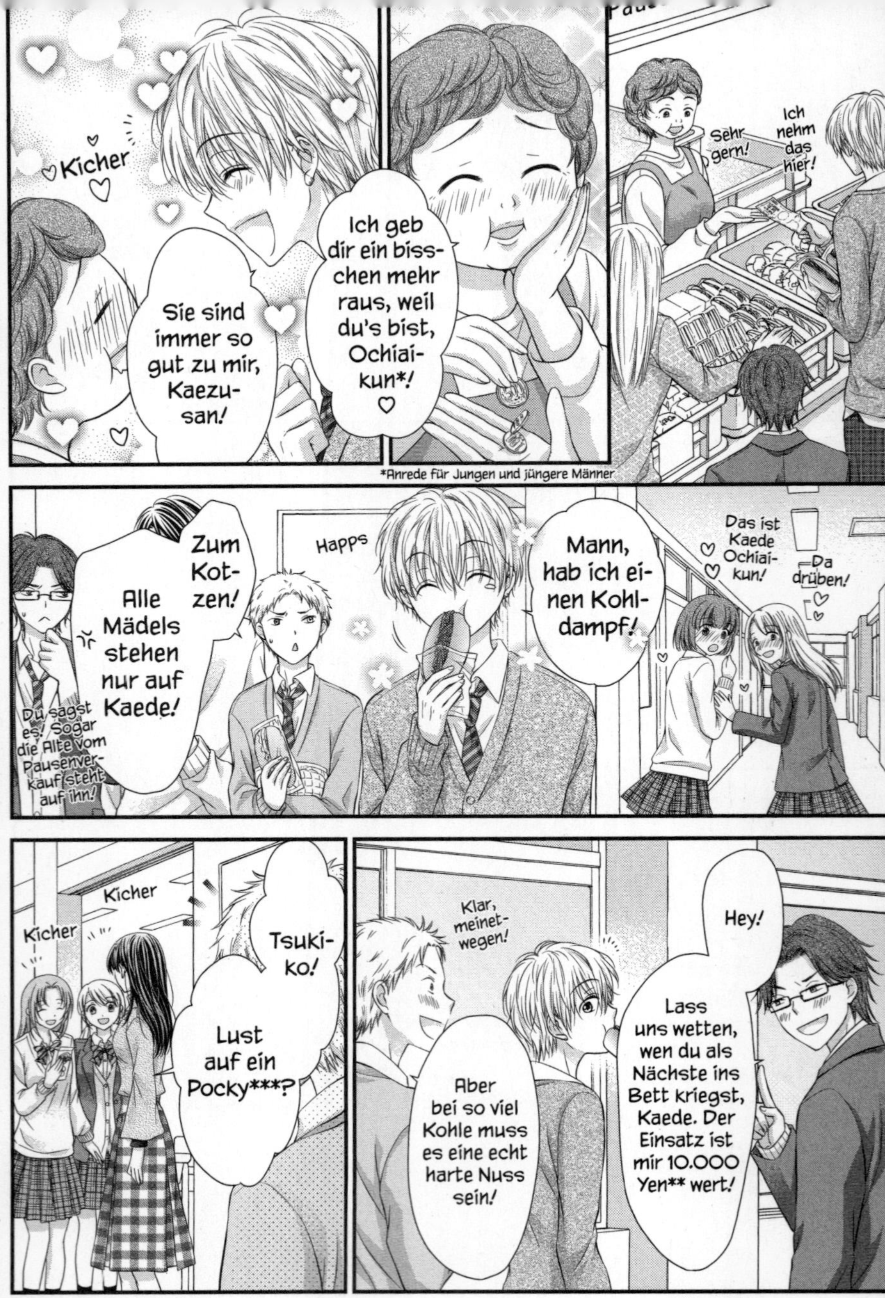

*Anrede für Jungen und jüngere Männer

***jap. Süßigkeit (Mikado-Stäbchen)

**ca. 76 Euro

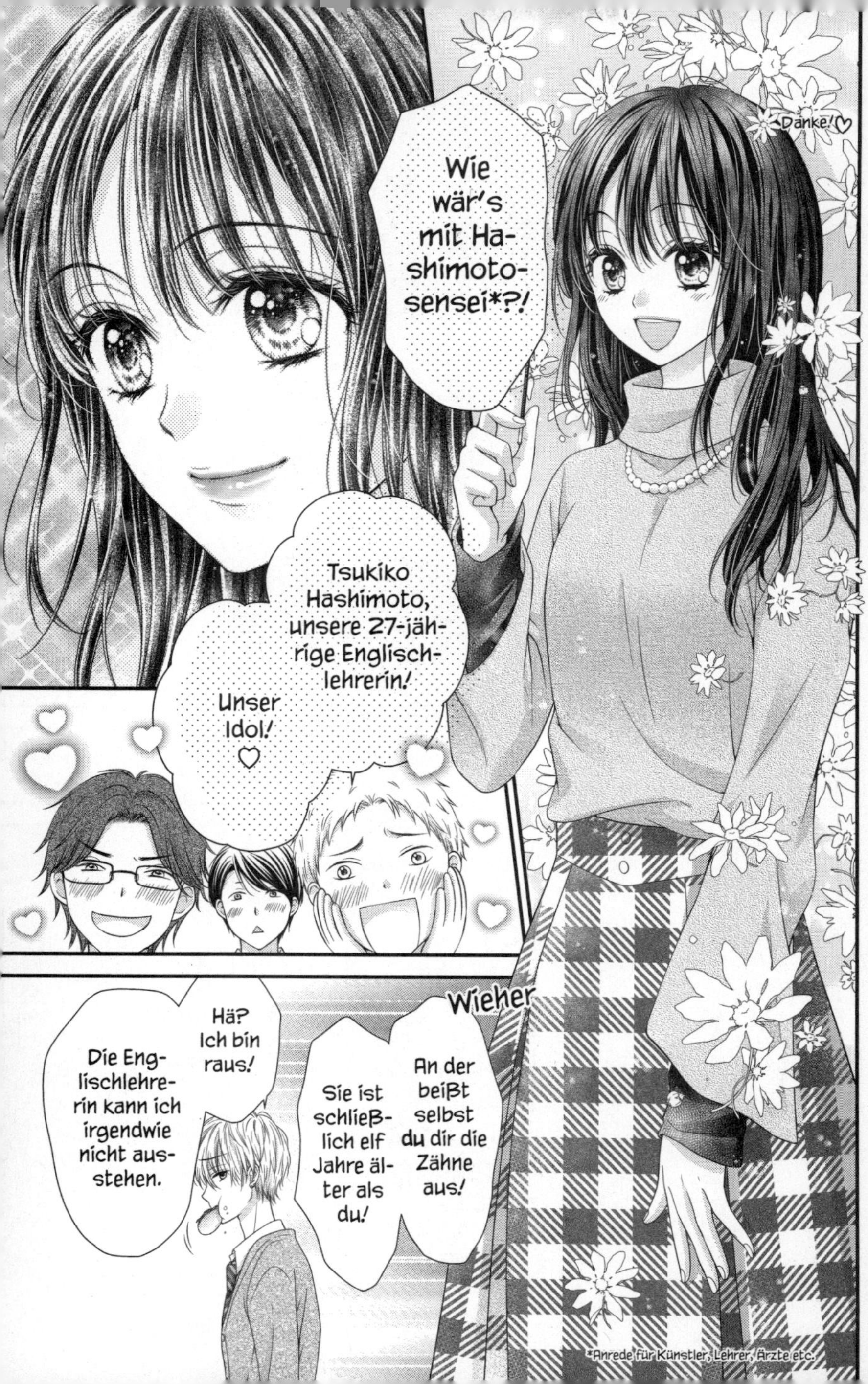

*Anrede für Künstler, Lehrer, Ärzte etc.

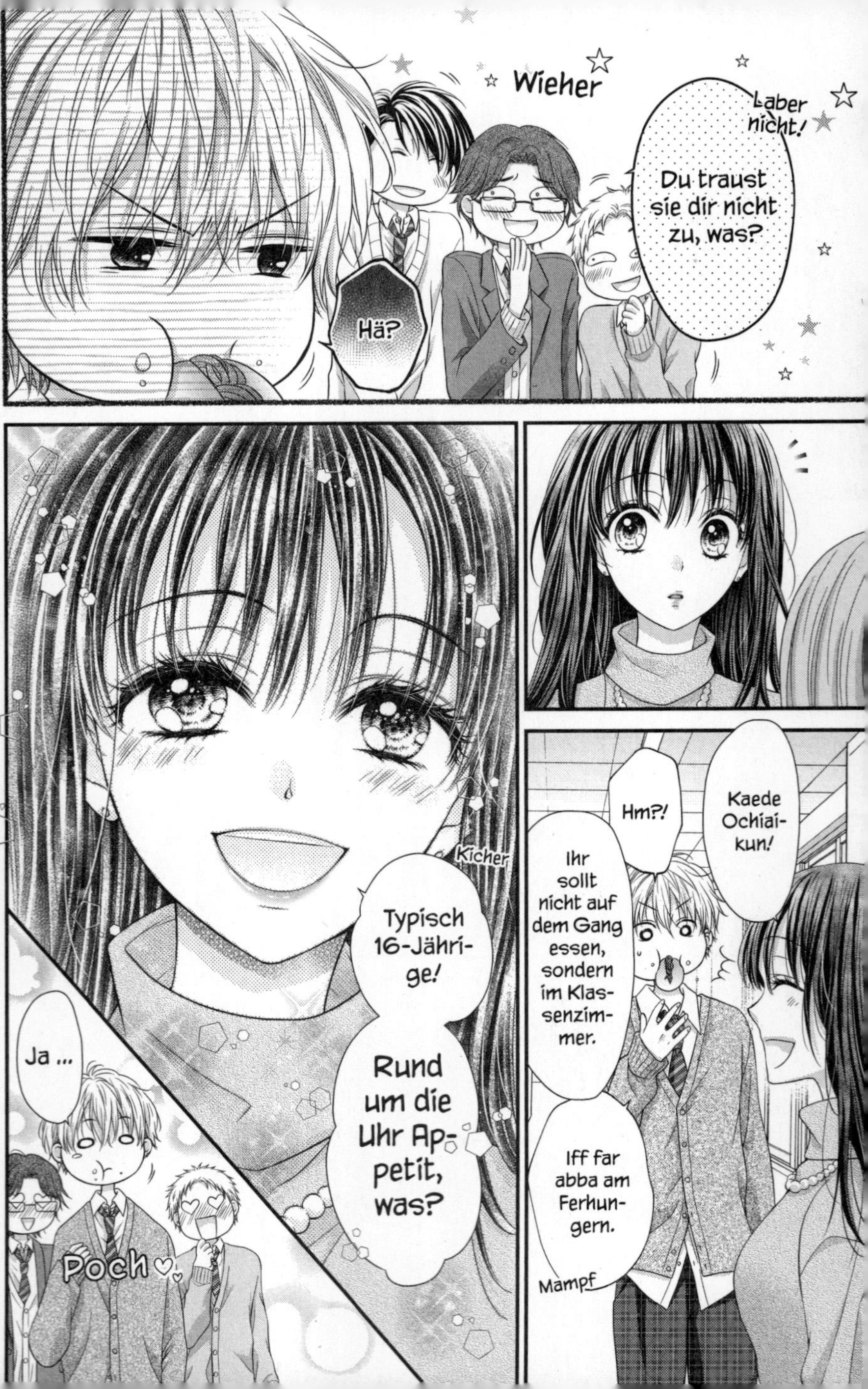
Laber nicht!
Du traust sie dir nicht zu, was?
Wieher
Hä?
Kaede Ochiai-kun!
Hm?!
Ihr sollt nicht auf dem Gang essen, sondern im Klassenzimmer.
Iff far abba am Ferhungern.
Mampf
Kicher
Typisch 16-Jährige!
Rund um die Uhr Appetit, was?
Ja ...
Poch

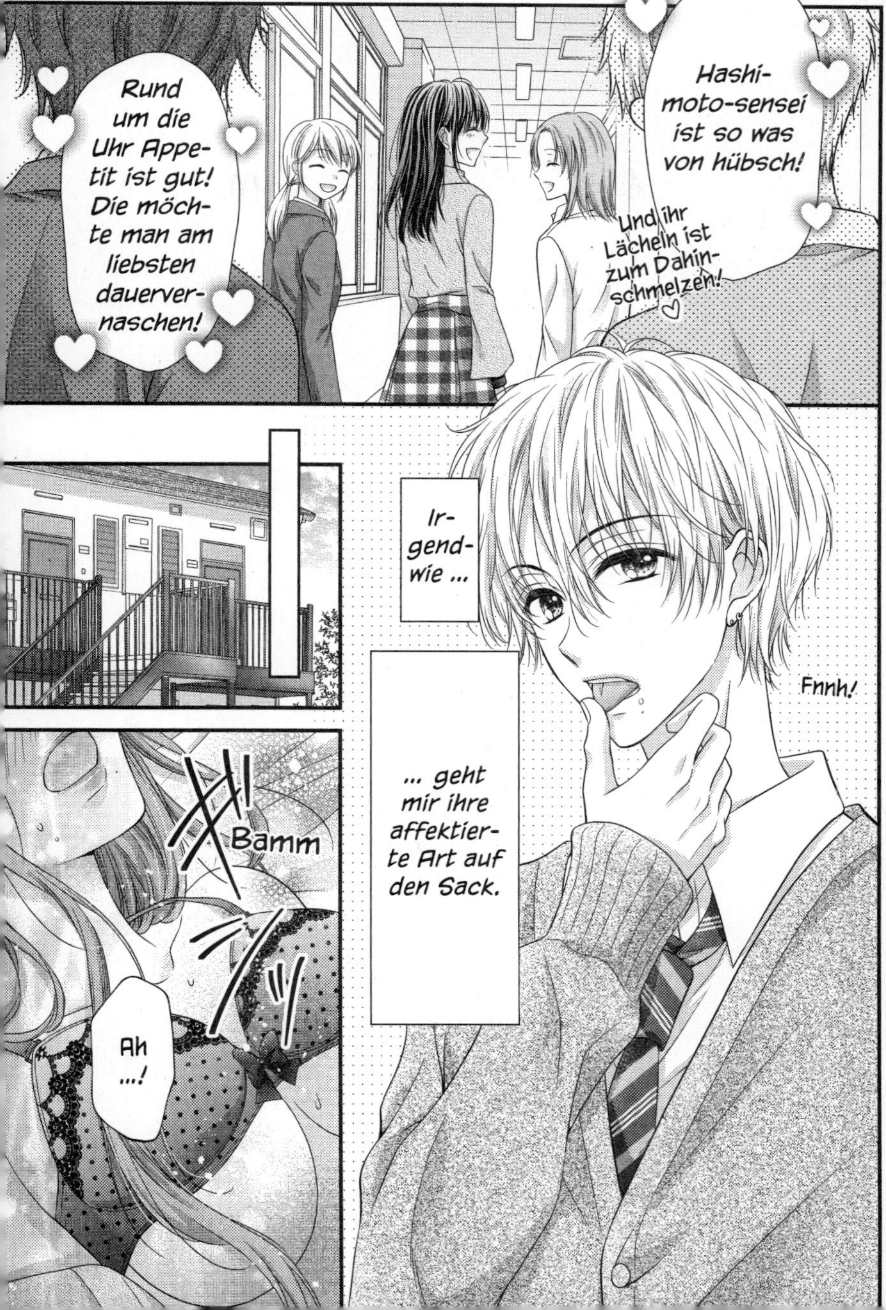
Hashimoto-sensei ist so was von hübsch!
Und ihr Lächeln ist zum Dahinschmelzen!
Rund um die Uhr Appetit ist gut! Die möchte man am liebsten dauervernaschen!
Irgendwie ...
Fnnh!
... geht mir ihre affektierte Art auf den Sack.
Bamm
Ah ...!

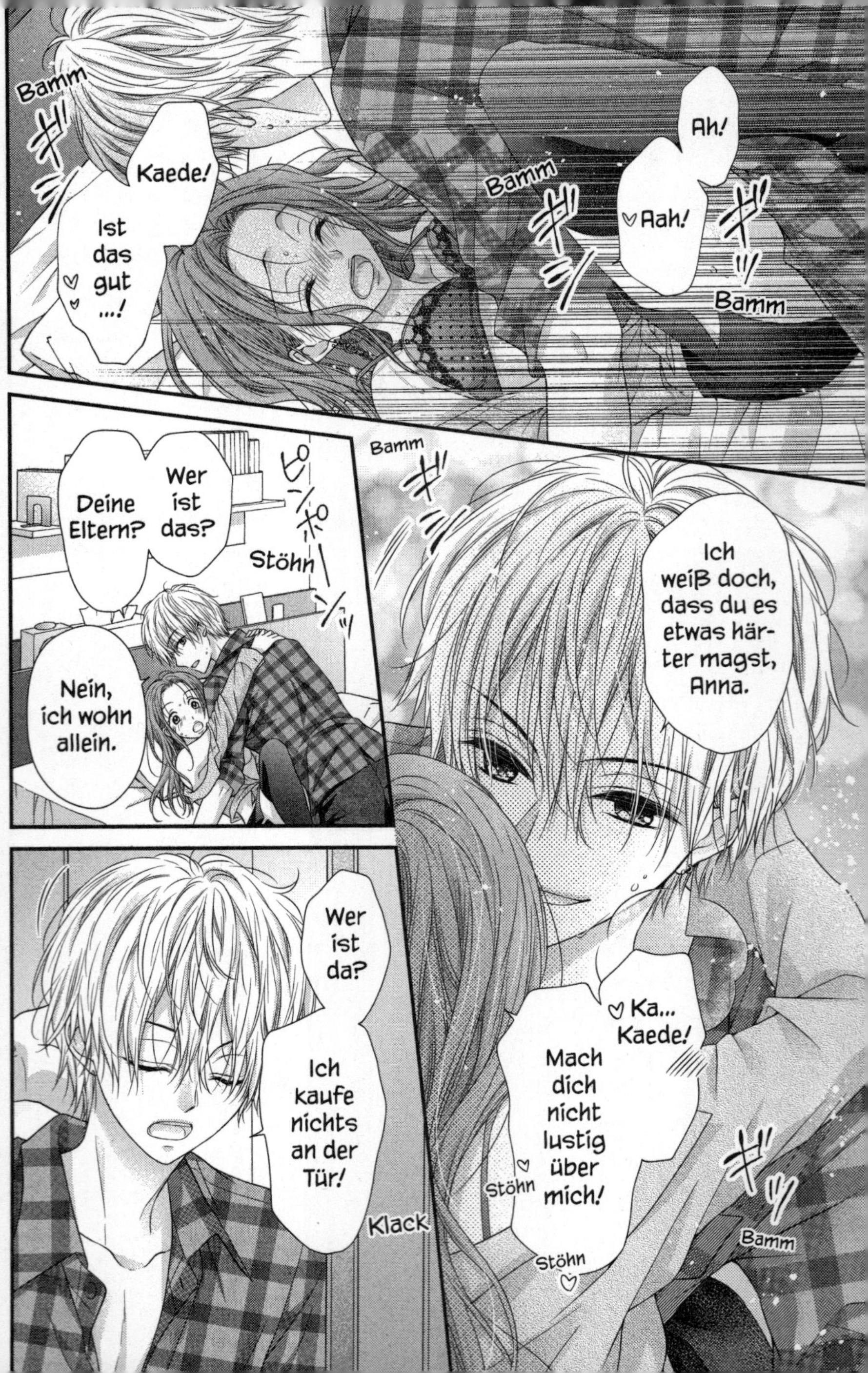
Ah!
Aah!
Bamm
Bamm
Bamm
Kaede!
Ist das gut ...!
Bamm
Ich weiß doch, dass du es etwas härter magst, Anna.
Wer ist das?
Deine Eltern?
Stöhn
Nein, ich wohn allein.
Ka... Kaede!
Mach dich nicht lustig über mich!
Stöhn
Stöhn
Bamm
Wer ist da?
Ich kaufe nichts an der Tür!
Klack

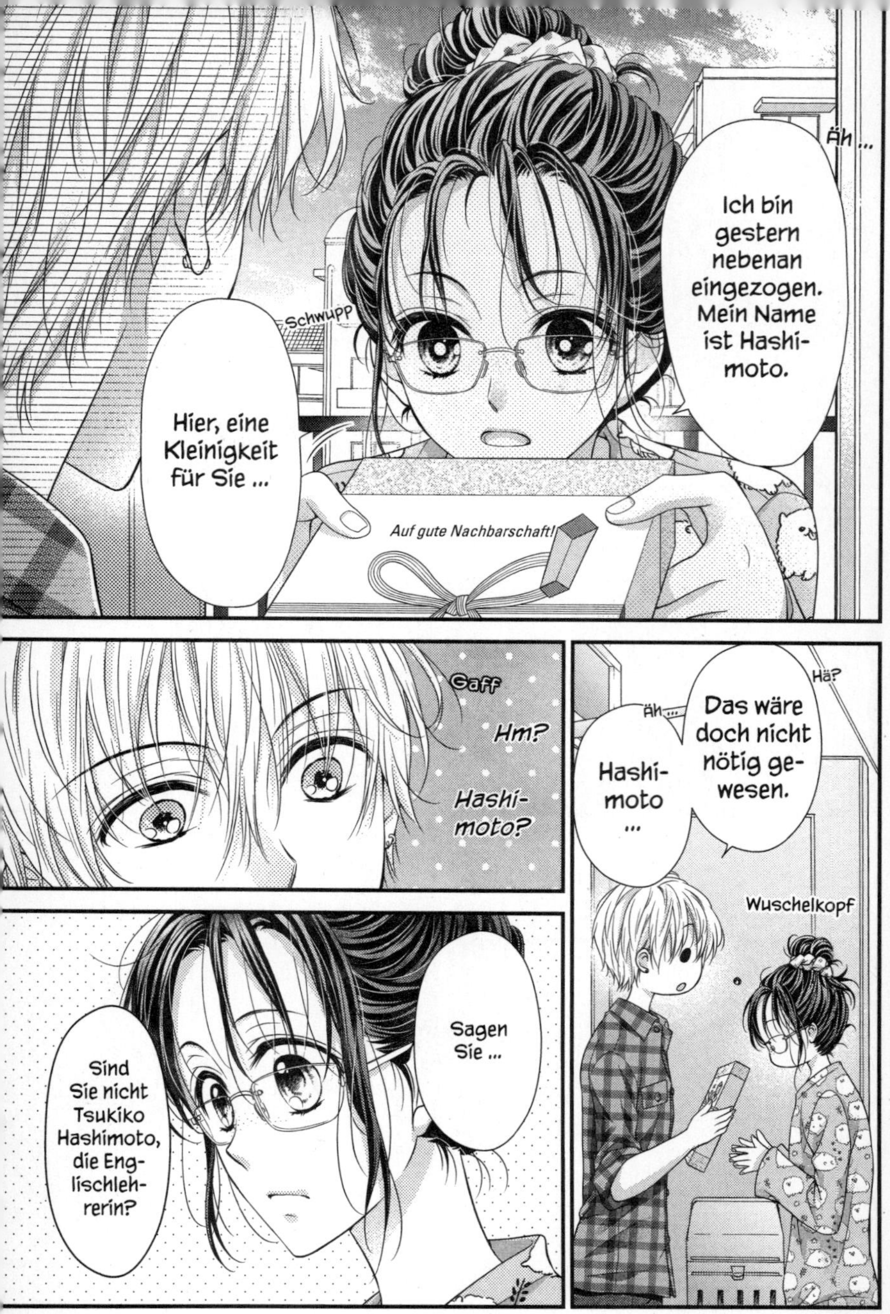
Äh ...
Ich bin gestern nebenan eingezogen. Mein Name ist Hashimoto.
Schwupp
Hier, eine Kleinigkeit für Sie ...
Auf gute Nachbarschaft!
Hä?
Das wäre doch nicht nötig gewesen.
Äh ...
Hashimoto ...
Wuschelkopf
Gaff
Hm?
Hashimoto?
Sagen Sie ...
Sind Sie nicht Tsukiko Hashimoto, die Englischlehrerin?

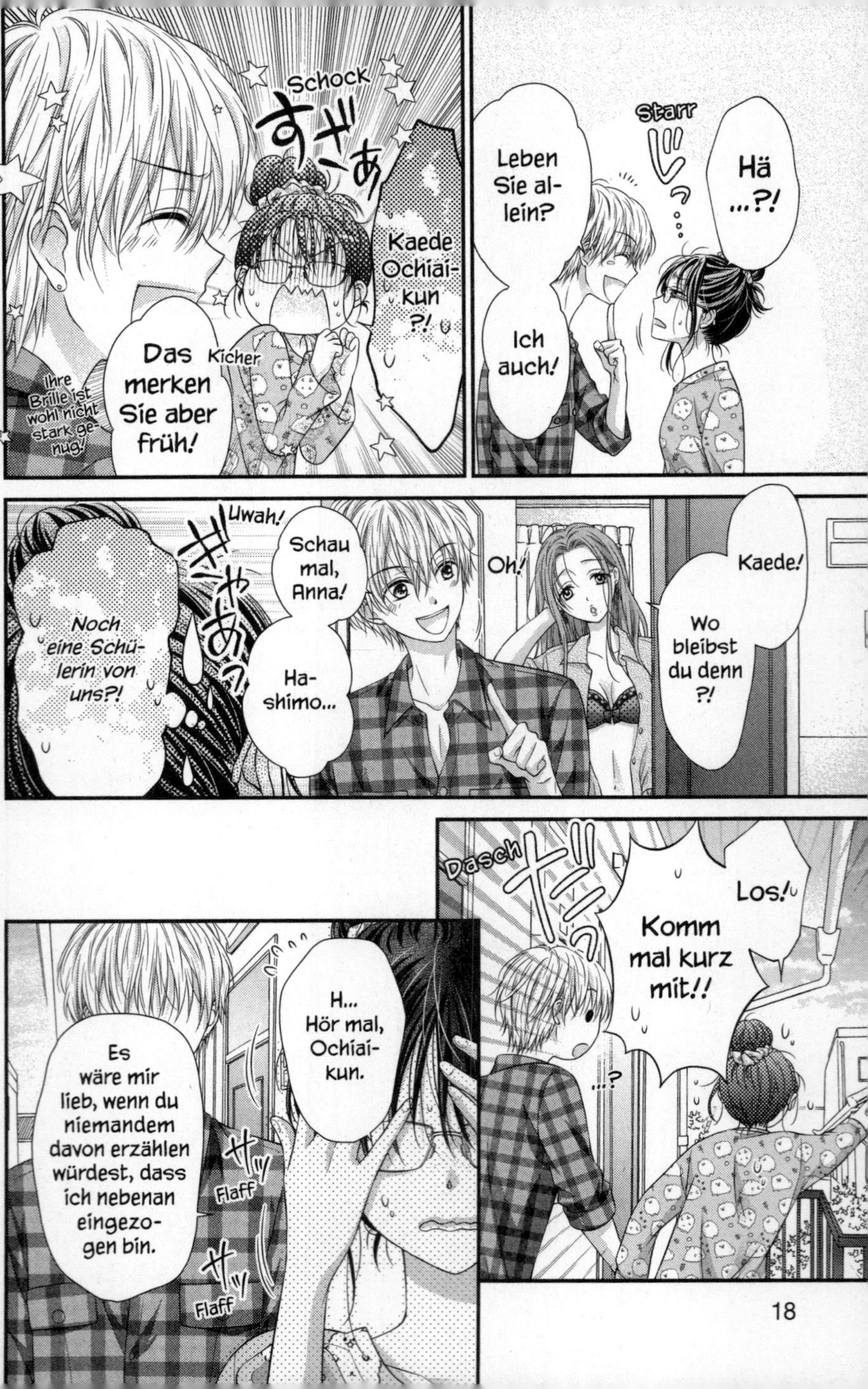

Starr
Hä ...?!
Leben Sie allein?
Ich auch!
Schock
Kaede Ochiai-kun ?!
Kicher
Das merken Sie aber früh!
Ihre Brille ist wohl nicht stark genug!
Kaede!
Wo bleibst du denn ?!
Oh!
Schau mal, Anna!
Ha-shimo...
Uwah!
Noch eine Schülerin von uns?!
Dasch
Los!
Komm mal kurz mit!!
...?
H... Hör mal, Ochiai-kun.
Es wäre mir lieb, wenn du niemandem davon erzählen würdest, dass ich nebenan eingezogen bin.
Flaff
Flaff

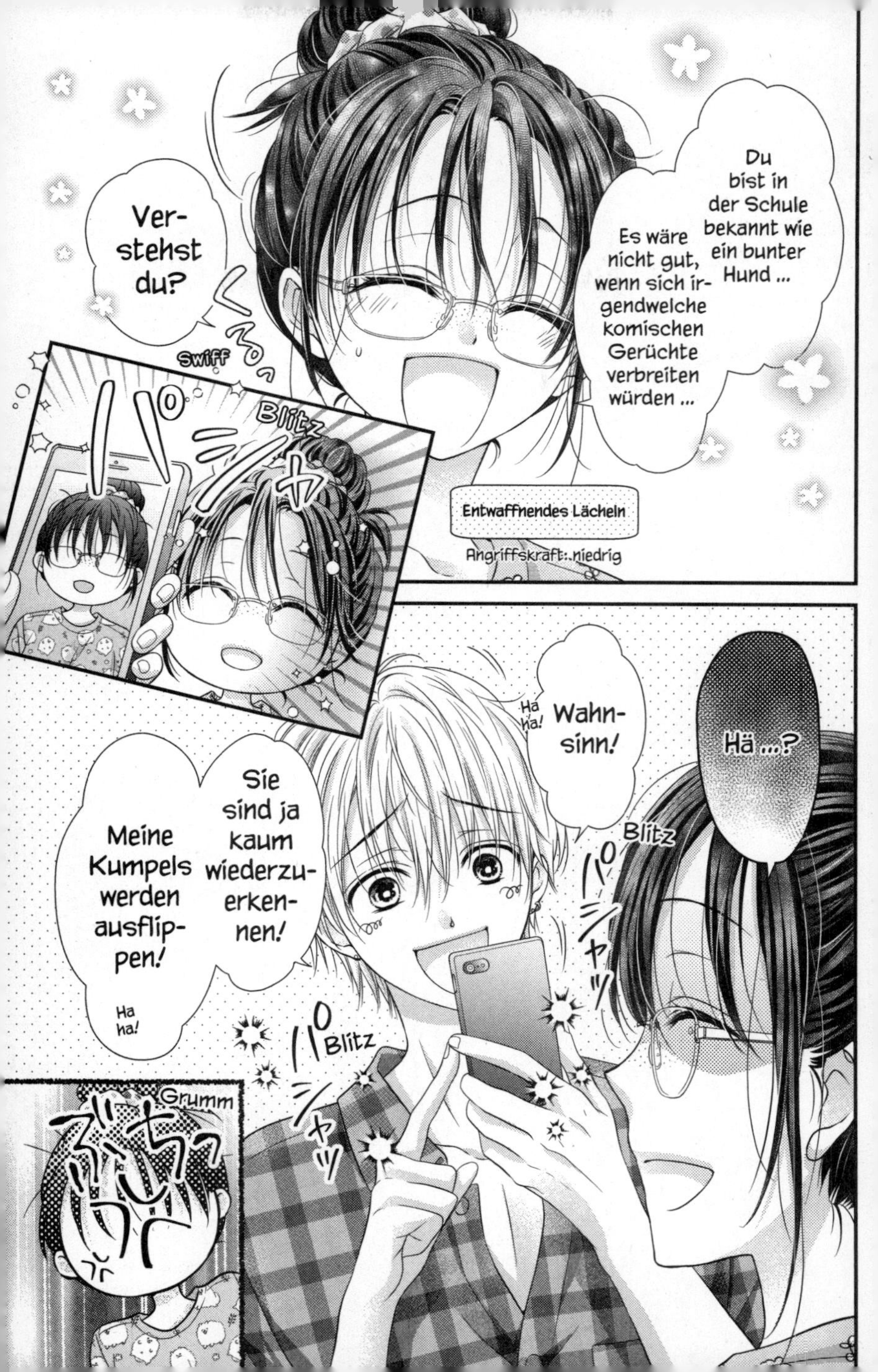

Du bist in der Schule bekannt wie ein bunter Hund ...
Es wäre nicht gut, wenn sich irgendwelche komischen Gerüchte verbreiten würden ...
Verstehst du?
Swiff
Blitz
Entwaffnendes Lächeln
Angriffskraft: niedrig
Hä ...?
Ha ha!
Wahnsinn!
Blitz
Sie sind ja kaum wiederzuerkennen!
Meine Kumpels werden ausflippen!
Ha ha!
Blitz
Grumm

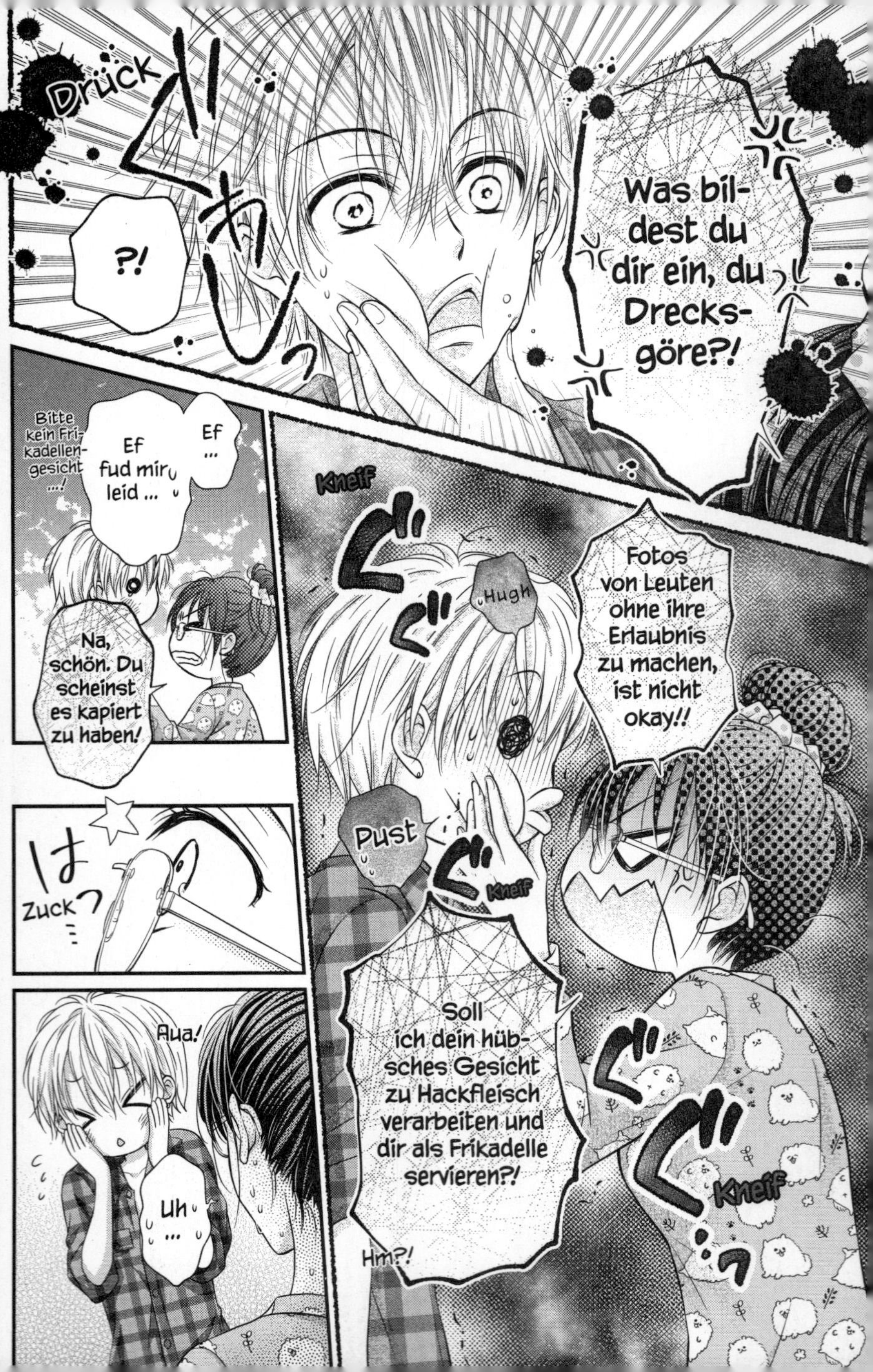
Was bildest du dir ein, du Drecksgöre?!
?!
Drück
Kneif
Hugh
Fotos von Leuten ohne ihre Erlaubnis zu machen, ist nicht okay!!
Pust
Kneif
Soll ich dein hübsches Gesicht zu Hackfleisch verarbeiten und dir als Frikadelle servieren?!
Kneif
Hm?!
Ef ...
Ef fud mir leid ...
Bitte kein Frikadellengesicht ...!
Na, schön. Du scheinst es kapiert zu haben!
は
Zuck
Aua!
Uh ...

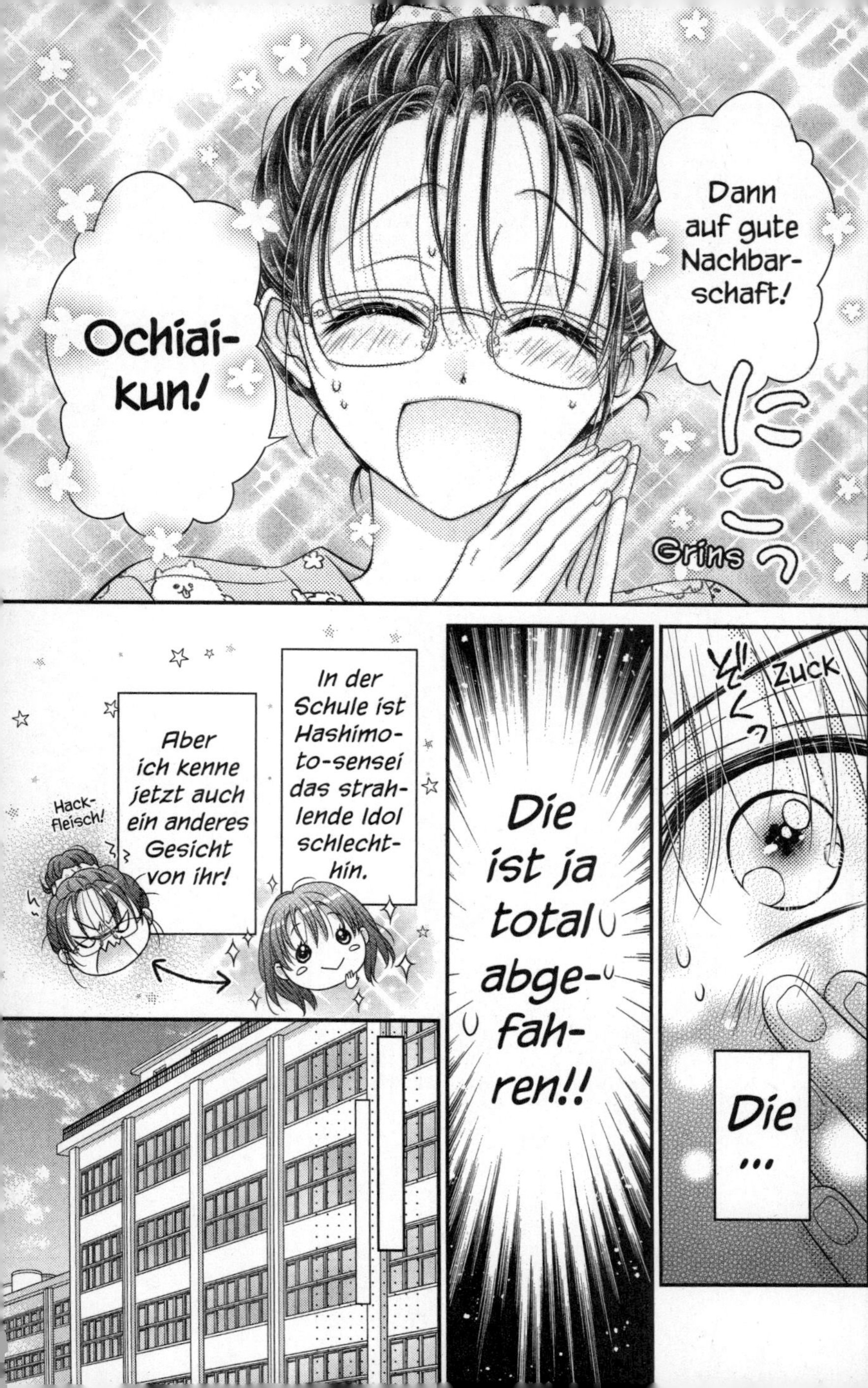

Dann auf gute Nachbarschaft!
Ochiai-kun!
Grins
Zuck
Die ...
Die ist ja total abgefahren!!
In der Schule ist Hashimoto-sensei das strahlende Idol schlechthin.
Aber ich kenne jetzt auch ein anderes Gesicht von ihr!
Hackfleisch!

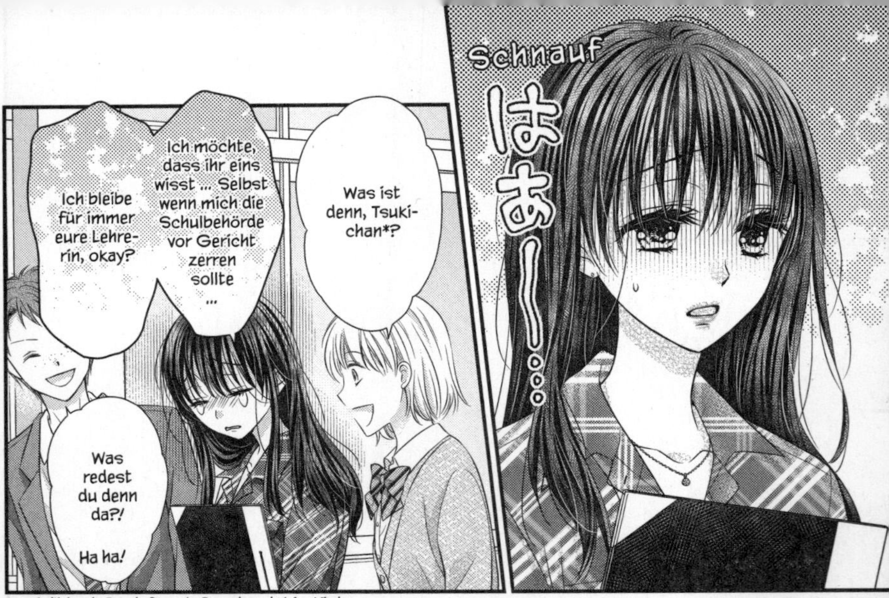

*verniedlichende Anrede für gute Freunde und kleine Kinder

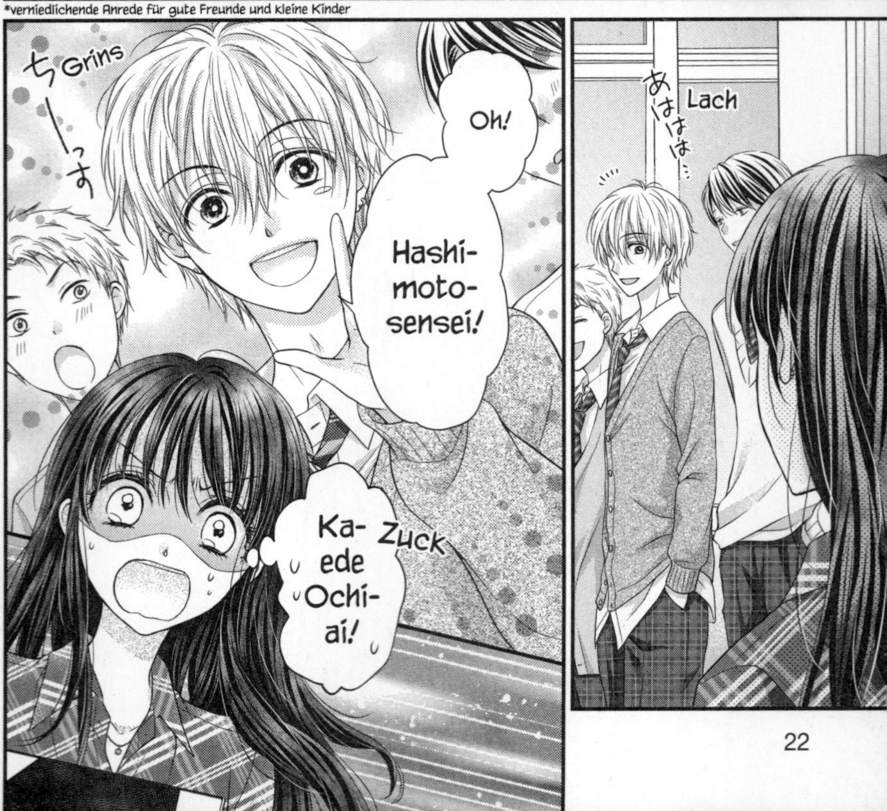

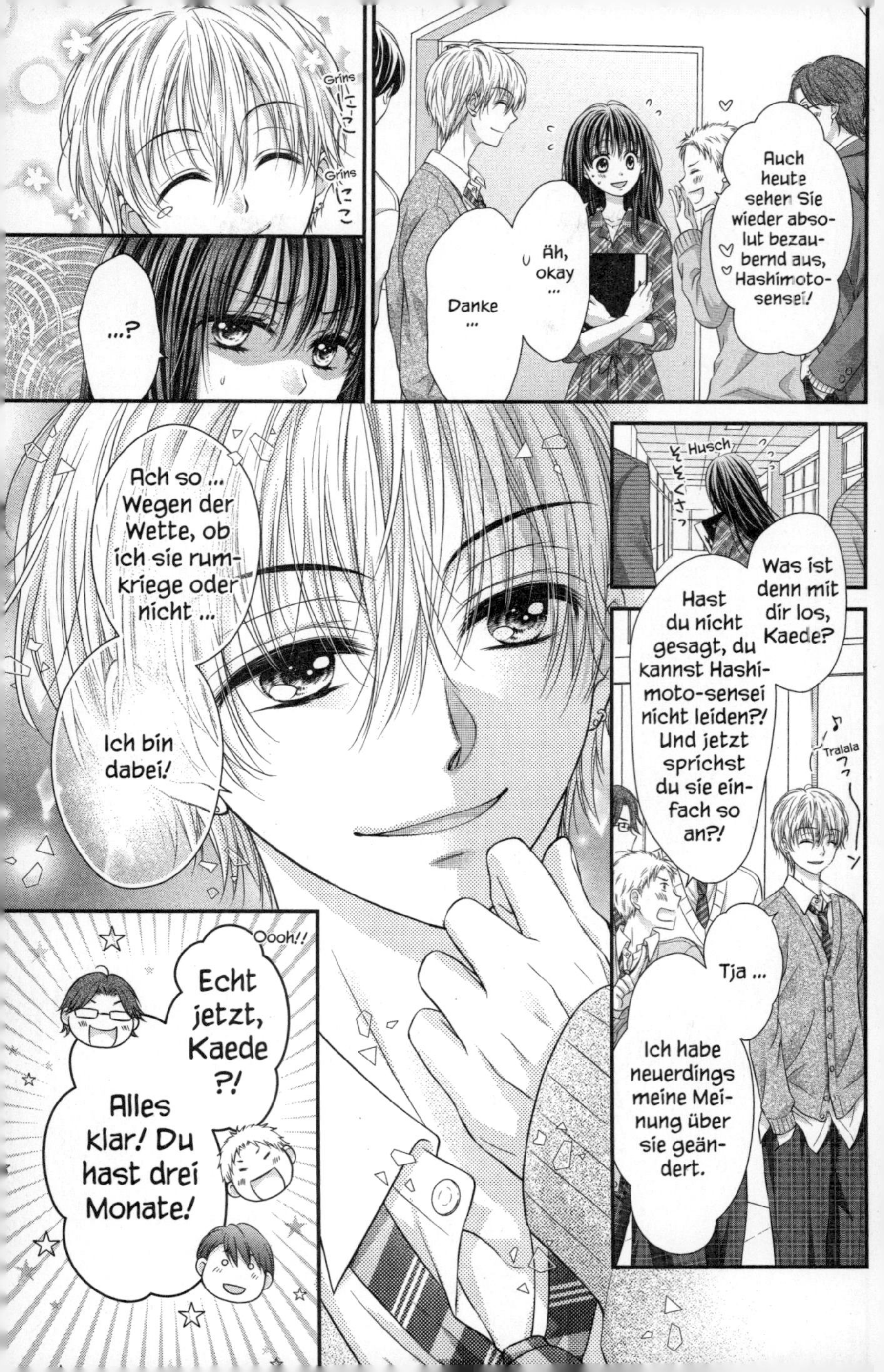
Auch heute sehen Sie wieder absolut bezaubernd aus, Hashimoto-sensei!
Äh, okay ...
Danke ...
Grins
Grins
...?
Husch
Was ist denn mit dir los, Kaede?
Hast du nicht gesagt, du kannst Hashimoto-sensei nicht leiden?! Und jetzt sprichst du sie einfach so an?!
Tralala
Tja ...
Ich habe neuerdings meine Meinung über sie geändert.
Ach so ... Wegen der Wette, ob ich sie rumkriege oder nicht ...
Ich bin dabei!
Oooh!!
Echt jetzt, Kaede?!
Alles klar! Du hast drei Monate!

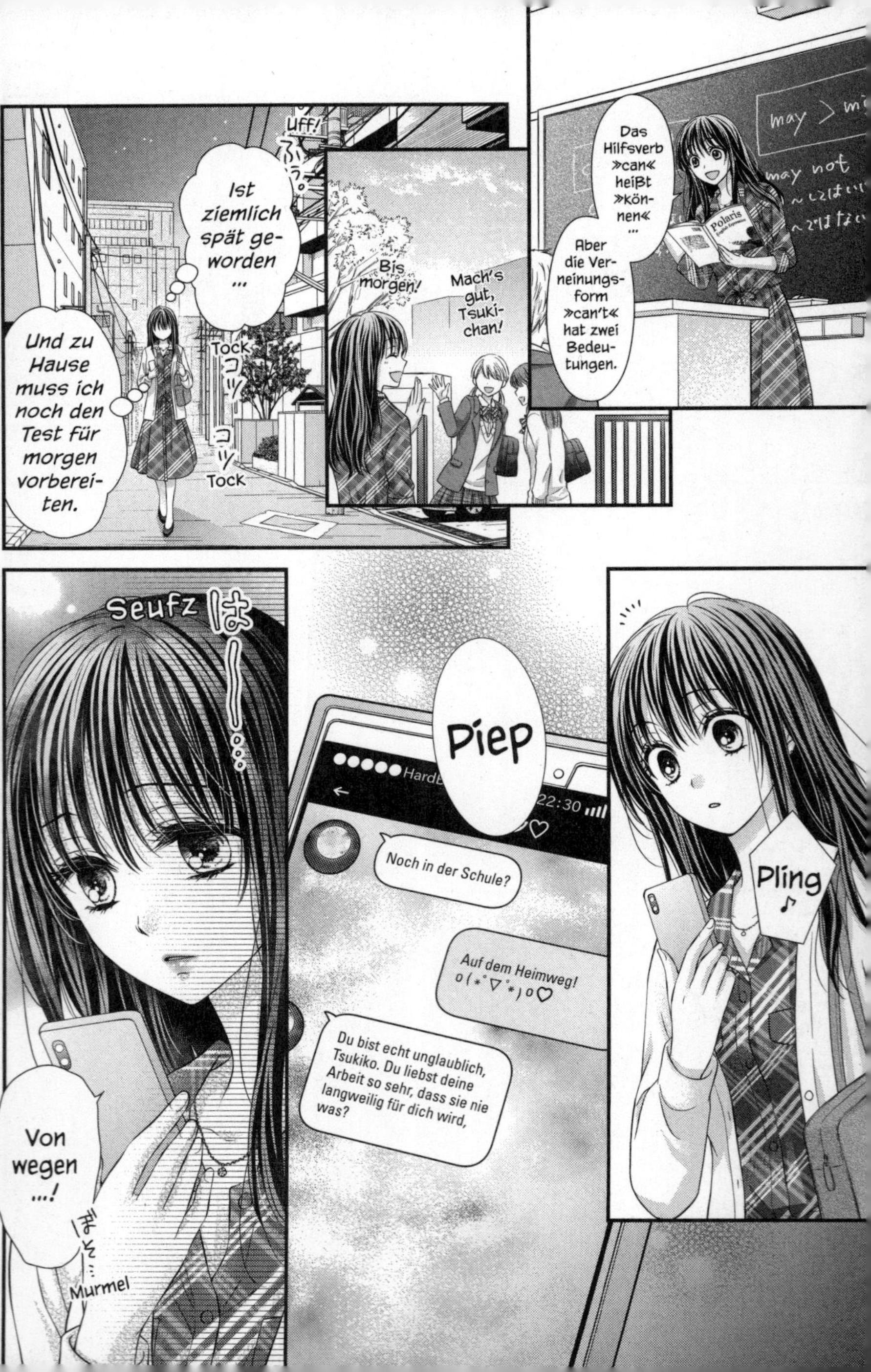

Das Hilfsverb »can« heißt »können« ...
Aber die Verneinungsform »can't« hat zwei Bedeutungen.
Mach's gut, Tsuki-chan!
Bis morgen!
Uff!
Ist ziemlich spät geworden ...
Tock
Tock
Und zu Hause muss ich noch den Test für morgen vorbereiten.
Pling ♪
Piep
22:30
Noch in der Schule?
Auf dem Heimweg! o(*ﾟ▽ﾟ*)o♡
Du bist echt unglaublich, Tsukiko. Du liebst deine Arbeit so sehr, dass sie nie langweilig für dich wird, was?
Seufz
Von wegen ...!
Murmel

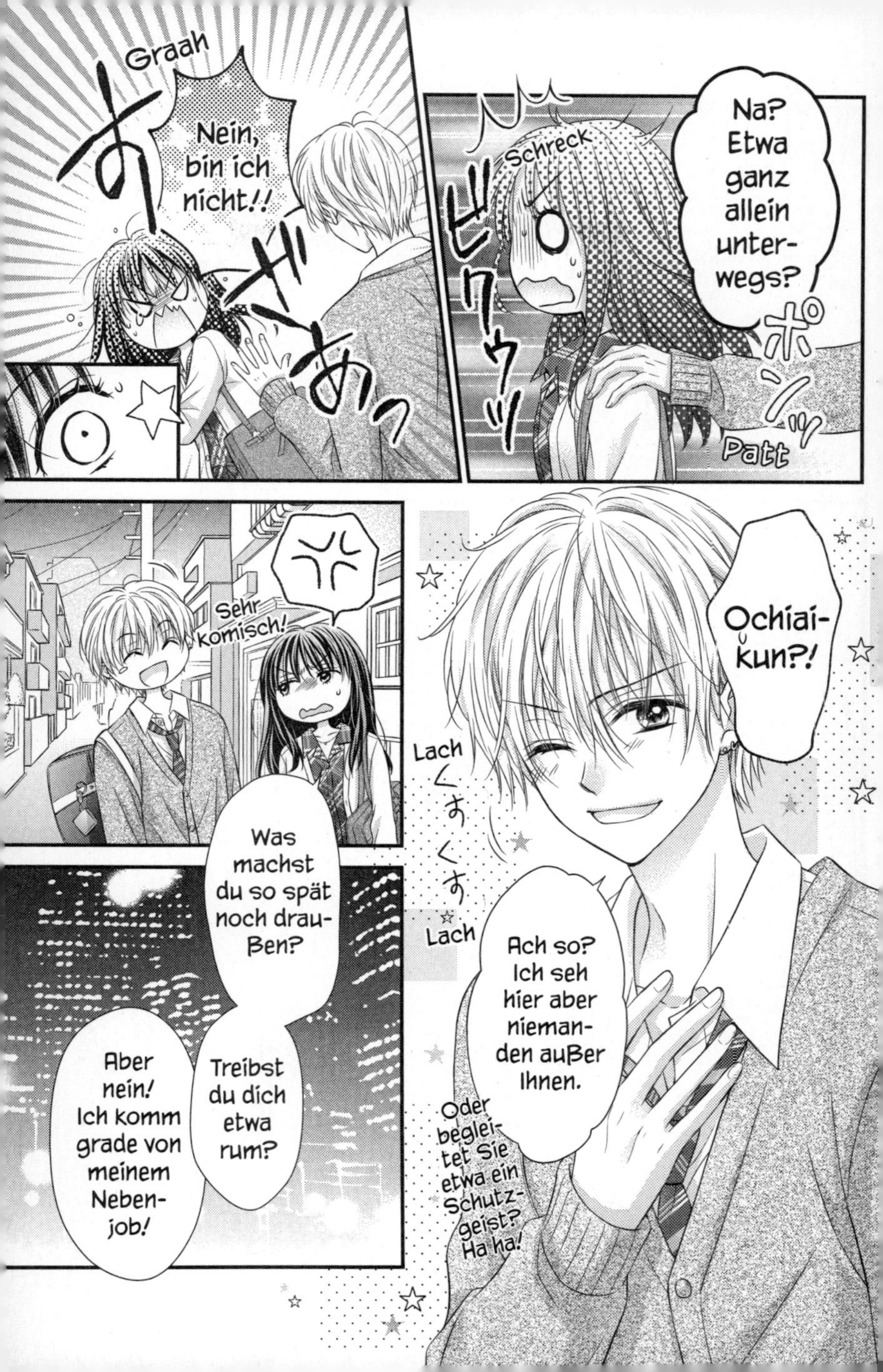

Na? Etwa ganz allein unterwegs?
Schreck
Patt
Graah
Nein, bin ich nicht!!
Ochiai-kun?!
Lach
Lach
Ach so? Ich seh hier aber niemanden außer Ihnen.
Oder begleitet Sie etwa ein Schutzgeist? Ha ha!
Sehr komisch!
Was machst du so spät noch draußen?
Treibst du dich etwa rum?
Aber nein! Ich komm grade von meinem Nebenjob!

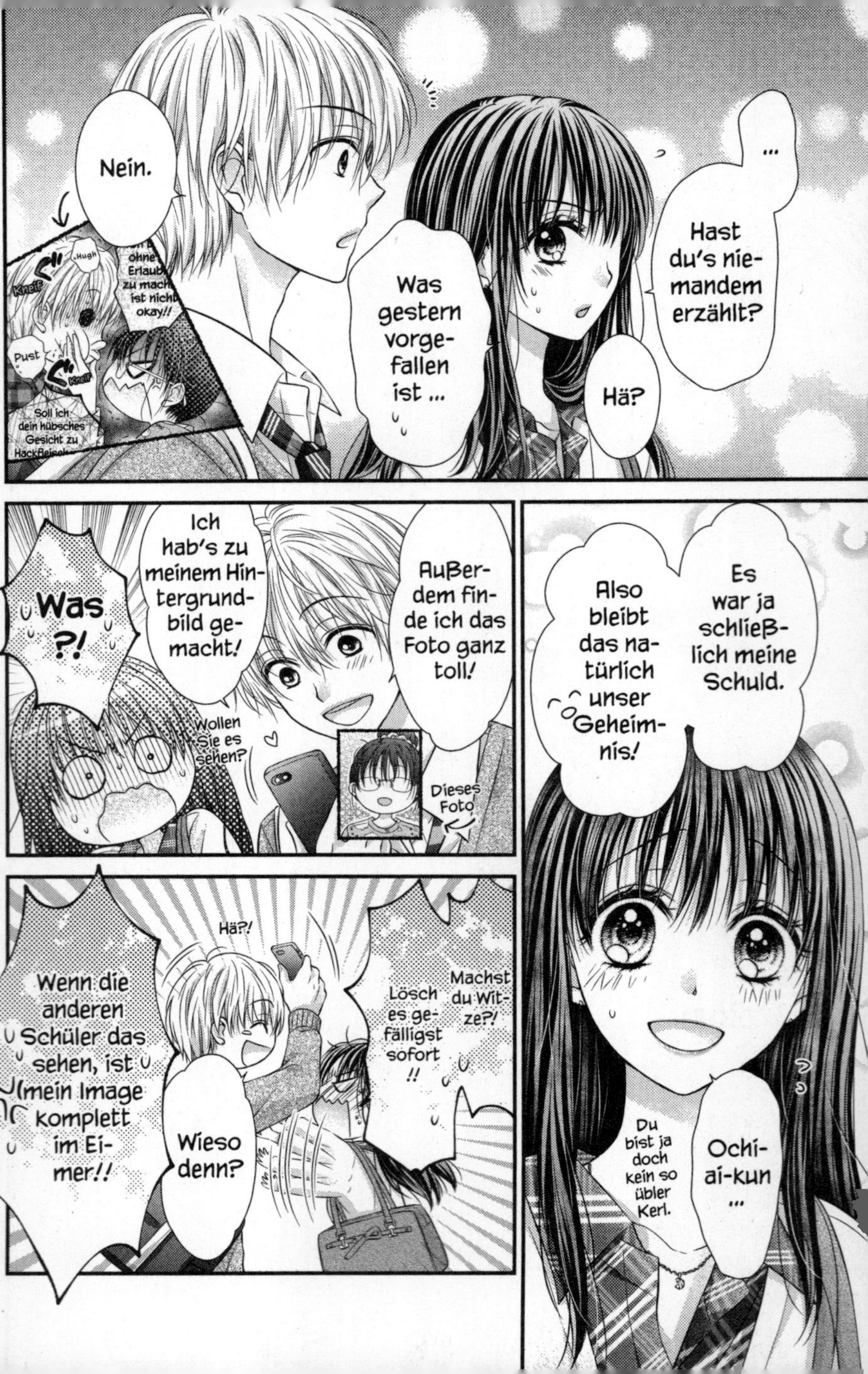
...
Hast du's niemandem erzählt?
Hä?
Was gestern vorgefallen ist ...
Nein.
Hugh
Kneif
Pust
Kneif
Es war ja schließlich meine Schuld.
Also bleibt das natürlich unser Geheimnis!
Außerdem finde ich das Foto ganz toll!
Ich hab's zu meinem Hintergrundbild gemacht!
Dieses Foto
Wollen Sie es sehen?
Was ?!
Ochi-ai-kun ...
Du bist ja doch kein so übler Kerl.
Machst du Witze?!
Lösch es gefälligst sofort !!
Hä?!
Wieso denn?
Wenn die anderen Schüler das sehen, ist mein Image komplett im Eimer!!

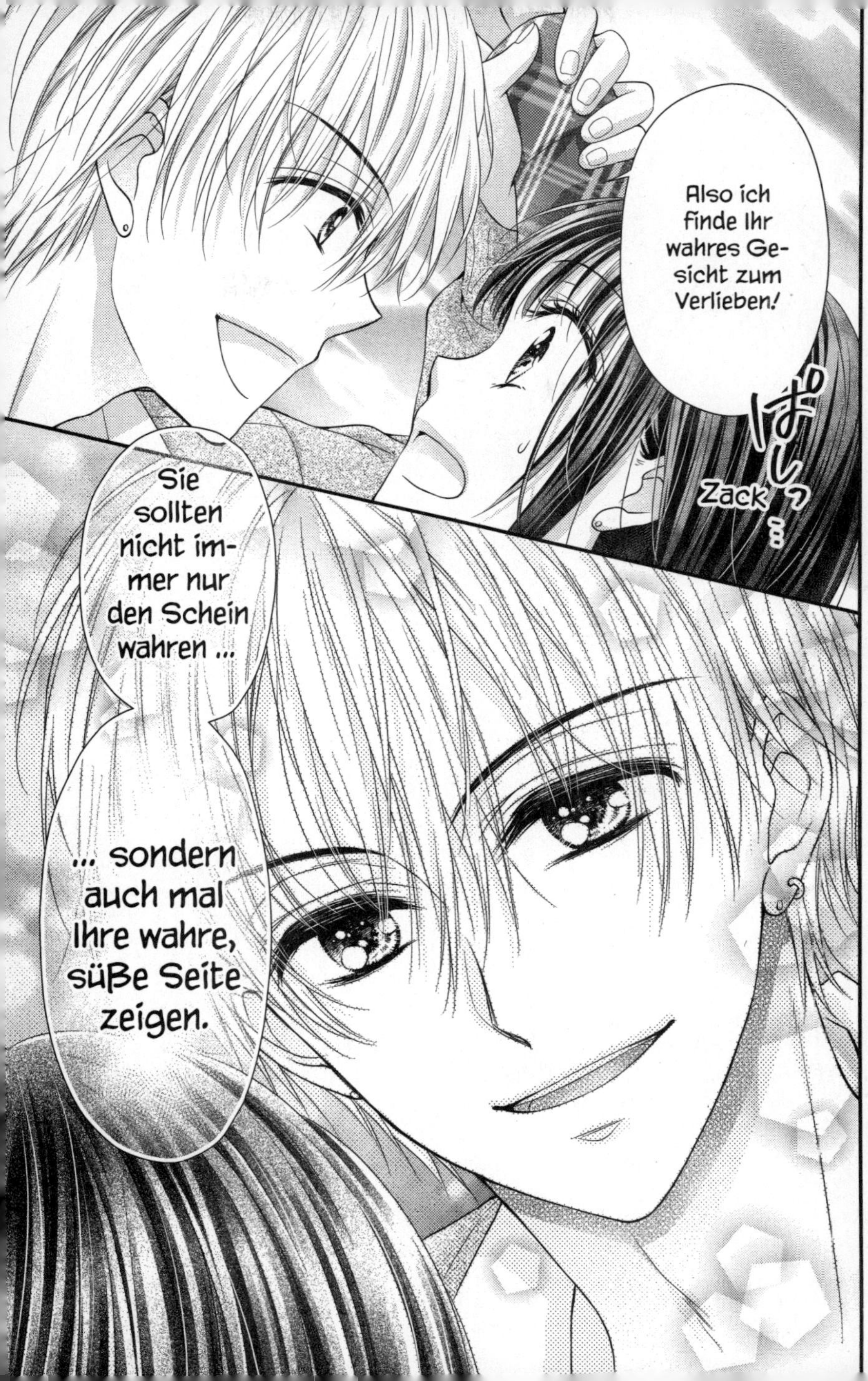
Also ich finde Ihr wahres Gesicht zum Verlieben!
ぱしっ
Zack
Sie sollten nicht immer nur den Schein wahren ...
... sondern auch mal Ihre wahre, süße Seite zeigen.

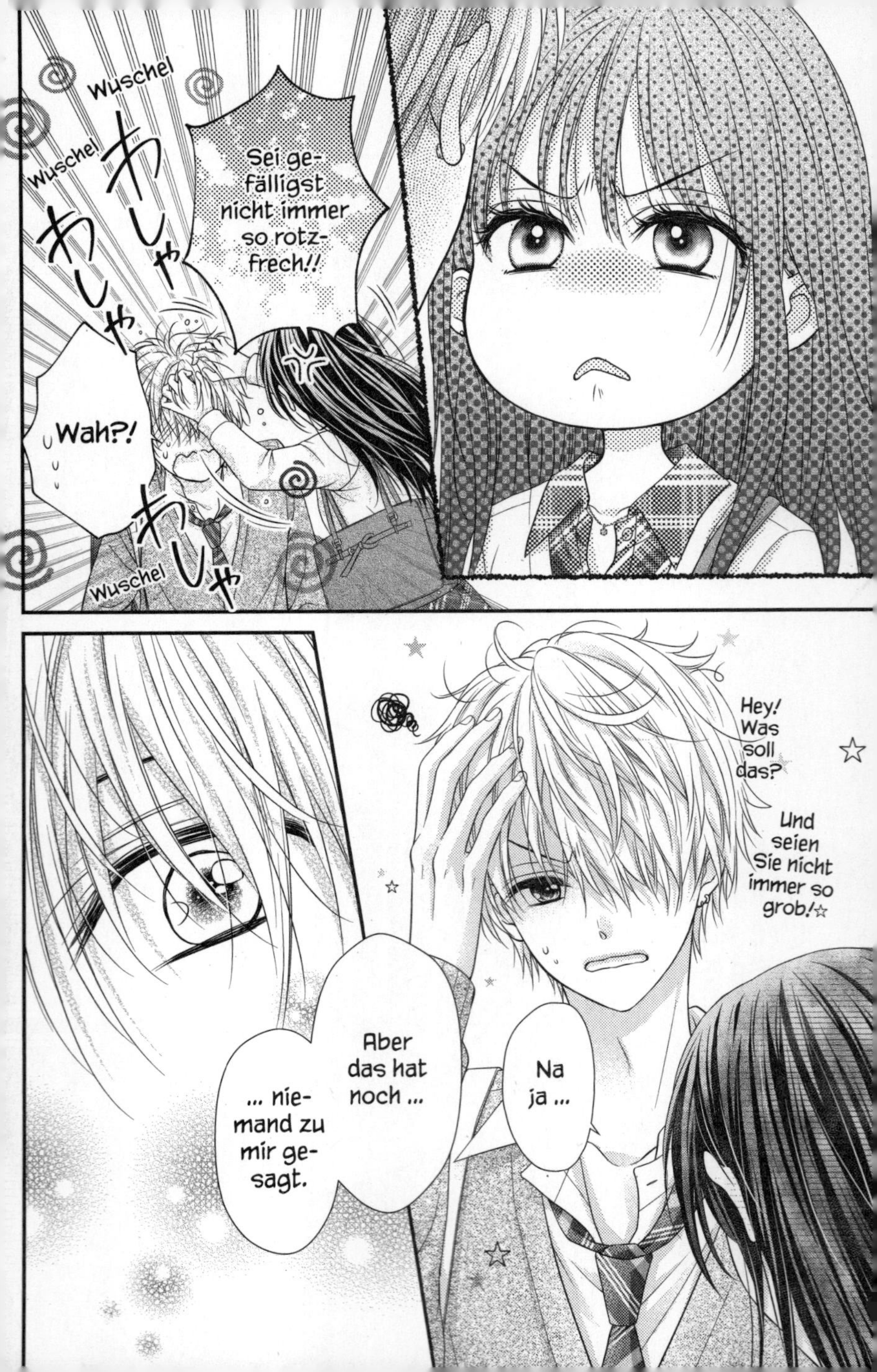
Sei gefälligst nicht immer so rotzfrech!!
Wuschel
Wuschel
わしゃわしゃ
Wah?!
Wuschel
わしゃ
Hey! Was soll das?
Und seien Sie nicht immer so grob!☆
Na ja ...
Aber das hat noch ...
... niemand zu mir gesagt.

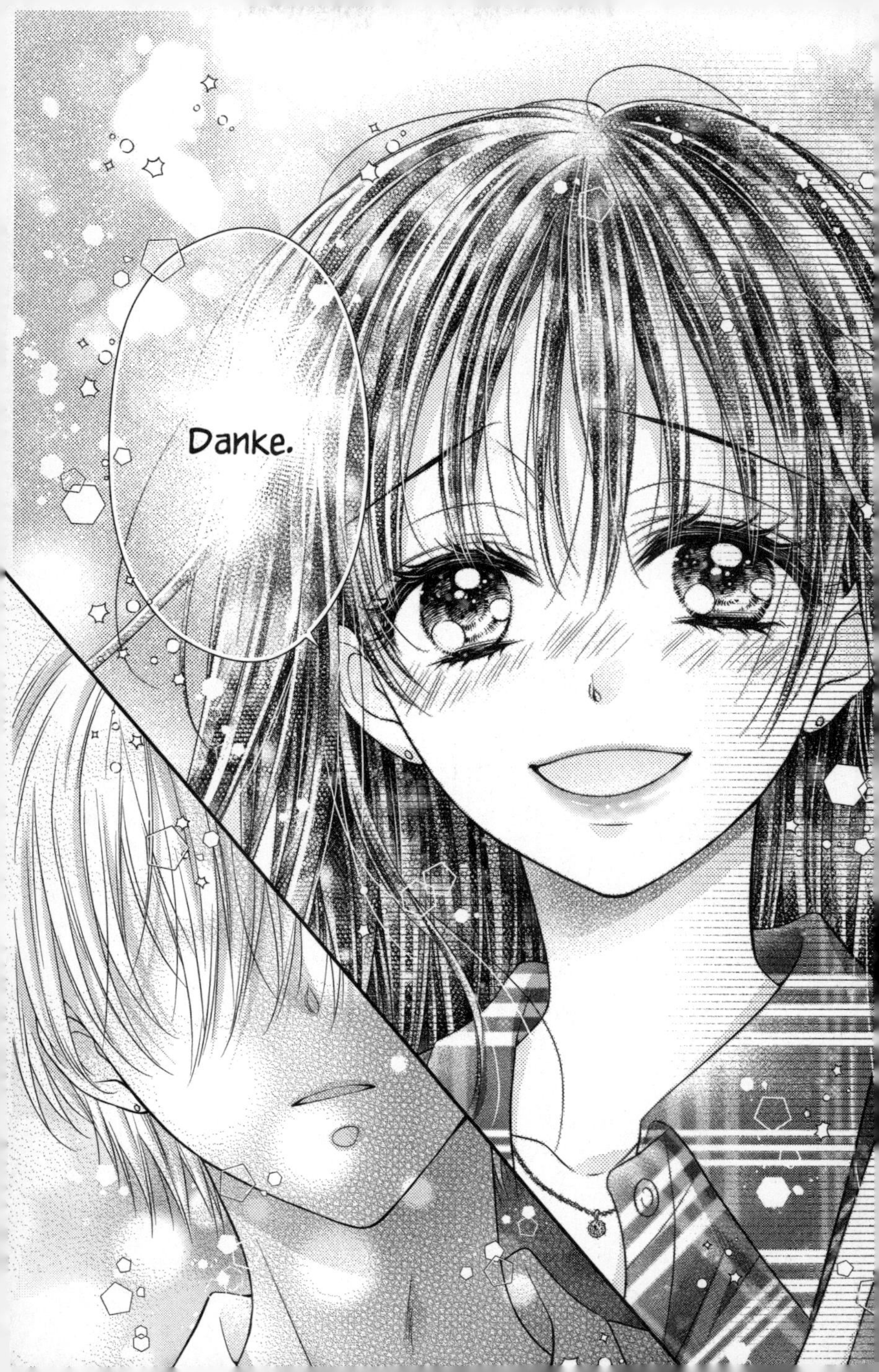
Danke.

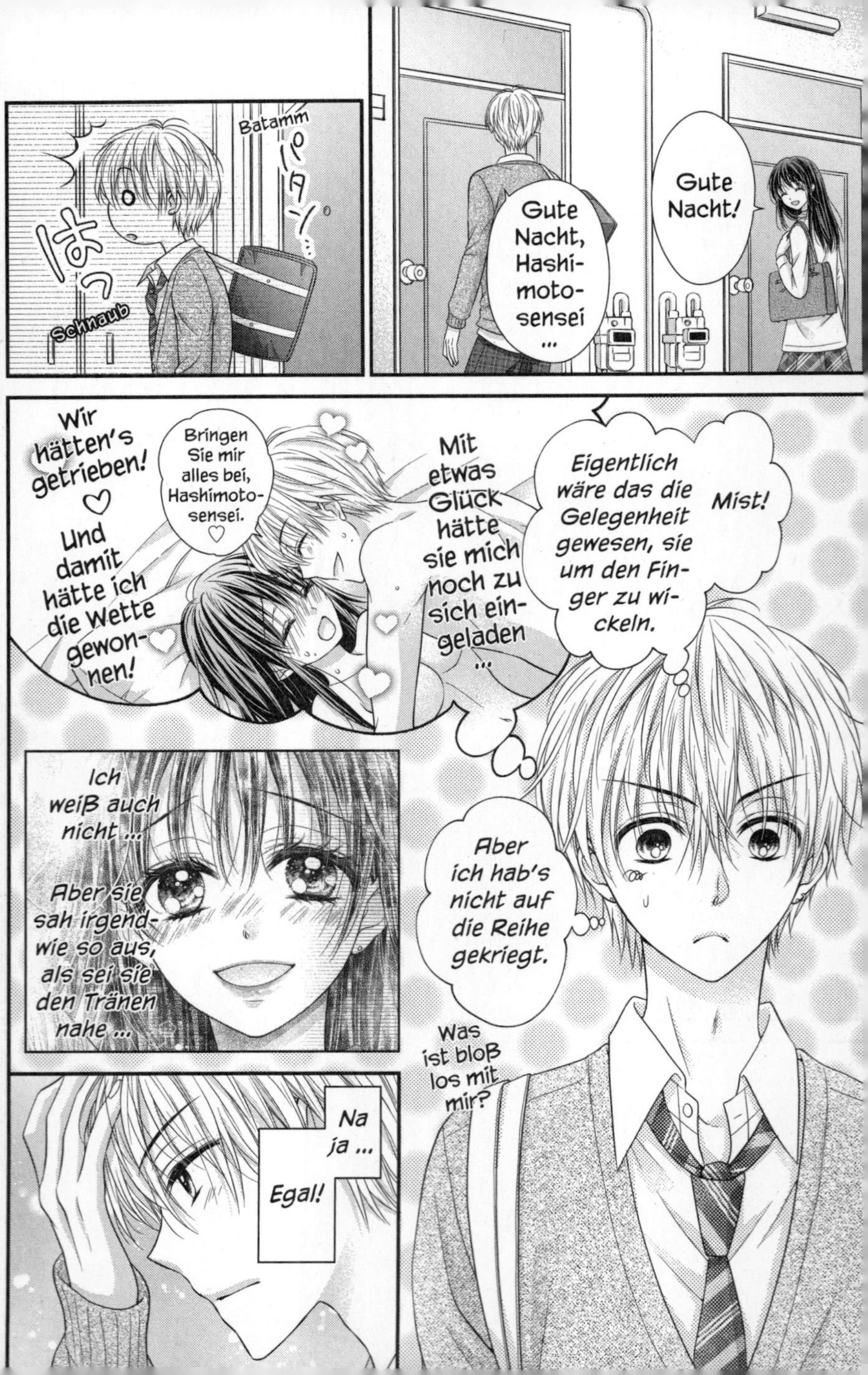

Gute Nacht!
Gute Nacht, Hashimoto-sensei ...
Batamm
パタン…
はっ
Schnaub
Mist!
Eigentlich wäre das die Gelegenheit gewesen, sie um den Finger zu wickeln.
Mit etwas Glück hätte sie mich noch zu sich eingeladen ...
Bringen Sie mir alles bei, Hashimoto-sensei. ♡
Wir hätten's getrieben! ♡
Und damit hätte ich die Wette gewonnen!
Aber ich hab's nicht auf die Reihe gekriegt.
Ich weiß auch nicht ...
Aber sie sah irgendwie so aus, als sei sie den Tränen nahe ...
Was ist bloß los mit mir?
Na ja ...
Egal!

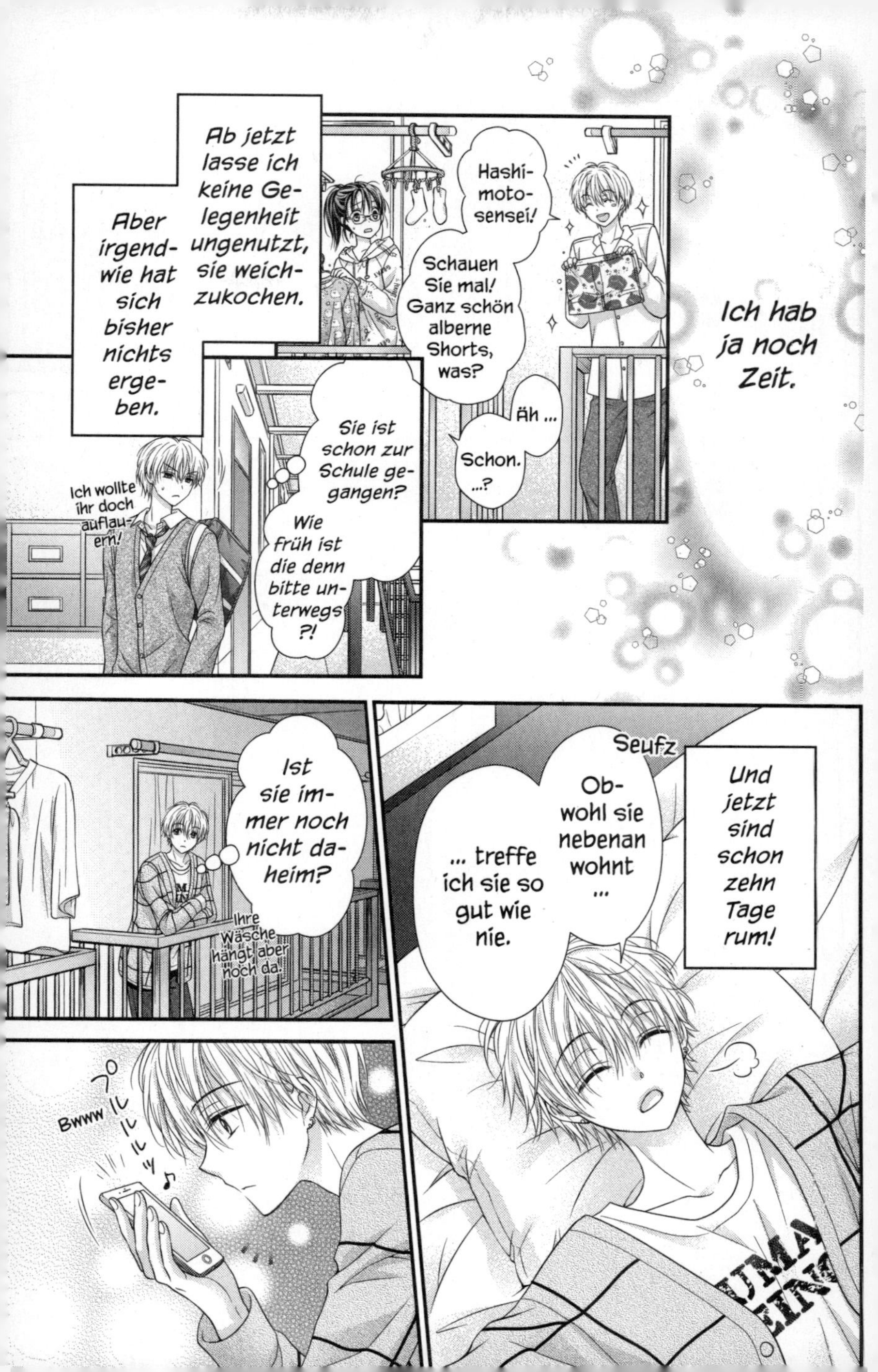

Ich hab ja noch Zeit.
Hashimoto-sensei!
Schauen Sie mal! Ganz schön alberne Shorts, was?
Äh ...
Schon. ...?
Ab jetzt lasse ich keine Gelegenheit ungenutzt, sie weichzukochen.
Aber irgendwie hat sich bisher nichts ergeben.
Sie ist schon zur Schule gegangen?
Wie früh ist die denn bitte unterwegs?!
Ich wollte ihr doch auflauern!
Und jetzt sind schon zehn Tage rum!
Seufz
Obwohl sie nebenan wohnt ...
... treffe ich sie so gut wie nie.
Ist sie immer noch nicht daheim?
Ihre Wäsche hängt aber noch da.
Bwww プルルルッ♪

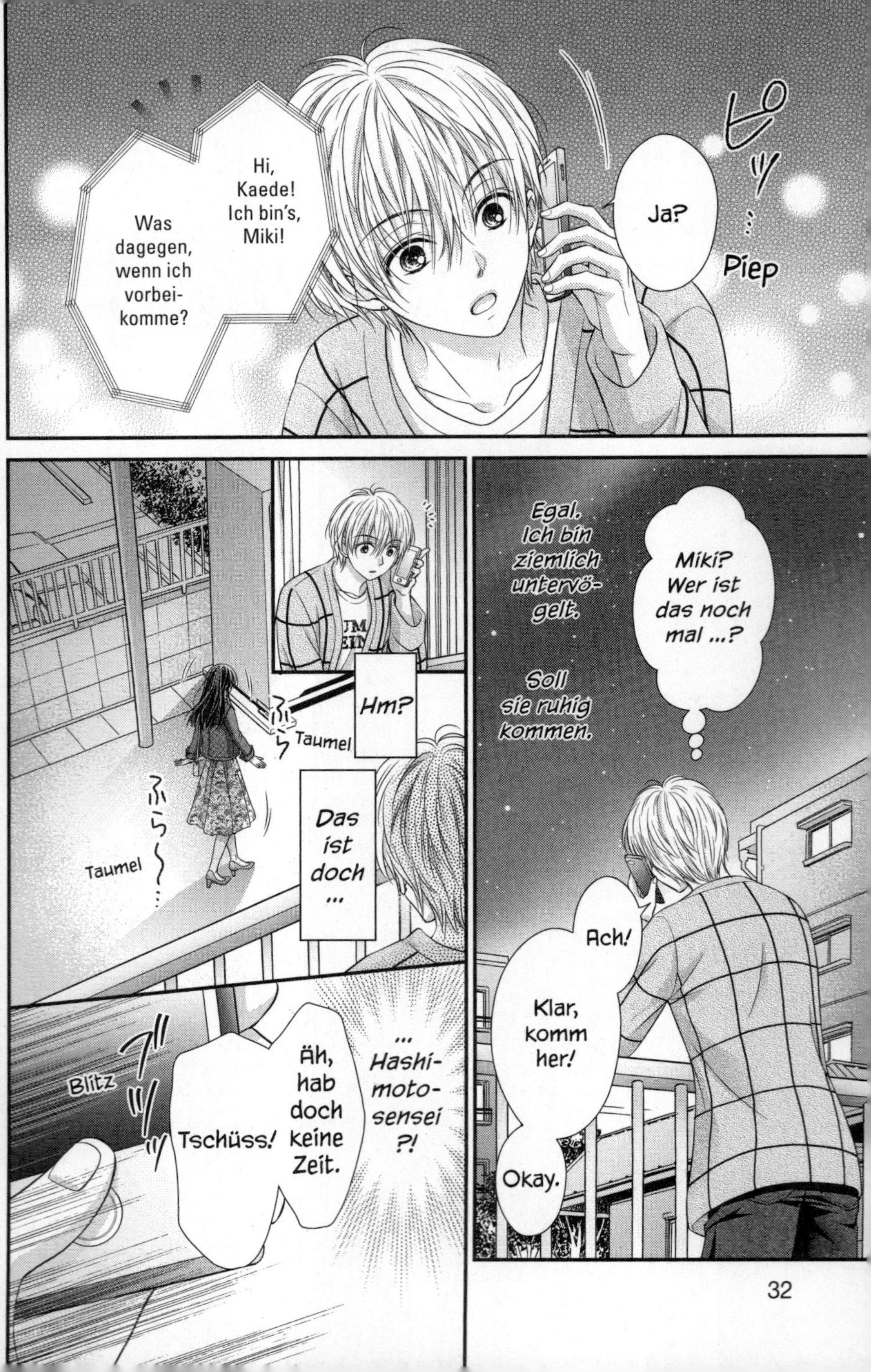
Piep
Ja?
Hi, Kaede! Ich bin's, Miki!
Was dagegen, wenn ich vorbeikomme?
Miki? Wer ist das noch mal ...?
Egal. Ich bin ziemlich untervögelt.
Soll sie ruhig kommen.
Ach!
Klar, komm her!
Okay.
Hm?
Das ist doch ...
Taumel
Taumel
... Hashimoto-sensei ?!
Äh, hab doch keine Zeit.
Tschüss!
Blitz

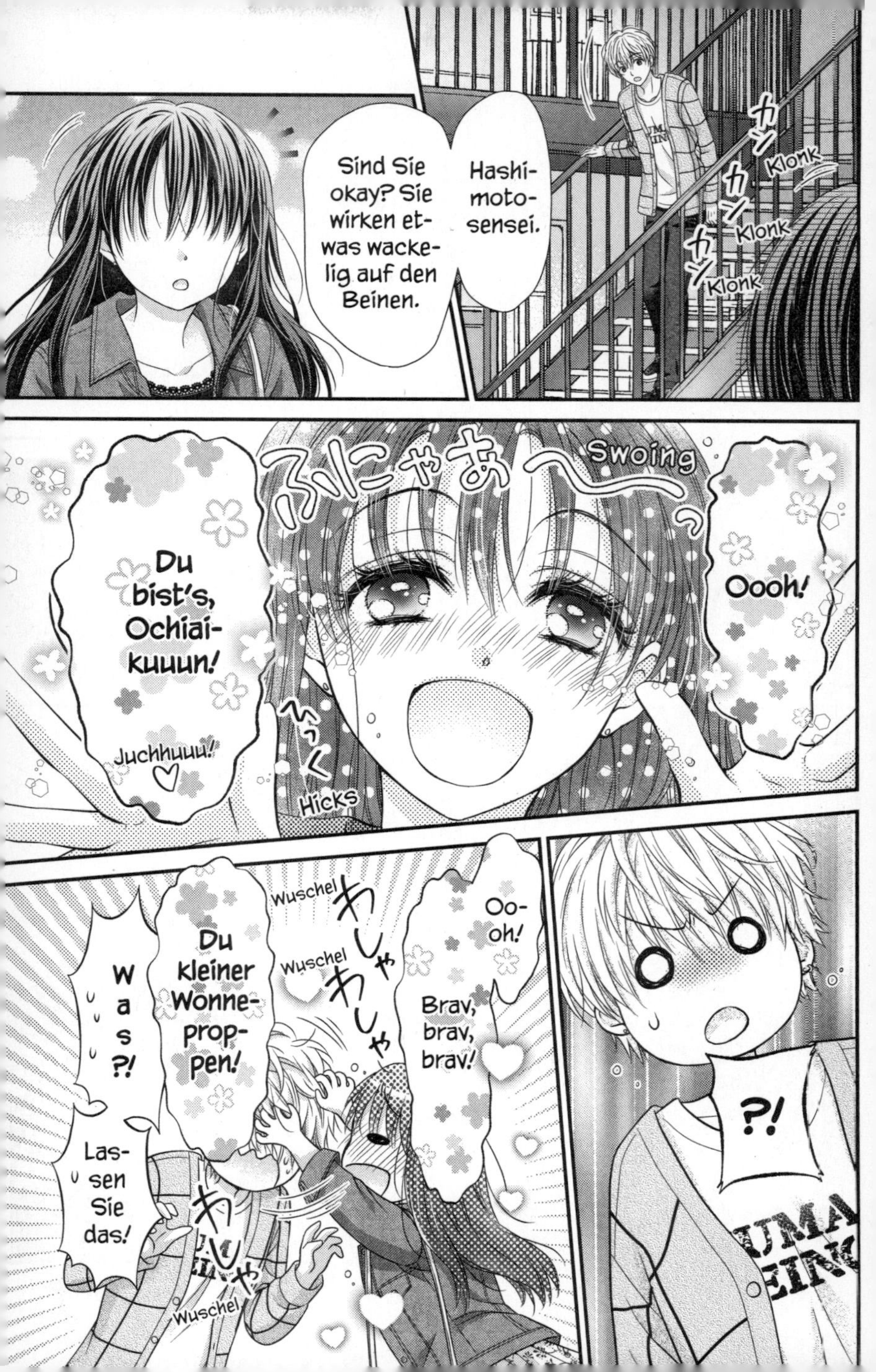

カン Klonk
カン Klonk
カン Klonk
Hashi-moto-sensei.
Sind Sie okay? Sie wirken etwas wackelig auf den Beinen.
ふにゃあ～っ Swoing
Oooh!
Du bist's, Ochiai-kuuun!
Juchhuuu!
ひっく Hicks
?!
Oo-oh!
Brav, brav, brav!
わしゃ Wuschel
わしゃ Wuschel
Du kleiner Wonne-proppen!
わしゃ Wuschel
Was?!
Lassen Sie das!

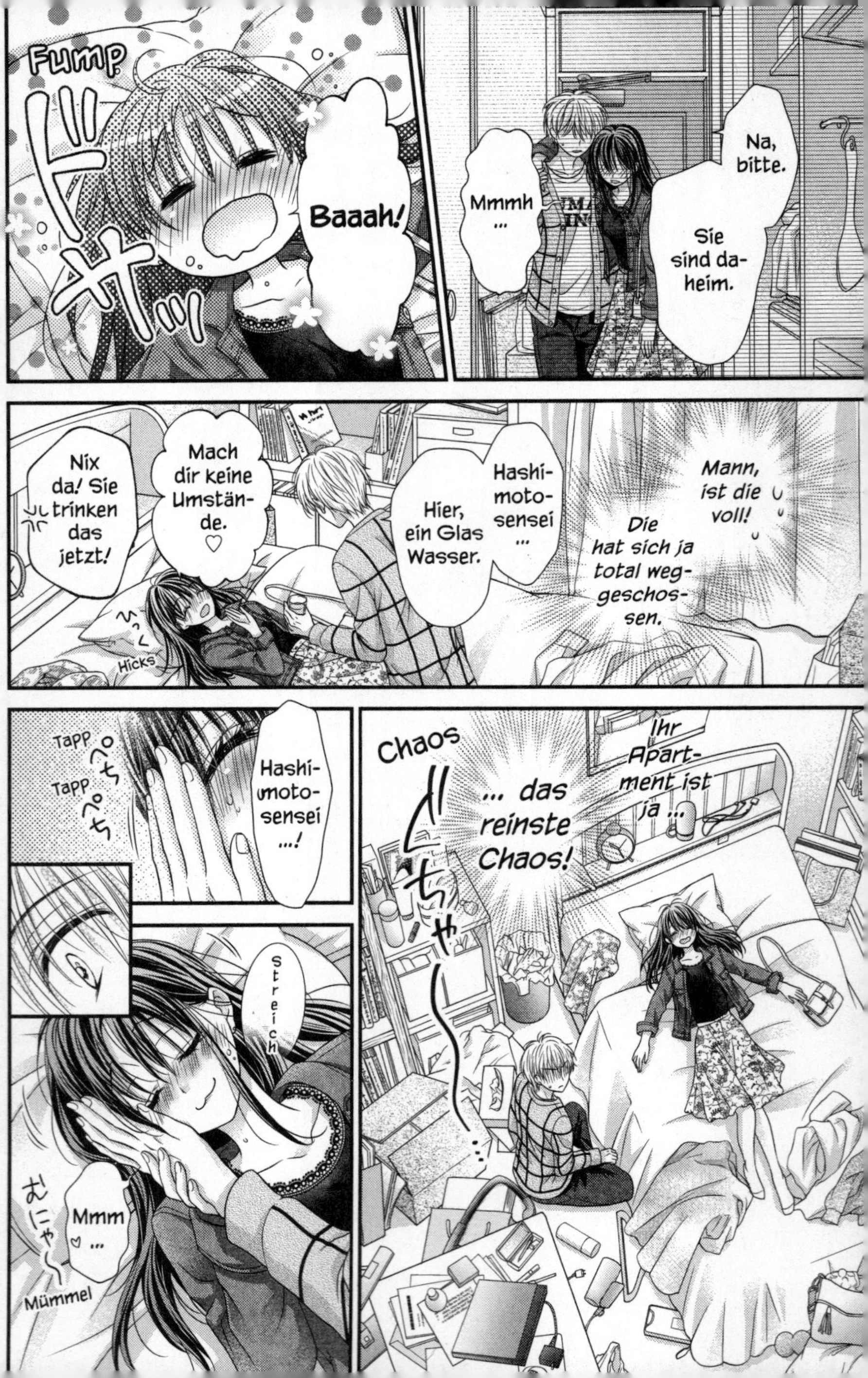
Na, bitte.
Sie sind daheim.
Mmmh ...
Baaah!
Fump
Mann, ist die voll!
Die hat sich ja total weggeschossen.
Hashimoto-sensei ...
Hier, ein Glas Wasser.
Mach dir keine Umstände. ♡
Nix da! Sie trinken das jetzt!
Hicks
Ihr Apartment ist ja ...
... das reinste Chaos!
Chaos
Hashimoto-sensei ...!
Tapp
Tapp
Streich
Mmm ♡ ...
Mümmel

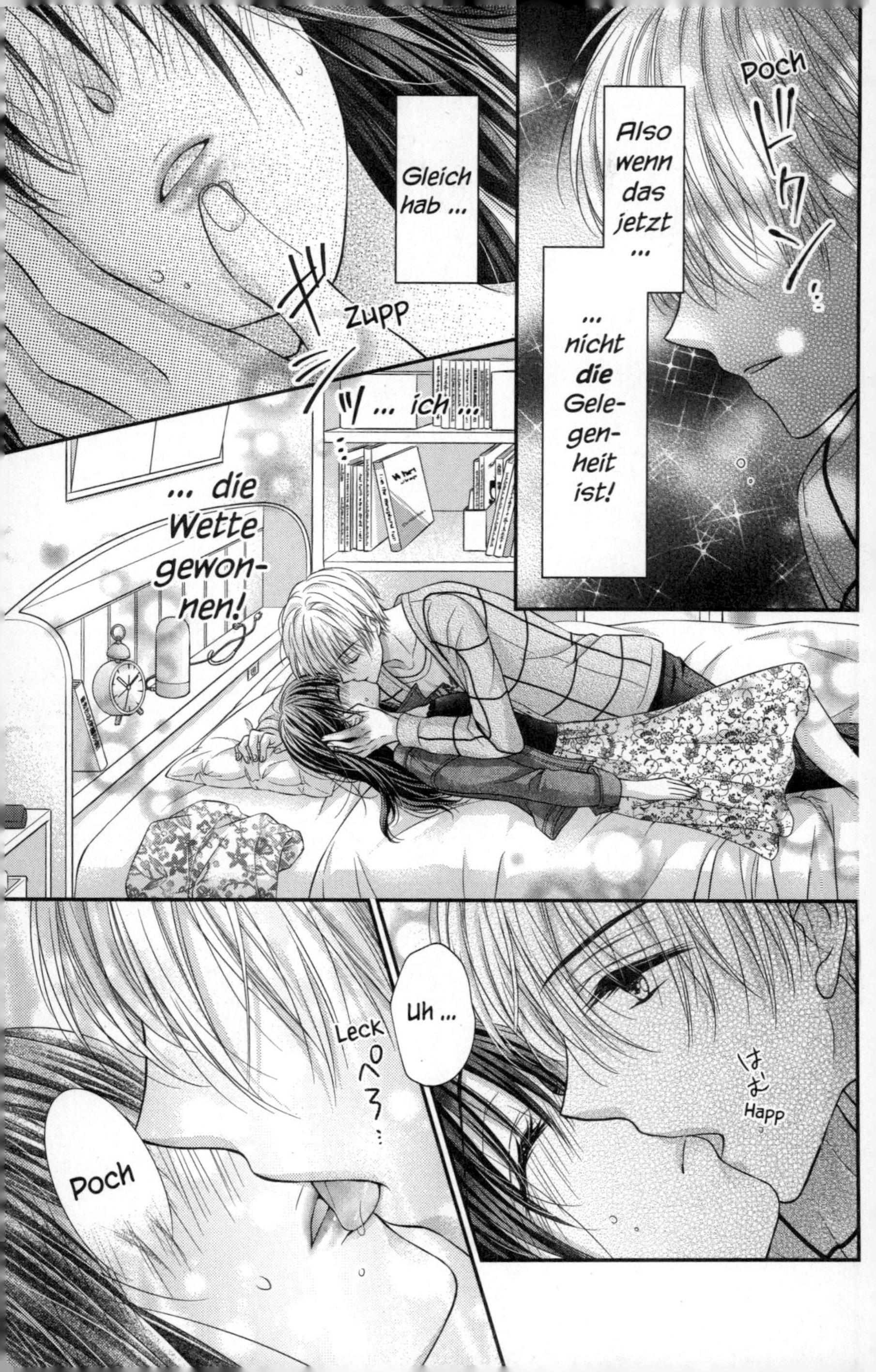
Poch
Also wenn das jetzt ...
... nicht die Gelegenheit ist!
Gleich hab ...
Zupp
... ich ...
... die Wette gewonnen!
Happ
Uh ...
Leck
Poch

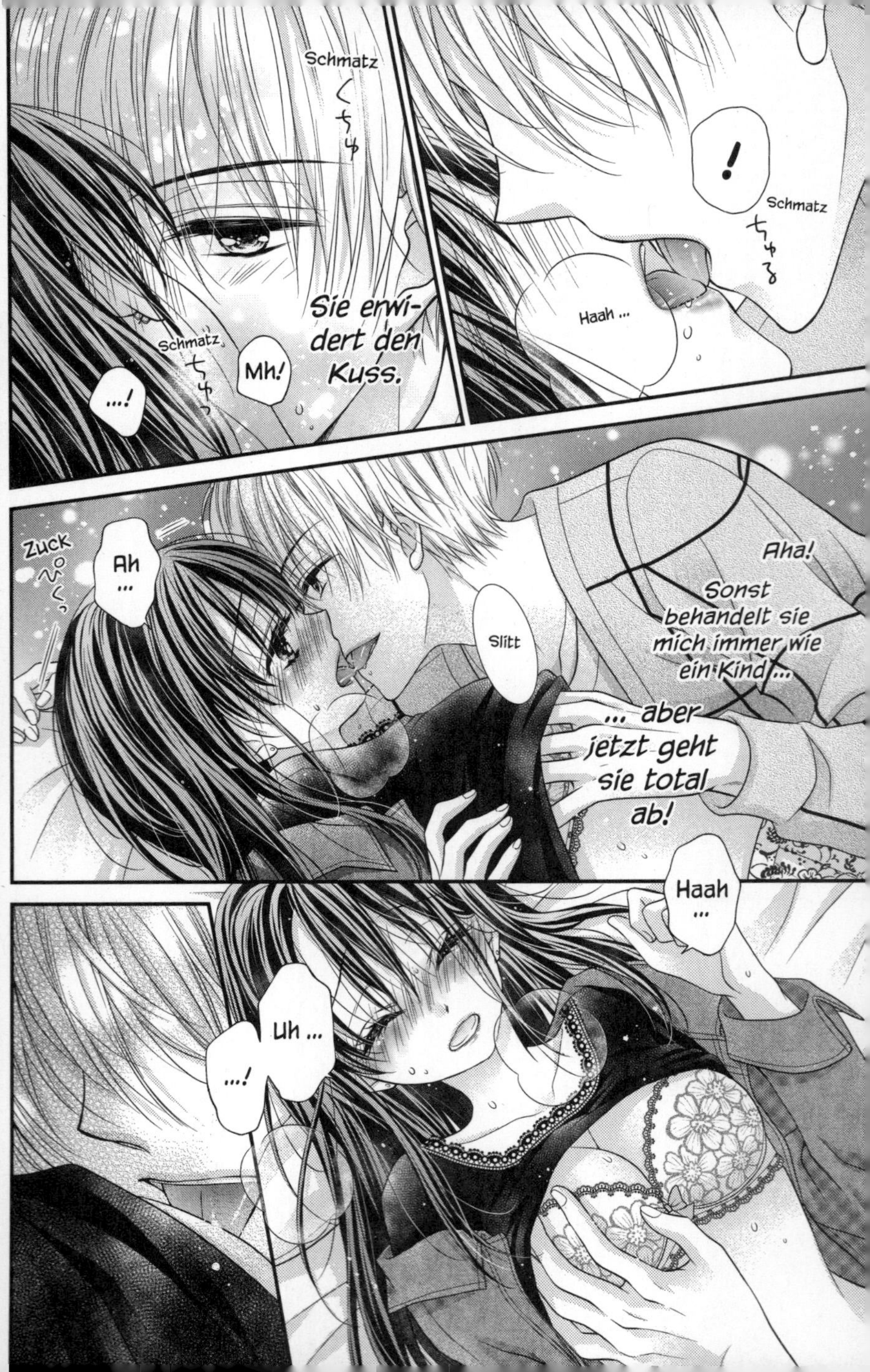
!
Schmatz
Haah ...
Schmatz
Sie erwidert den Kuss.
Mh!
Schmatz
...!
Aha!
Sonst behandelt sie mich immer wie ein Kind ...
... aber jetzt geht sie total ab!
Slitt
Ah ...
Zuck
Haah ...
Uh ...
...!

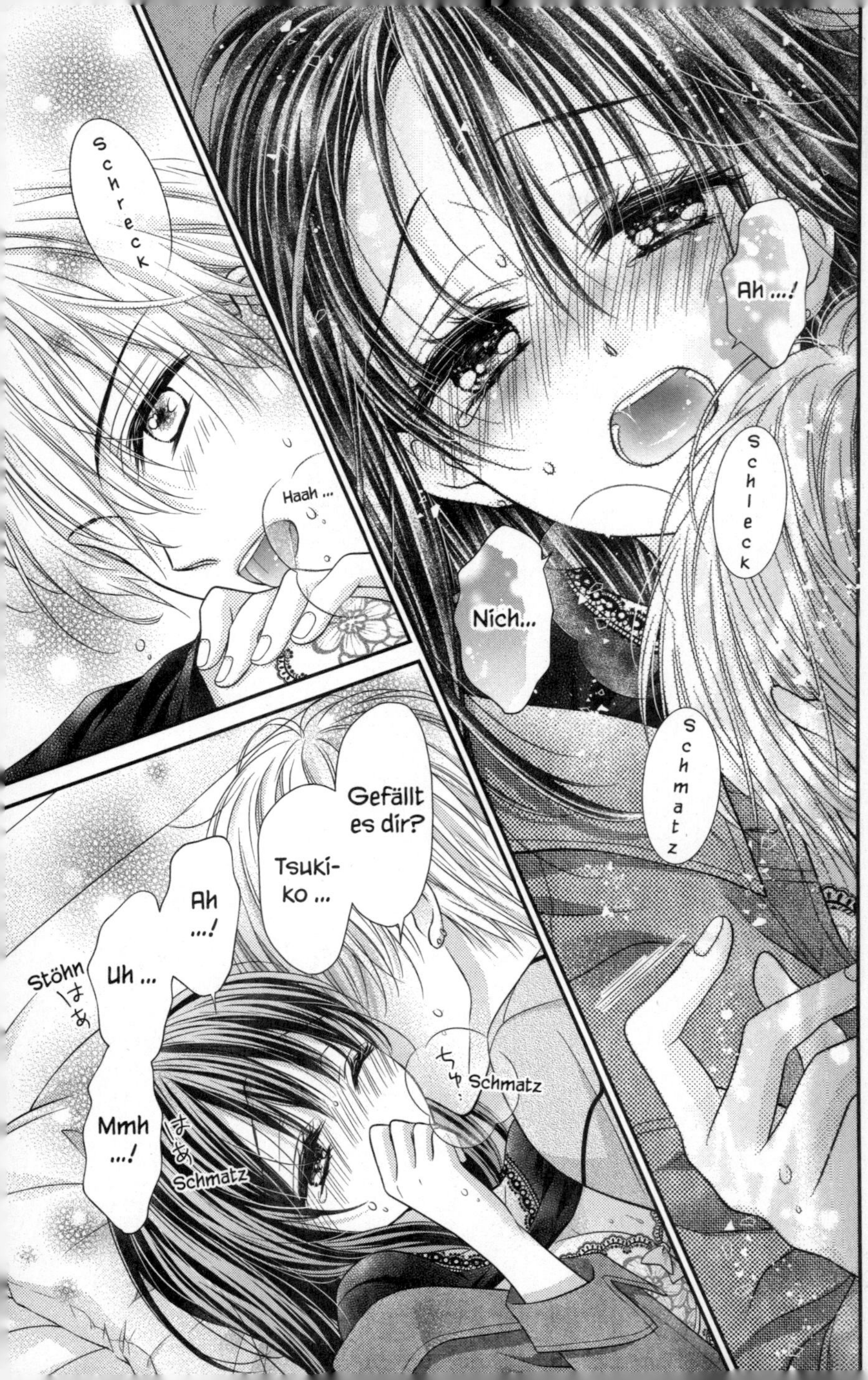
Ah ...!
Schleck
Nich...
Schmatz
Schreck
Haah ...
Gefällt es dir?
Tsuki-ko ...
Ah ...!
Uh ...
Stöhn
Schmatz
Mmh ...!
Schmatz

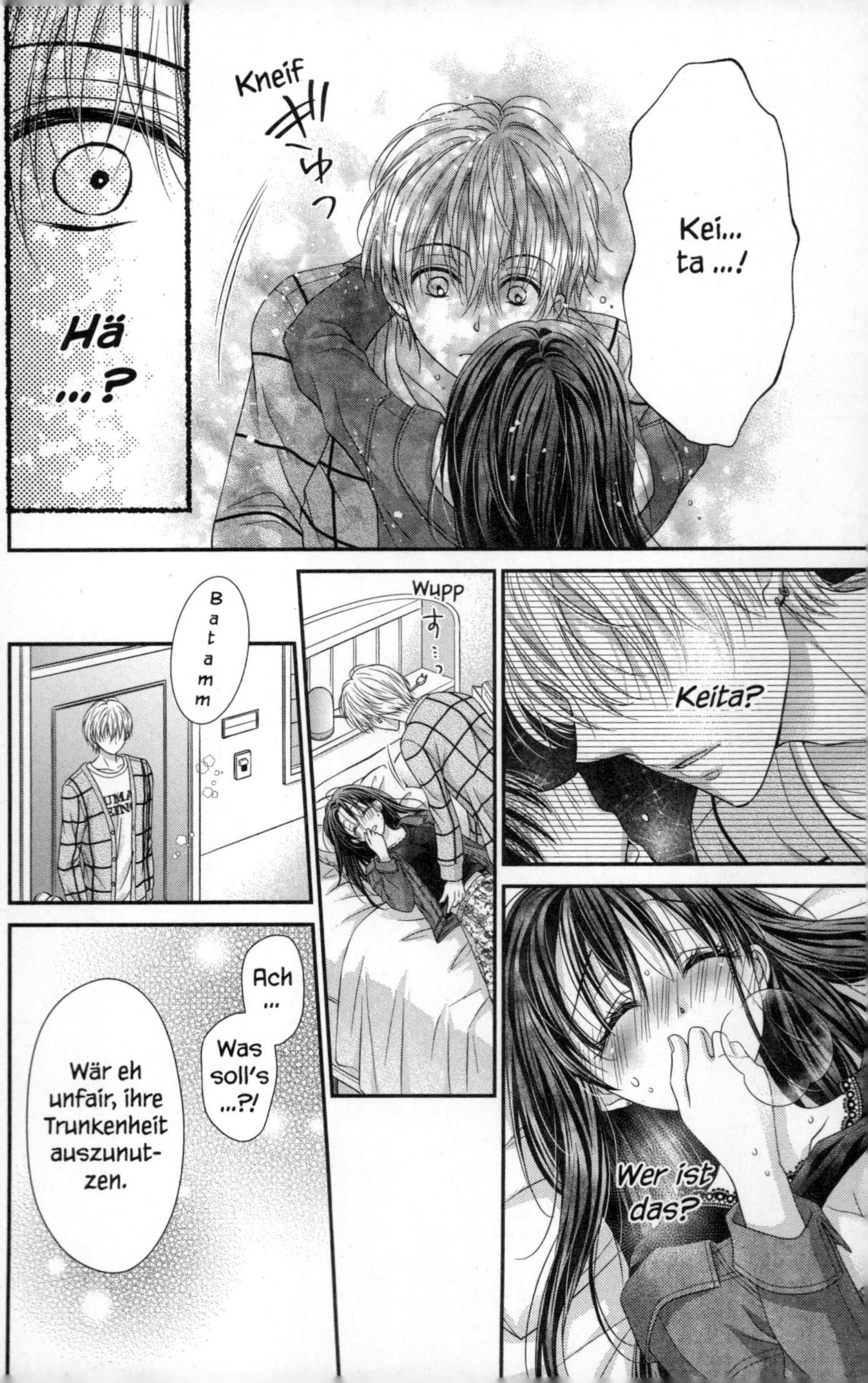

Kei... ta ...!
Kneif
ぎゅっ
Hä ...?
Keita?
Wupp
す…っ
Batamm
Wer ist das?
Ach ... Was soll's ...?!
Wär eh unfair, ihre Trunkenheit auszunutzen.

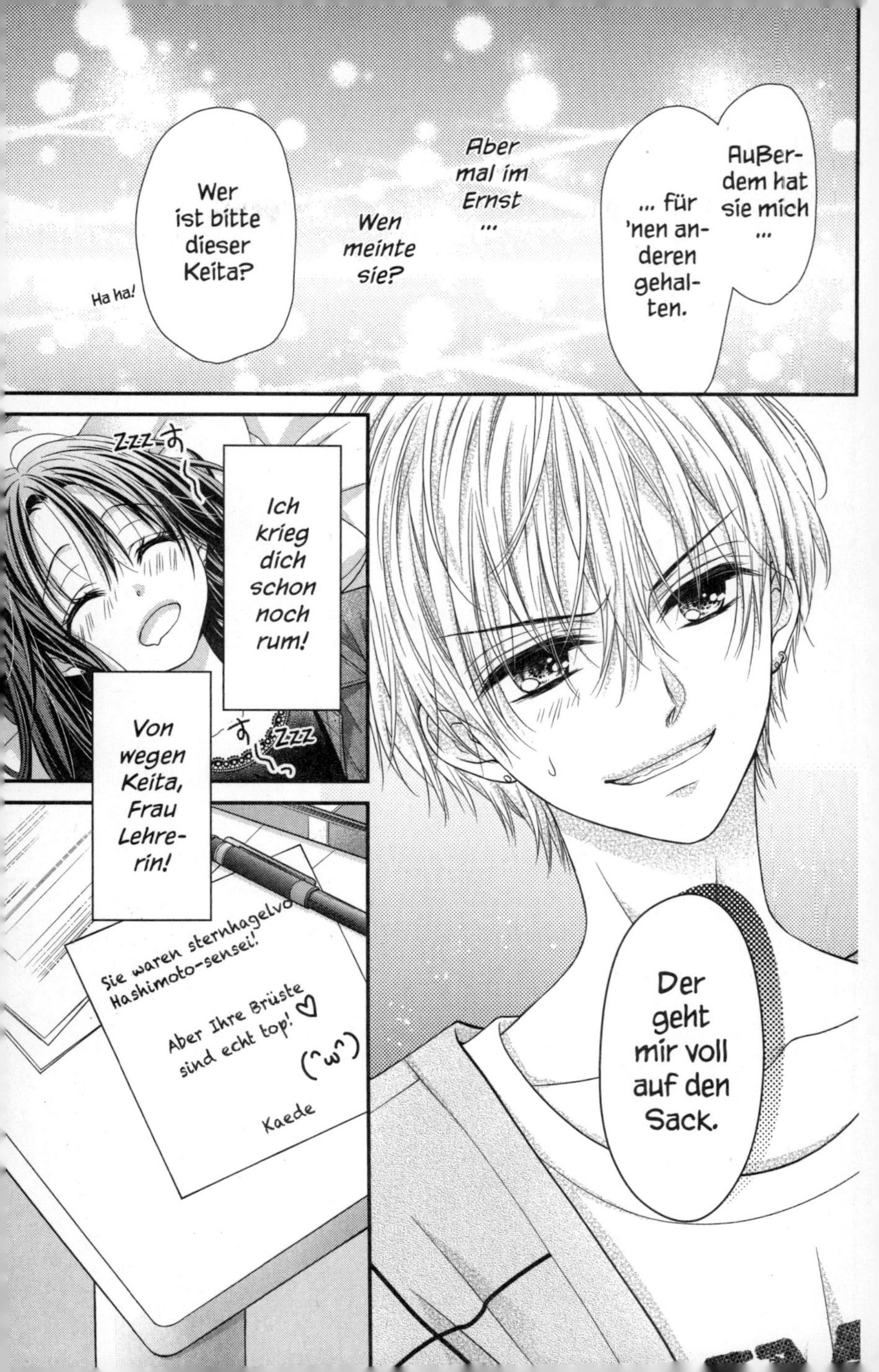
Außerdem hat sie mich ...
... für 'nen anderen gehalten.
Aber mal im Ernst ...
Wen meinte sie?
Wer ist bitte dieser Keita?
Ha ha!
Der geht mir voll auf den Sack.
ZZZ すー
Ich krieg dich schon noch rum!
Von wegen Keita, Frau Lehrerin!
すー ZZZ
Sie waren sternhagelvo
Hashimoto-sensei!
Aber Ihre Brüste sind echt top! ♡
(^ω^)
Kaede

Willkommen! Oder Willkommen zurück! Hier ist Kayoru!

Feiert zusammen mit mir die Veröffentlichung des ersten Bands von *Sirupsüße Sünde*!!

Acht Monate sind seit dem letzten Band von *Küss mich richtig, my Lady!* vergangen* und ich bin superstolz, euch jetzt den ersten Band meiner brandneuen Serie *Sirupsüße Sünde* präsentieren zu können! E-Books setzen sich inzwischen ja mehr und mehr durch. Daher war ich mir nicht sicher, ob mein neuster Manga überhaupt noch als Printausgabe erscheinen würde. Ich muss zugeben, dass auch ich immer häufiger digitale Manga kaufe, aber meine Liebe für gedruckte Ausgaben ist ungebrochen! Wie dem auch sei, dieser Manga erscheint in beiden Formaten, wofür ich sehr dankbar bin! Mein letzter großer Buchkauf war übrigens die Liebhaber-Edition von *Doraemon* in 45 Bänden!

Ich kann es gar nicht abwarten, sie endlich in meinen Händen zu halten!

Aber ich schweife ab ... Auf jeden Fall danke ich euch von ganzem Herzen, dass ihr euch den ersten Band von *Sirupsüße Sünde* geholt habt!!

Beim Titel war ich zwar nicht besonders kreativ, denn er greift im Prinzip lediglich die Vornamen der beiden Protagonisten auf**, aber ich finde, er klingt einfach gut! Diese neue Serie hat mich zwar vor einige neue Herausforderungen gestellt, aber davon erzähle ich euch vielleicht später an anderer Stelle noch.

Aber genug von mir und weiter im Text! Hoffentlich habt ihr mit der Geschichte genauso viel Spaß wie ich beim Zeichnen und Schreiben ...!

August 2020

*bezogen auf die Veröffentlichung in Japan

**Der Originaltitel lautet *Tsuki to Maple Sirup* (»Mond und Ahornsirup«). »Tsuki« in »Tsukiko« heißt »Mond« und »Kaede« bedeutet »Ahorn«.

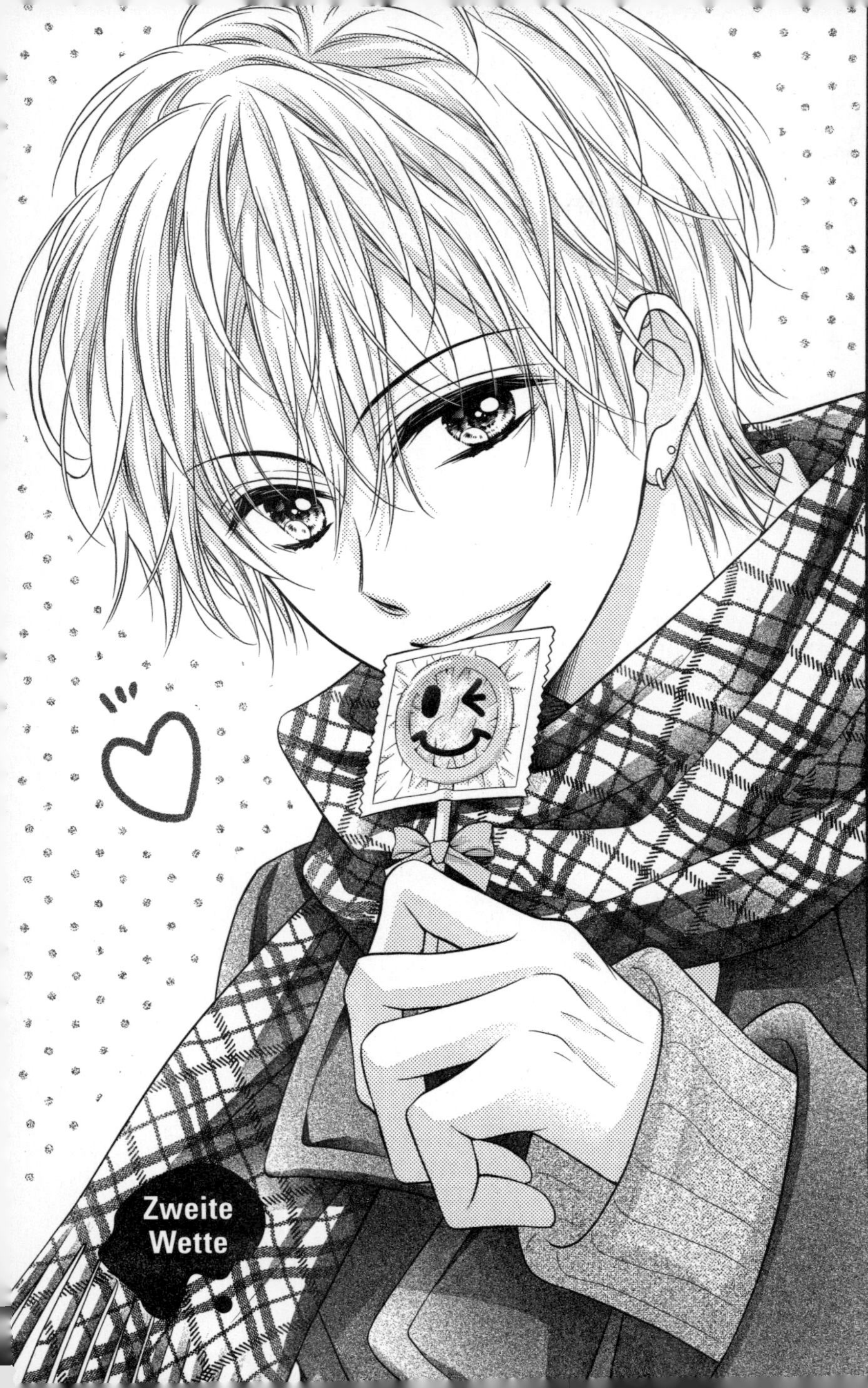
Zweite
Wette

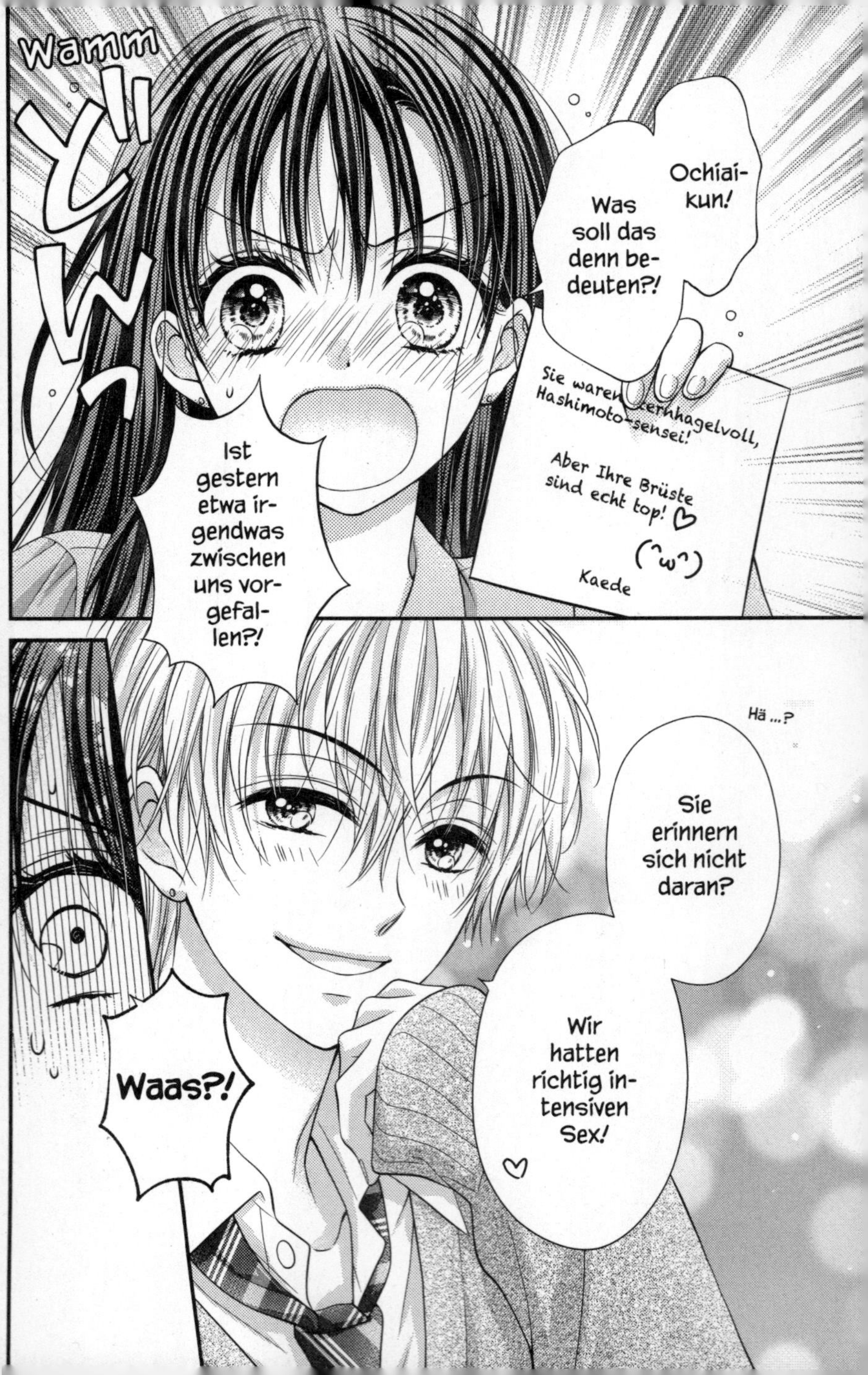
Wamm
Ochiai-kun! Was soll das denn bedeuten?!
Sie waren ernhagelvoll, Hashimoto-sensei!
Aber Ihre Brüste sind echt top! ♡
(^ω^)
Kaede
Ist gestern etwa irgendwas zwischen uns vorgefallen?!
Hä ...?
Sie erinnern sich nicht daran?
Wir hatten richtig intensiven Sex! ♡
Waas?!

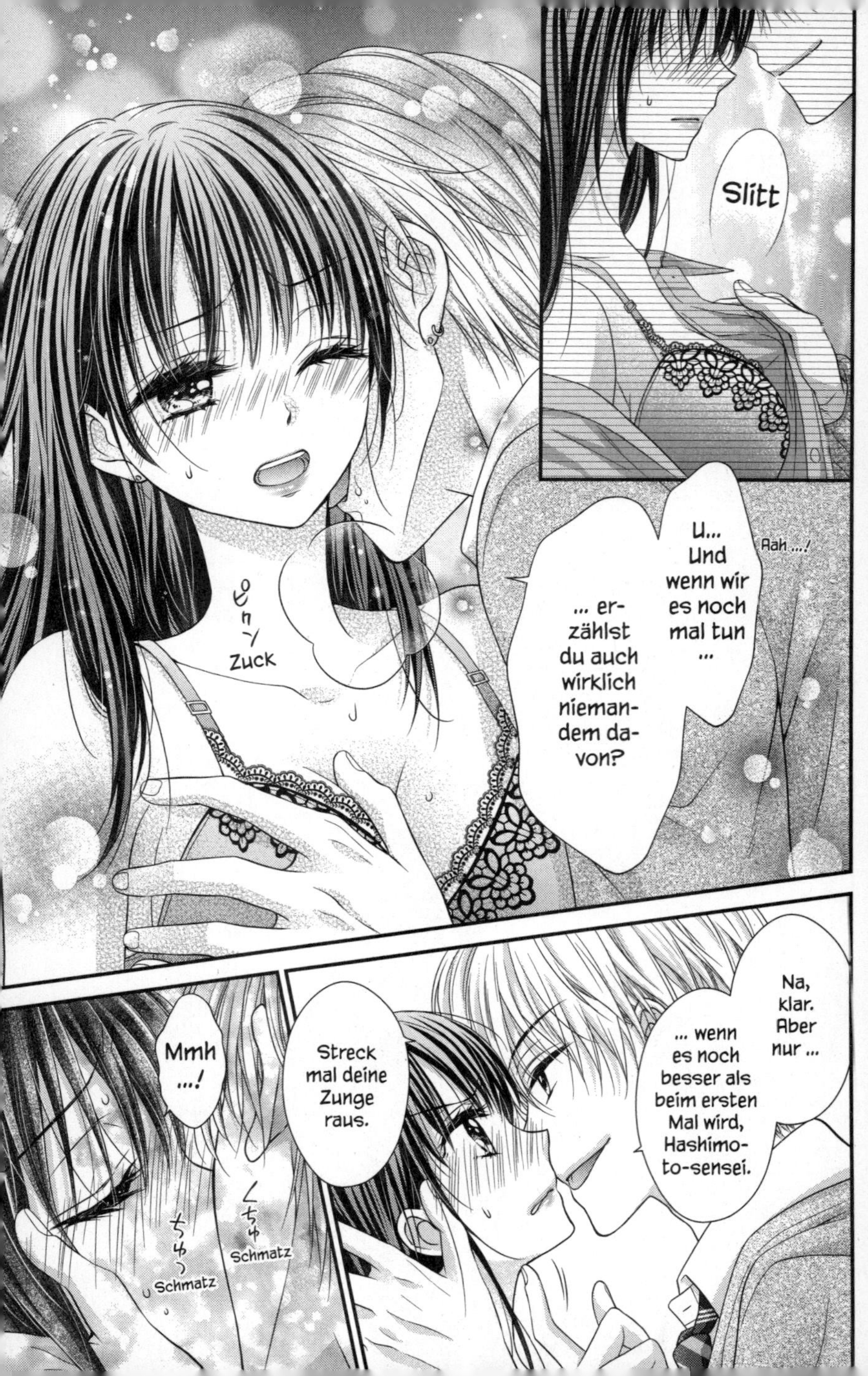

Slitt
U... Und wenn wir es noch mal tun ...
... erzählst du auch wirklich niemandem davon?
Aah ...!
ピクン Zuck
Na, klar. Aber nur ...
... wenn es noch besser als beim ersten Mal wird, Hashimoto-sensei.
Streck mal deine Zunge raus.
Mmh ...!
くちゅ Schmatz
ちゅっ Schmatz

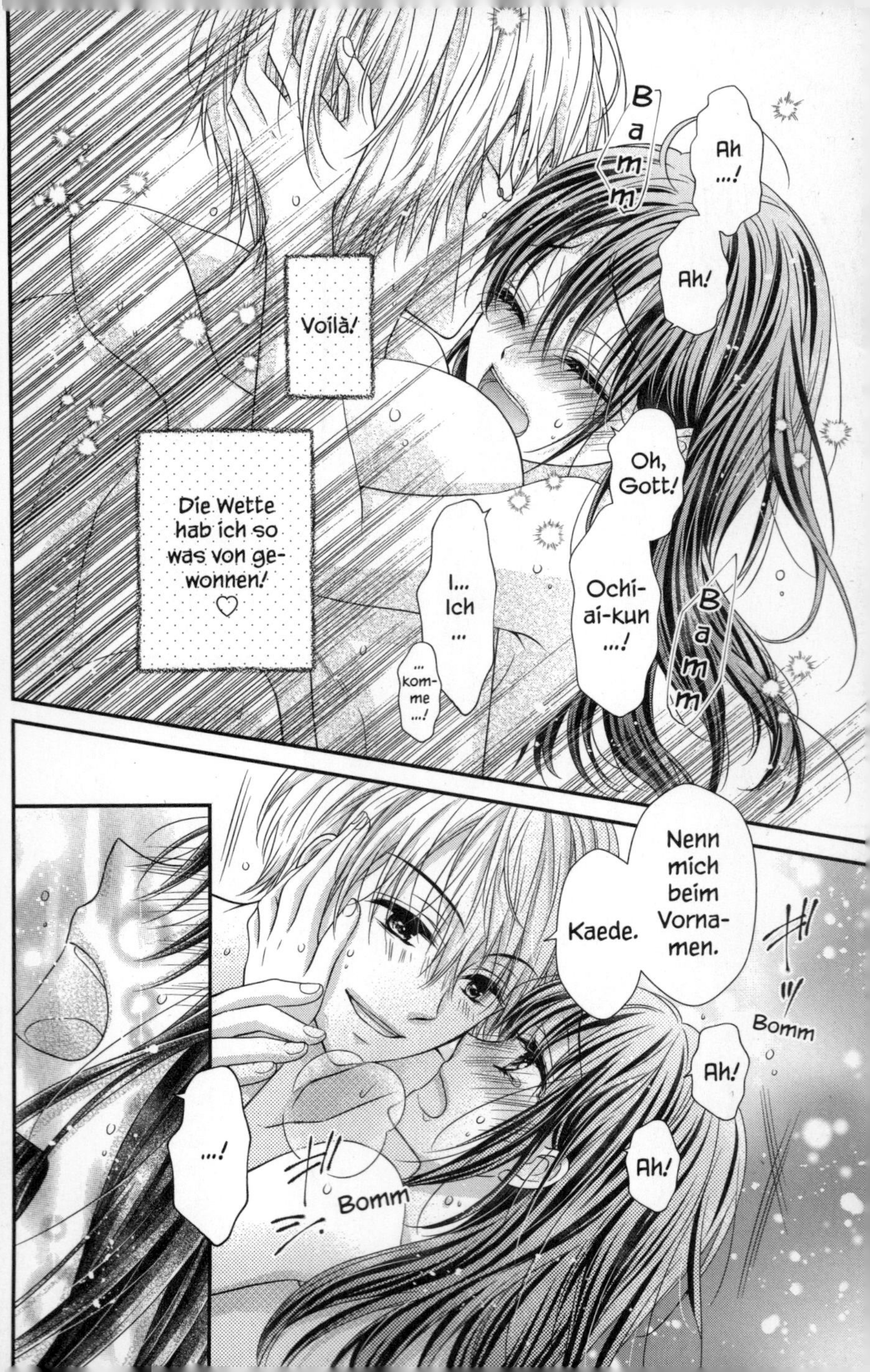
Bamm
Ah ...!
Ah!
Voilà!
Oh, Gott!
Ochi-ai-kun ...!
Bamm
Die Wette hab ich so was von gewonnen! ♡
I... Ich ...
... komme ...!
Nenn mich beim Vornamen.
Kaede.
Bomm
Ah!
Ah!
...!
Bomm

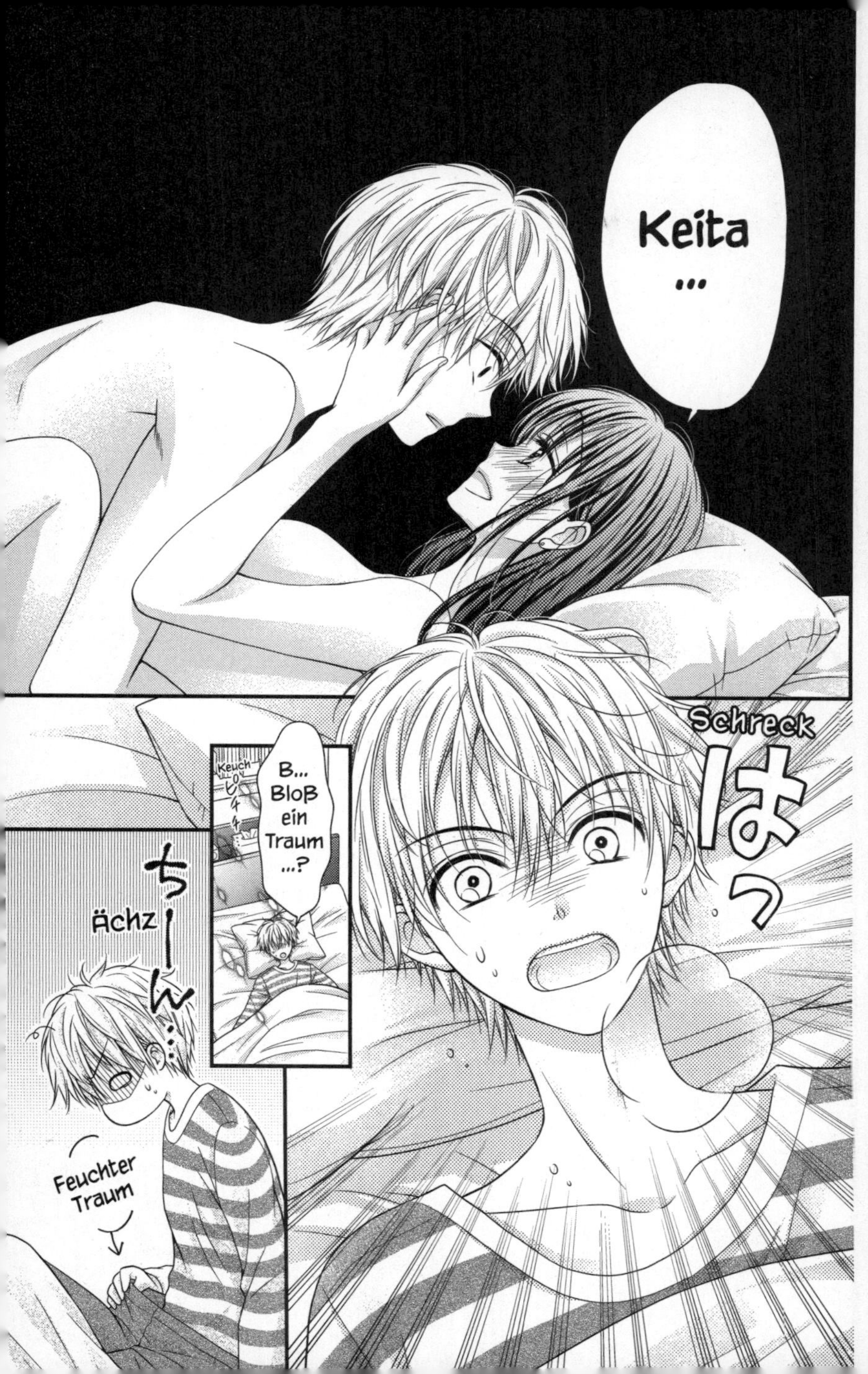

Keita
...
Schreck
はっ
B... Bloß ein Traum ...?
Keuch
ちーん...
Ächz
Feuchter Traum

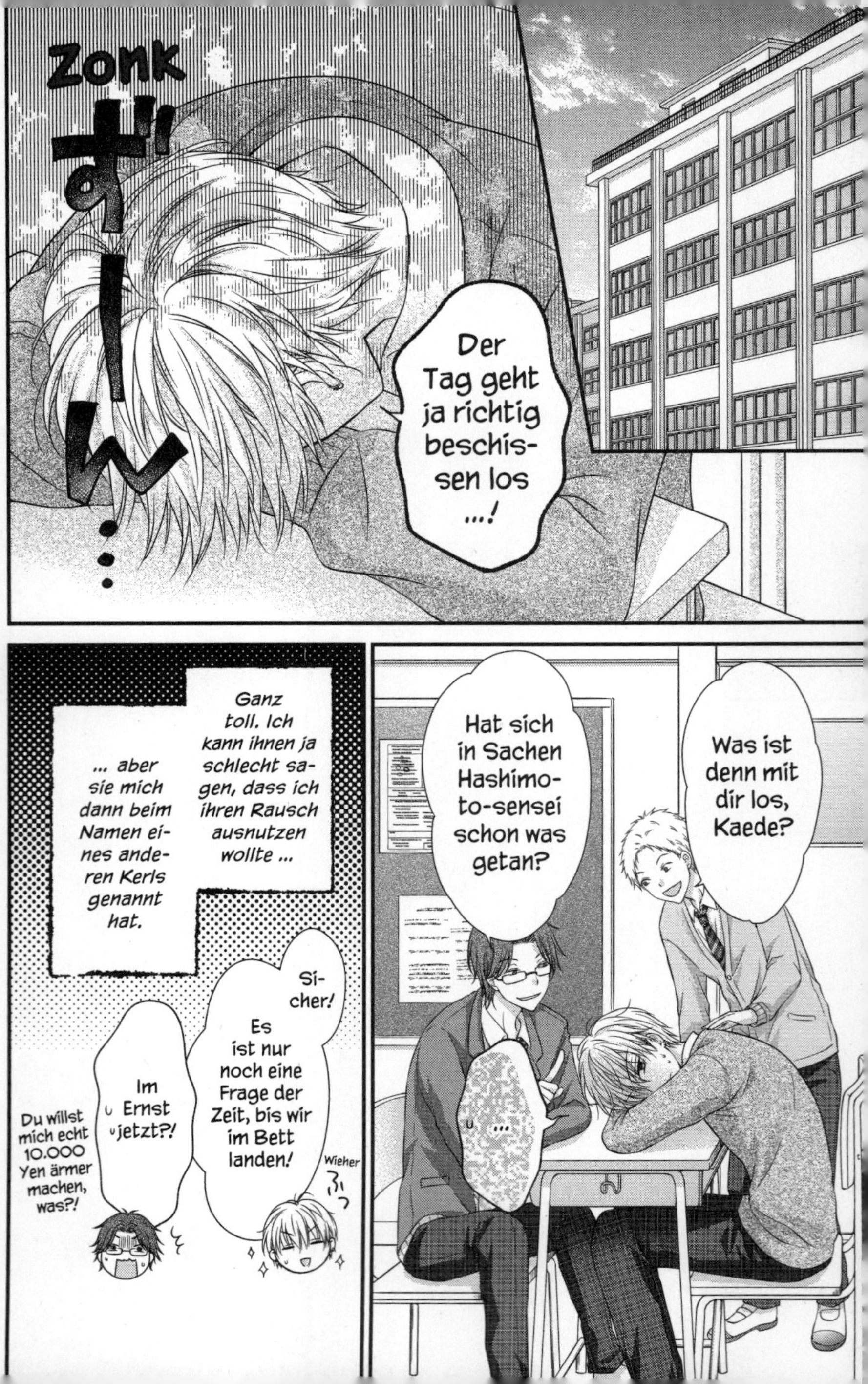
Zonk
すーん…
Der Tag geht ja richtig beschis-sen los …!
Was ist denn mit dir los, Kaede?
Hat sich in Sachen Hashimo-to-sensei schon was getan?
…
Ganz toll. Ich kann ihnen ja schlecht sa-gen, dass ich ihren Rausch ausnutzen wollte …
… aber sie mich dann beim Namen ei-nes ande-ren Kerls genannt hat.
Si-cher!
Es ist nur noch eine Frage der Zeit, bis wir im Bett landen!
Wieher
Im Ernst jetzt?!
Du willst mich echt 10.000 Yen ärmer machen, was?!

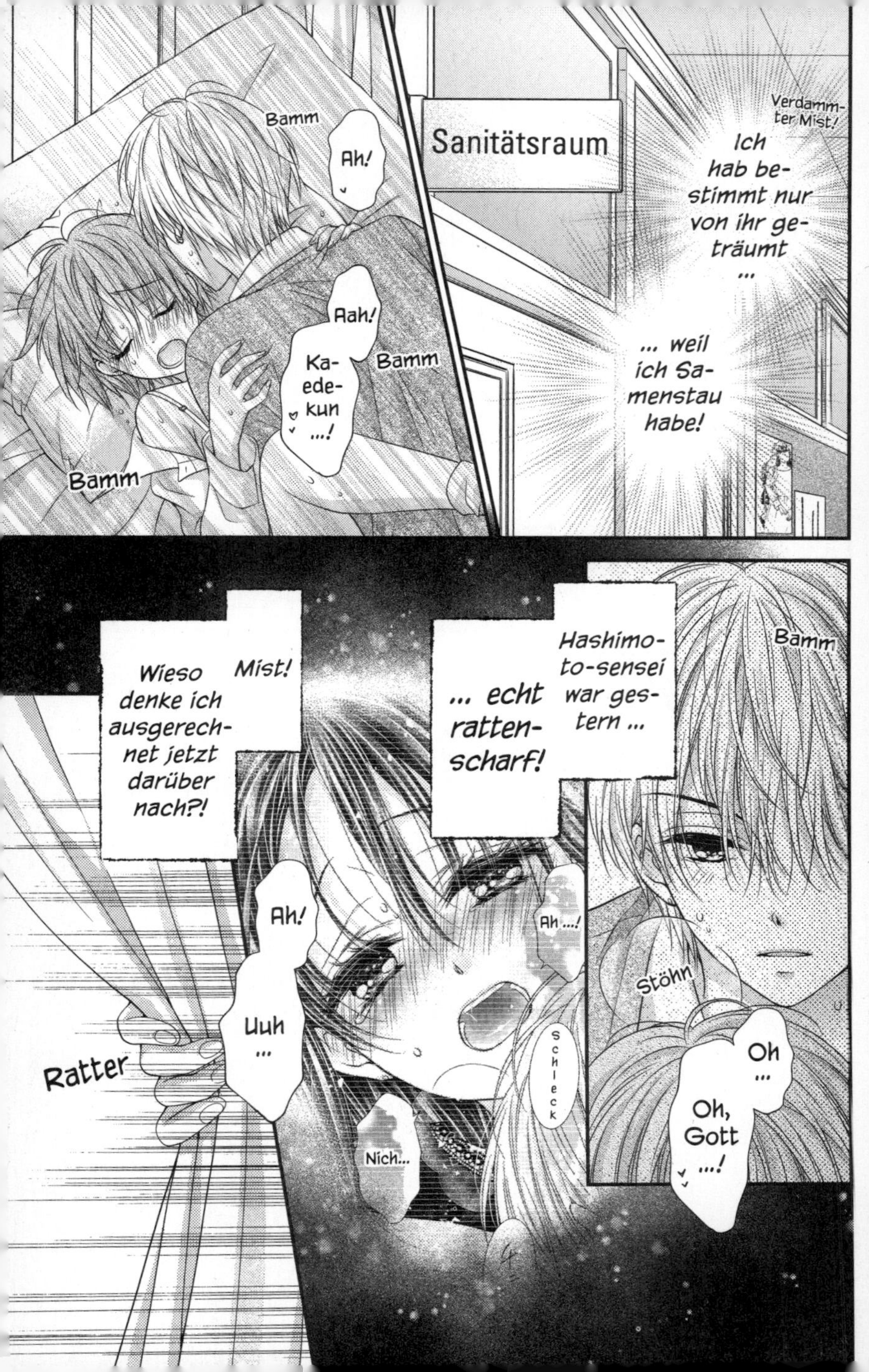
Sanitätsraum
Verdammter Mist!
Ich hab bestimmt nur von ihr geträumt ...
... weil ich Samenstau habe!
Bamm
Ah!
Aah!
Kaede-kun ...!
Bamm
Bamm
Bamm
Hashimoto-sensei war gestern ...
... echt rattenscharf!
Mist!
Wieso denke ich ausgerechnet jetzt darüber nach?!
Oh ...
Oh, Gott ...!
Stöhn
Ah ...!
Schleck
Ah!
Uuh ...
Nich...
Ratter

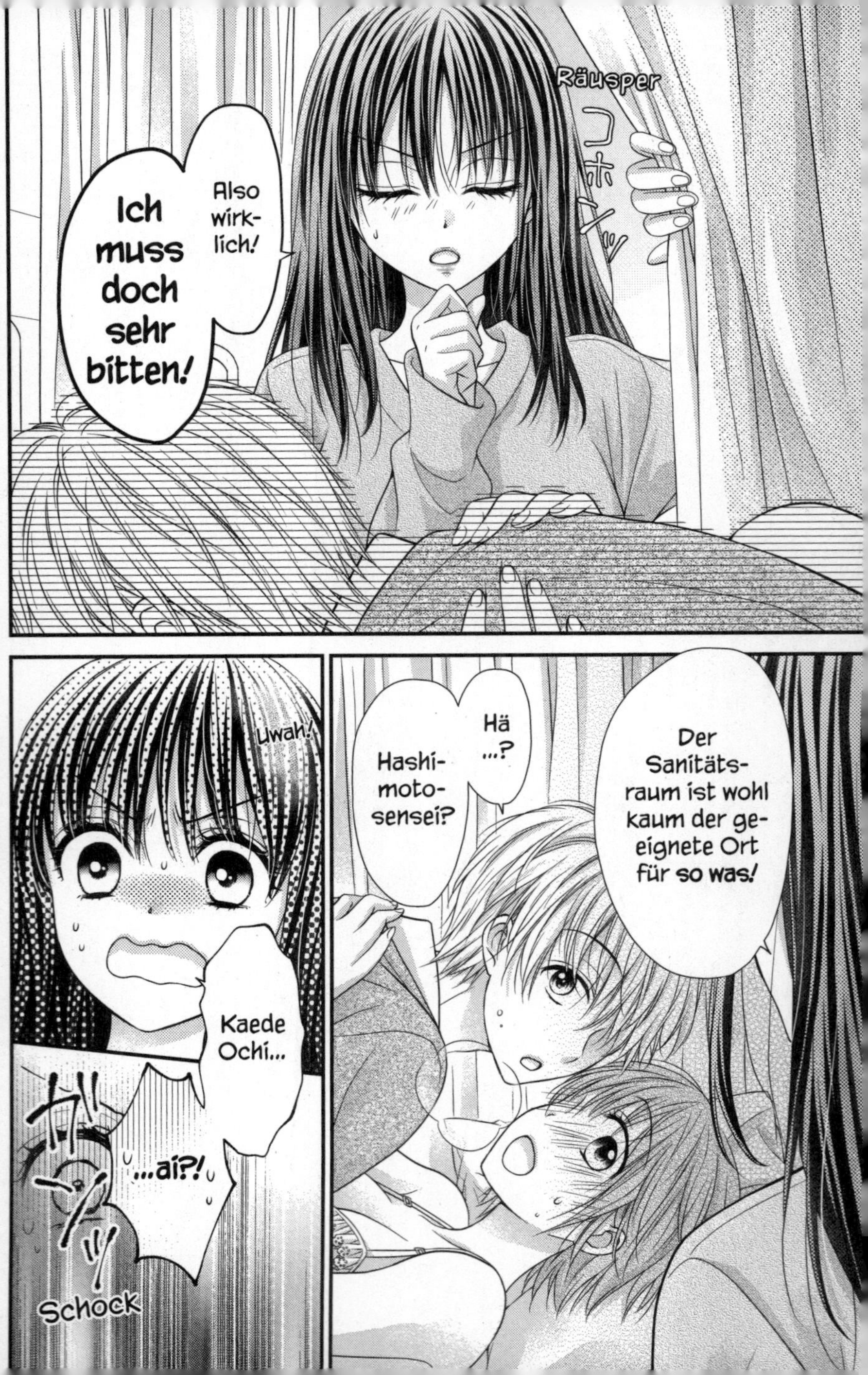
Räusper
コホンッ
Also wirklich!
Ich muss doch sehr bitten!
Der Sanitätsraum ist wohl kaum der geeignete Ort für so was!
Hä ...?
Hashimoto-sensei?
Uwah!
Kaede Ochi...
...ai?!
Schock

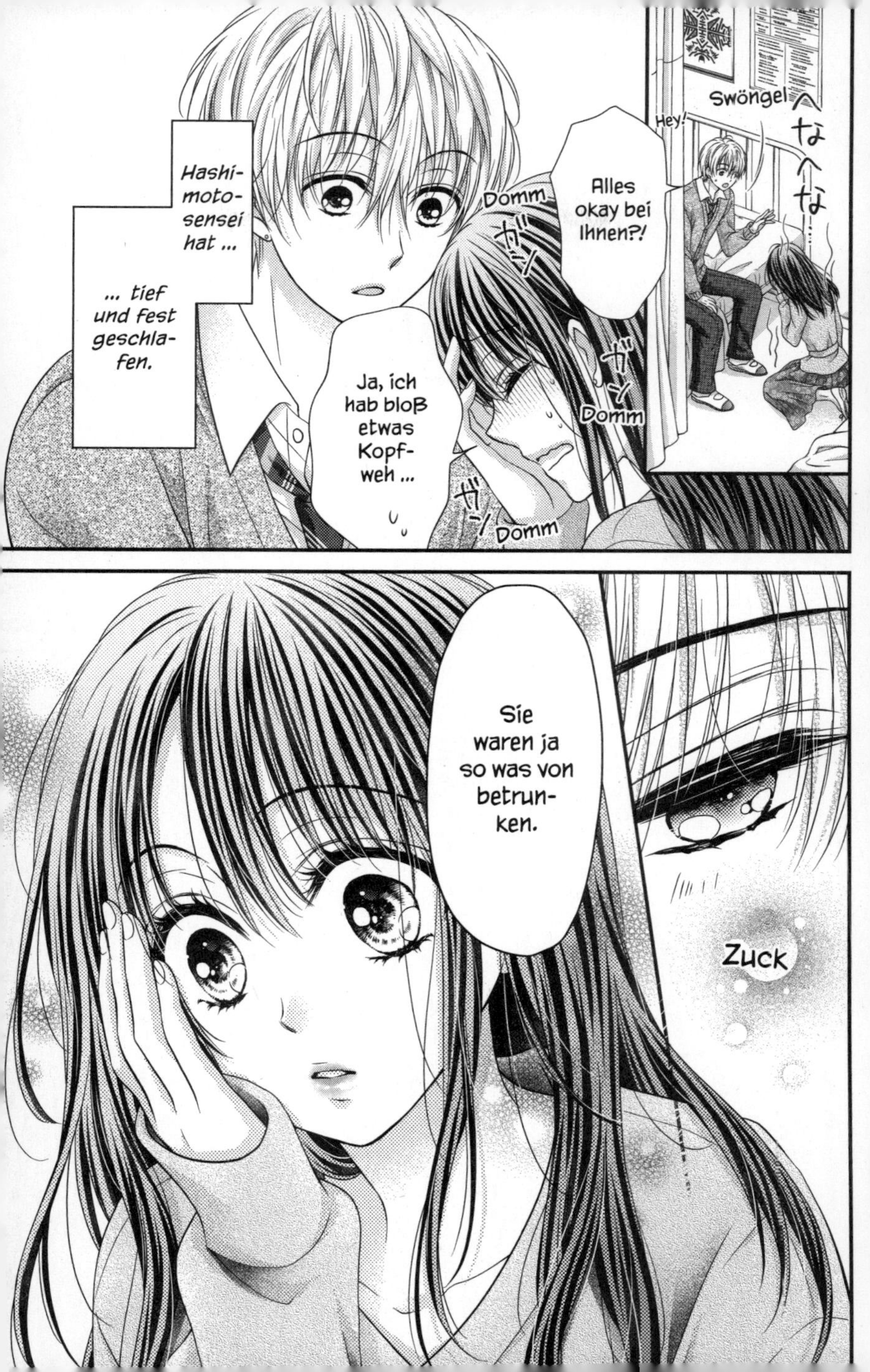
Swöngel
へなへな……
Hey!
Alles okay bei Ihnen?!
Domm
ガン
Domm
ガン
Domm
ガン
Hashimoto-sensei hat ...
... tief und fest geschlafen.
Ja, ich hab bloß etwas Kopfweh ...
Sie waren ja so was von betrunken.
Zuck

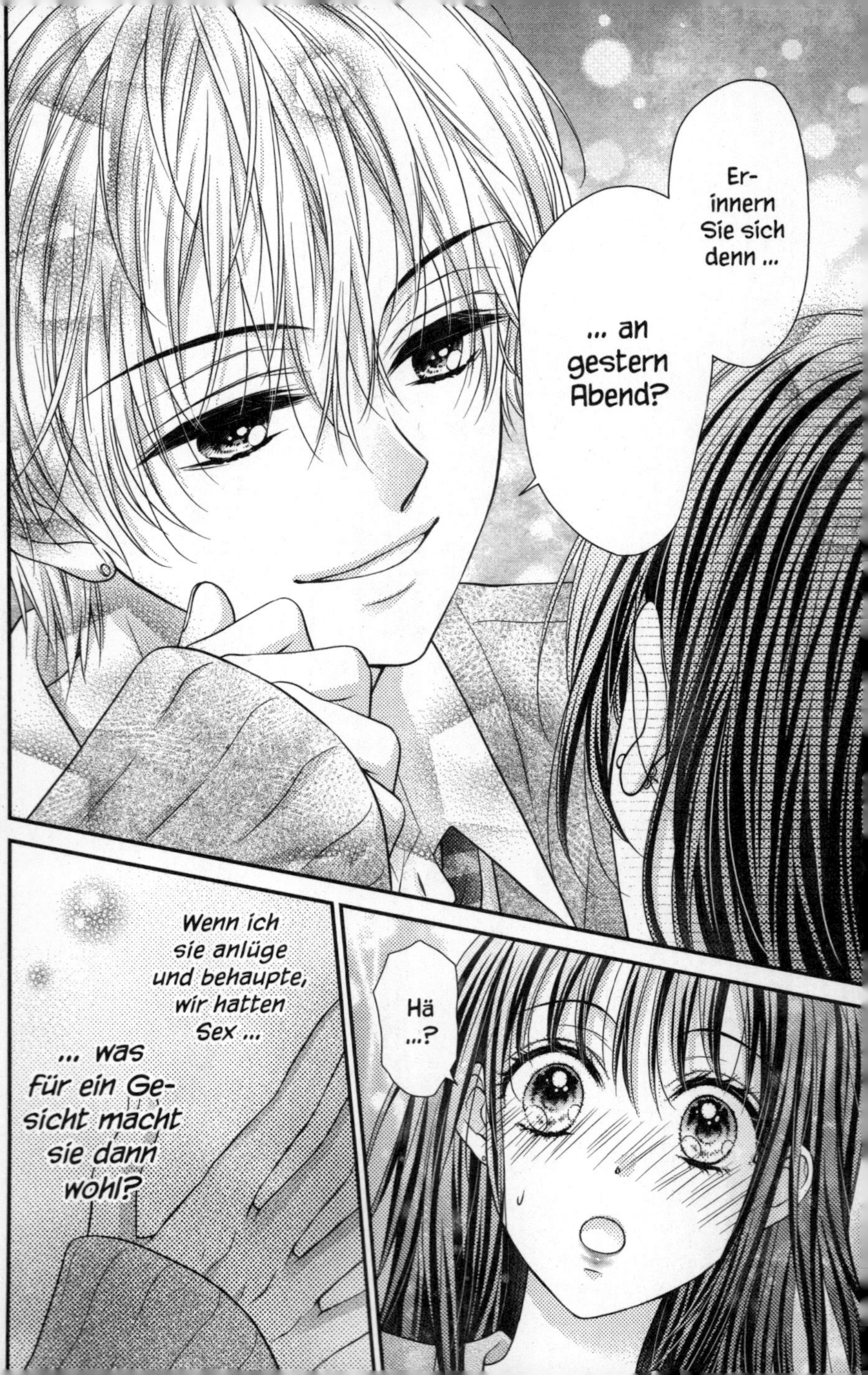
Er-innern Sie sich denn ...
... an gestern Abend?
Hä ...?
Wenn ich sie anlüge und behaupte, wir hatten Sex ...
... was für ein Gesicht macht sie dann wohl?

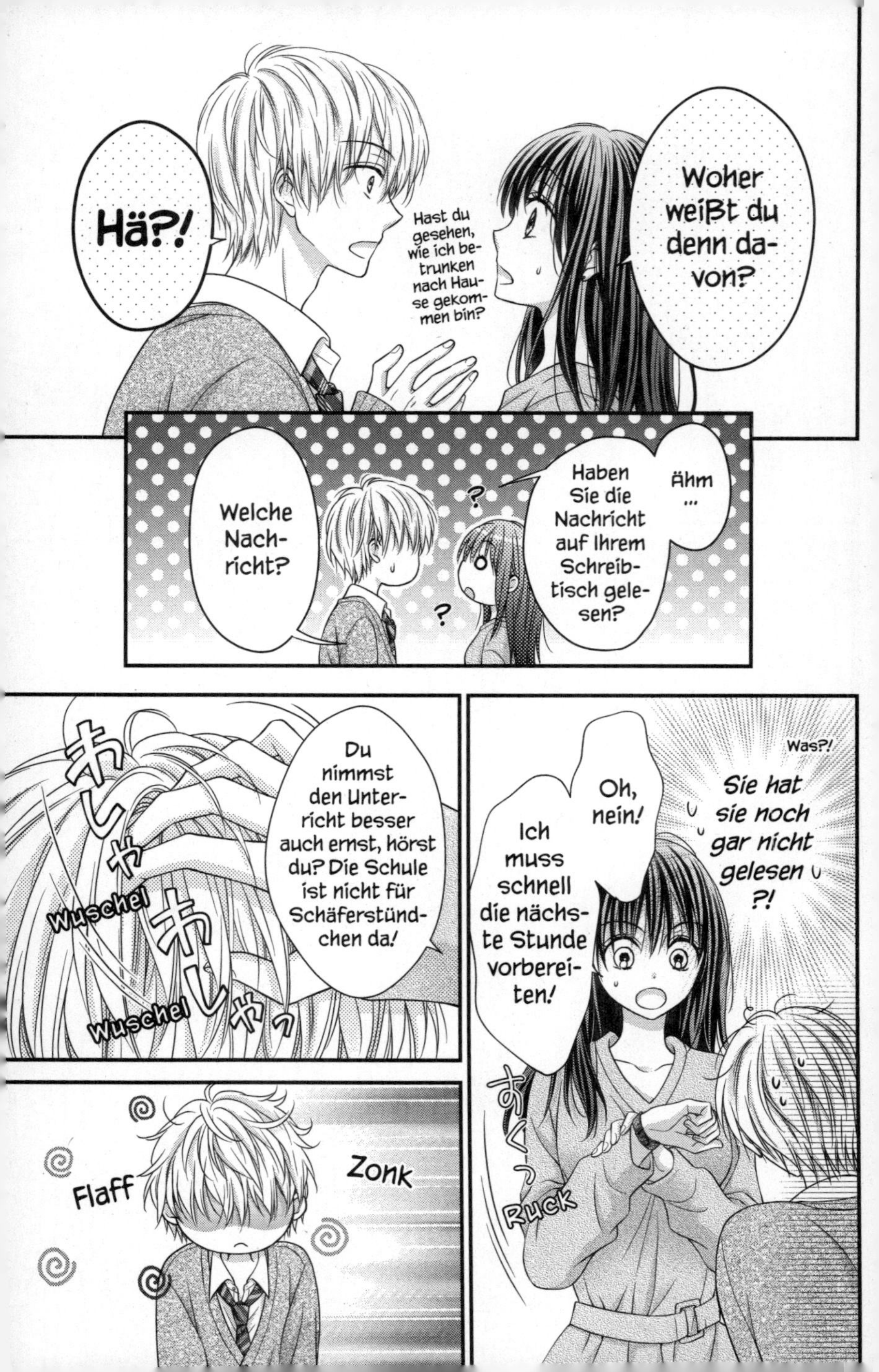

Woher weißt du denn davon?
Hast du gesehen, wie ich betrunken nach Hause gekommen bin?
Hä?!
Ähm ...
Haben Sie die Nachricht auf Ihrem Schreibtisch gelesen?
Welche Nachricht?
Was?!
Sie hat sie noch gar nicht gelesen ?!
Oh, nein!
Ich muss schnell die nächste Stunde vorbereiten!
おくっ
Ruck
Du nimmst den Unterricht besser auch ernst, hörst du? Die Schule ist nicht für Schäferstündchen da!
わしゃわしゃっ
Wuschel
Wuschel
Zonk
Flaff

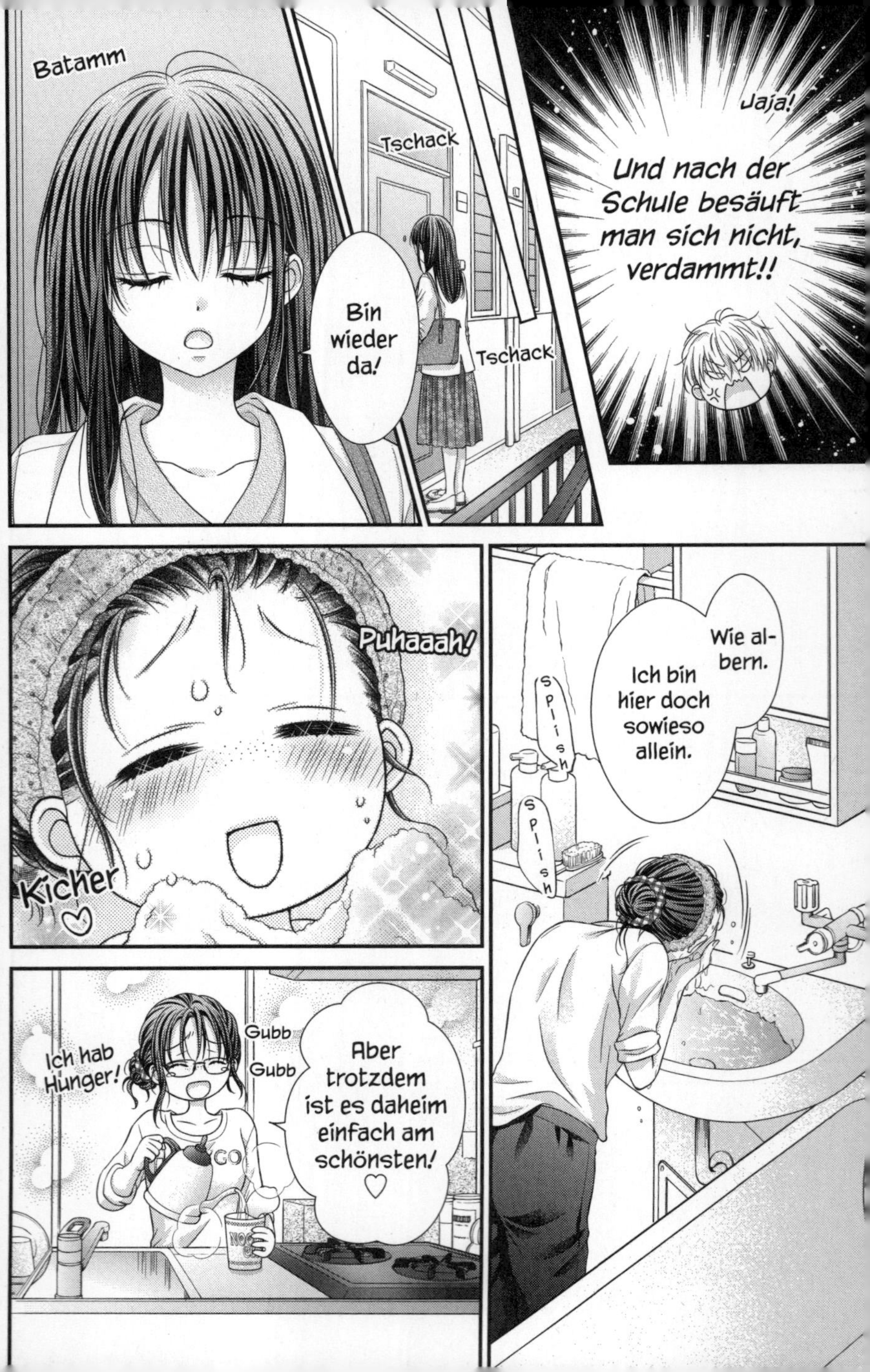
Jaja!
Und nach der Schule besäuft man sich nicht, verdammt!!
Tschack
Tschack
Bin wieder da!
Batamm
Splish
Splish
Wie albern.
Ich bin hier doch sowieso allein.
Puhaaah!
Kicher ♡
Gubb
Gubb
Ich hab Hunger!
Aber trotzdem ist es daheim einfach am schönsten! ♡

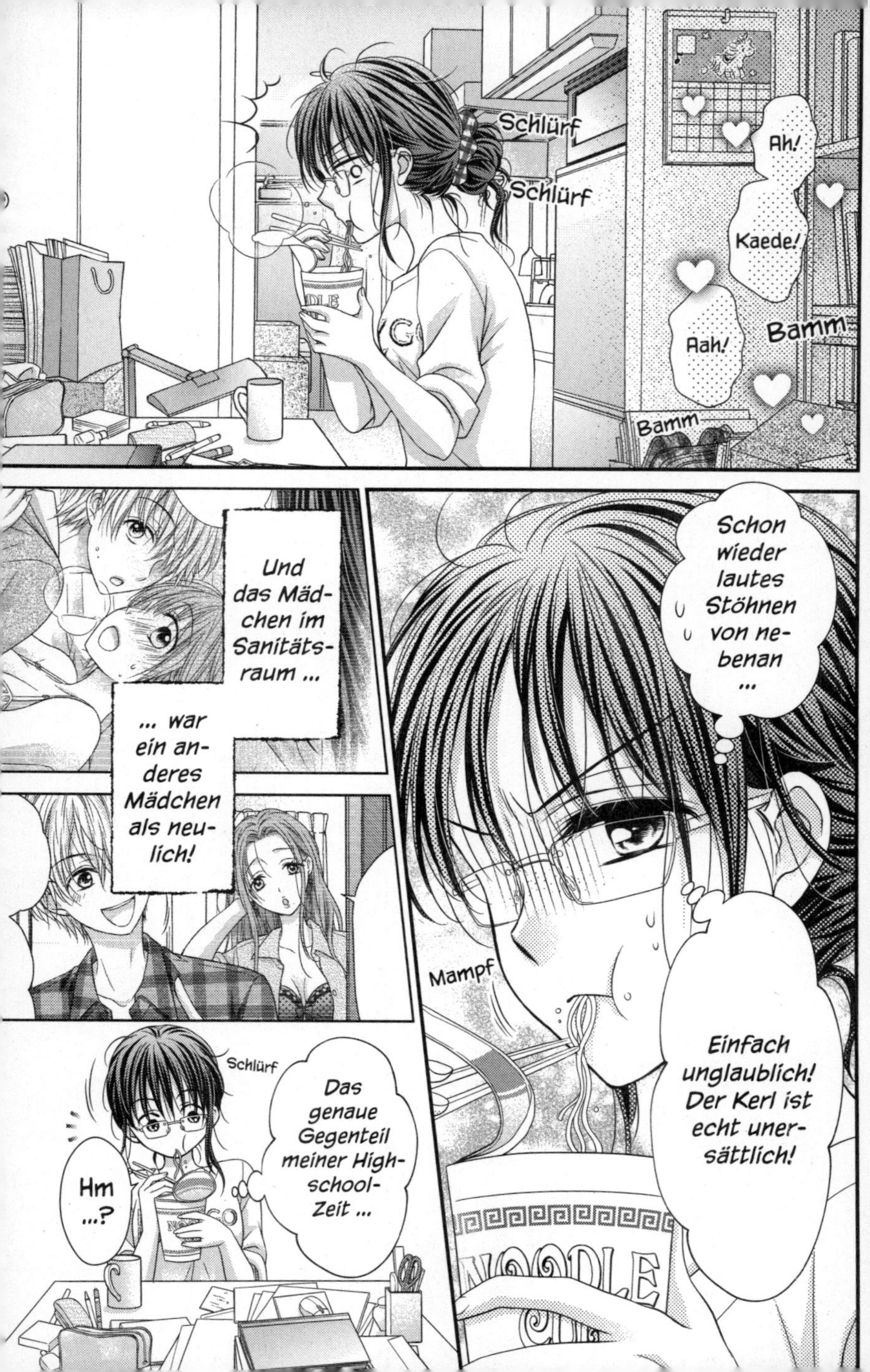

Ah!
Kaede!
Bamm
Aah!
Bamm
Schlürf
Schlürf
Schon wieder lautes Stöhnen von nebenan ...
Und das Mädchen im Sanitätsraum ...
... war ein anderes Mädchen als neulich!
Mampf
Einfach unglaublich! Der Kerl ist echt unersättlich!
Schlürf
Das genaue Gegenteil meiner Highschool-Zeit ...
Hm ...?

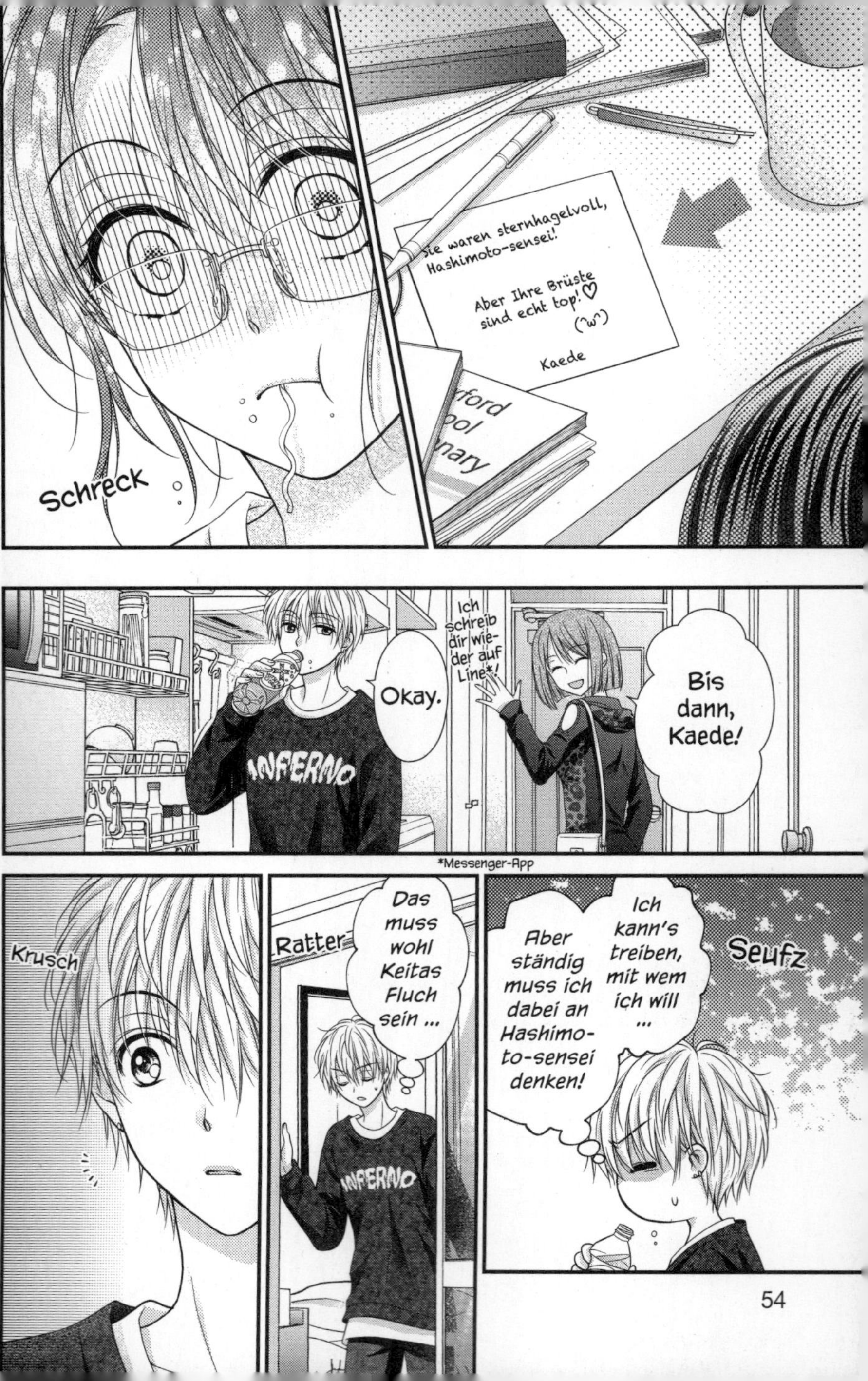
Sie waren sternhagelvoll, Hashimoto-sensei!
Aber Ihre Brüste sind echt top! ♡
(^ω^)
Kaede
Schreck
Bis dann, Kaede!
Ich schreib dir wieder auf Line*!
Okay.
*Messenger-App
Seufz
Ich kann's treiben, mit wem ich will ...
Aber ständig muss ich dabei an Hashimoto-sensei denken!
Das muss wohl Keitas Fluch sein ...
Ratter
Krusch

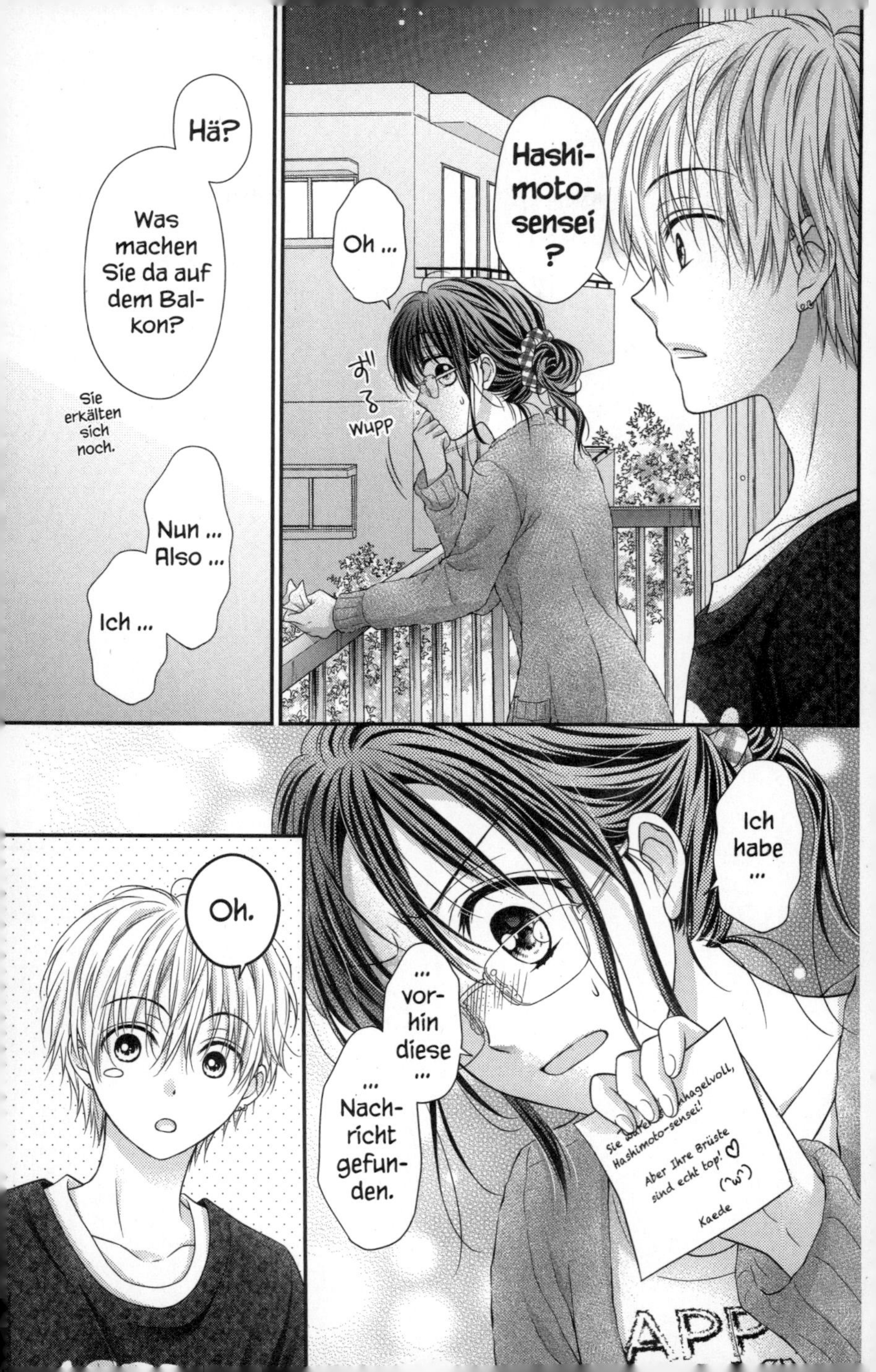
Hashimoto-sensei?
Oh ...
ずる
wupp
Hä?
Was machen Sie da auf dem Balkon?
Sie erkälten sich noch.
Nun ... Also ...
Ich ...
Ich habe ...
... vorhin diese ...
... Nachricht gefunden.
hagelvoll,
Hashimoto-sensei!
Aber Ihre Brüste sind echt top! ♡
(^ω^)
Kaede
Oh.
APP

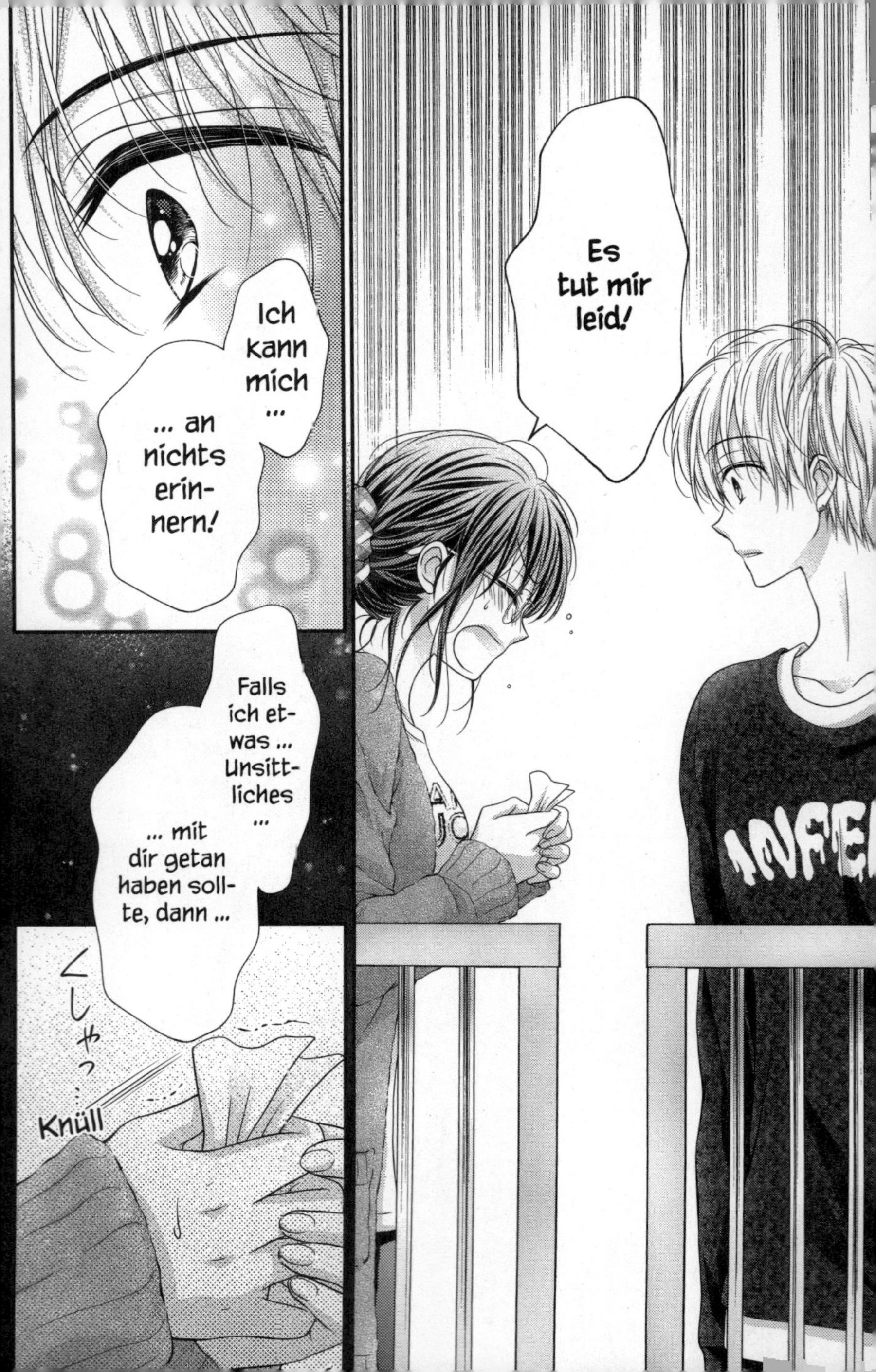
Es tut mir leid!
Ich kann mich ...
... an nichts erinnern!
Falls ich etwas ... Unsittliches ...
... mit dir getan haben sollte, dann ...
くしゃっ
Knüll

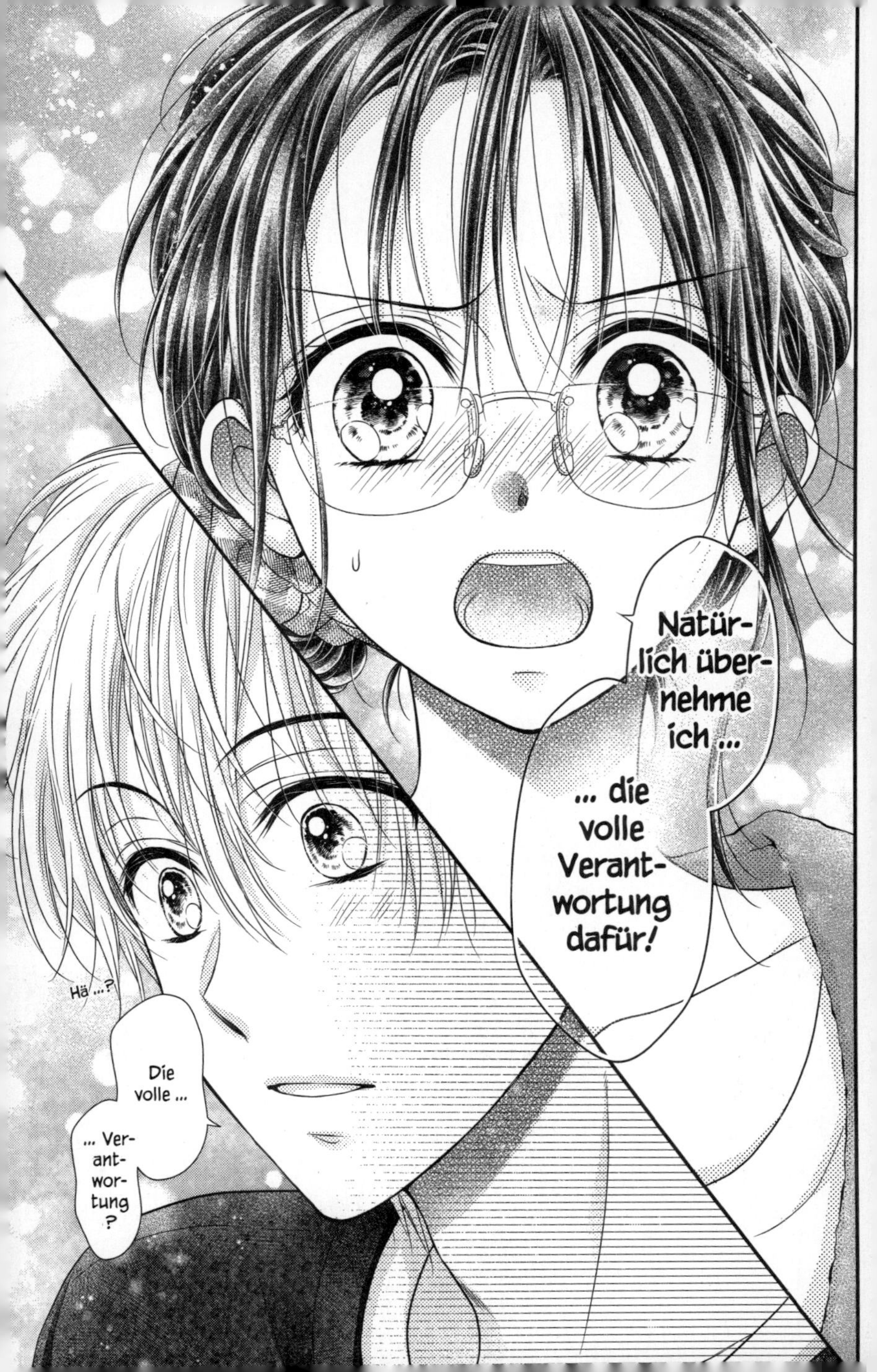
Natürlich übernehme ich ...
... die volle Verantwortung dafür!
Hä ...?
Die volle ...
... Verantwortung?

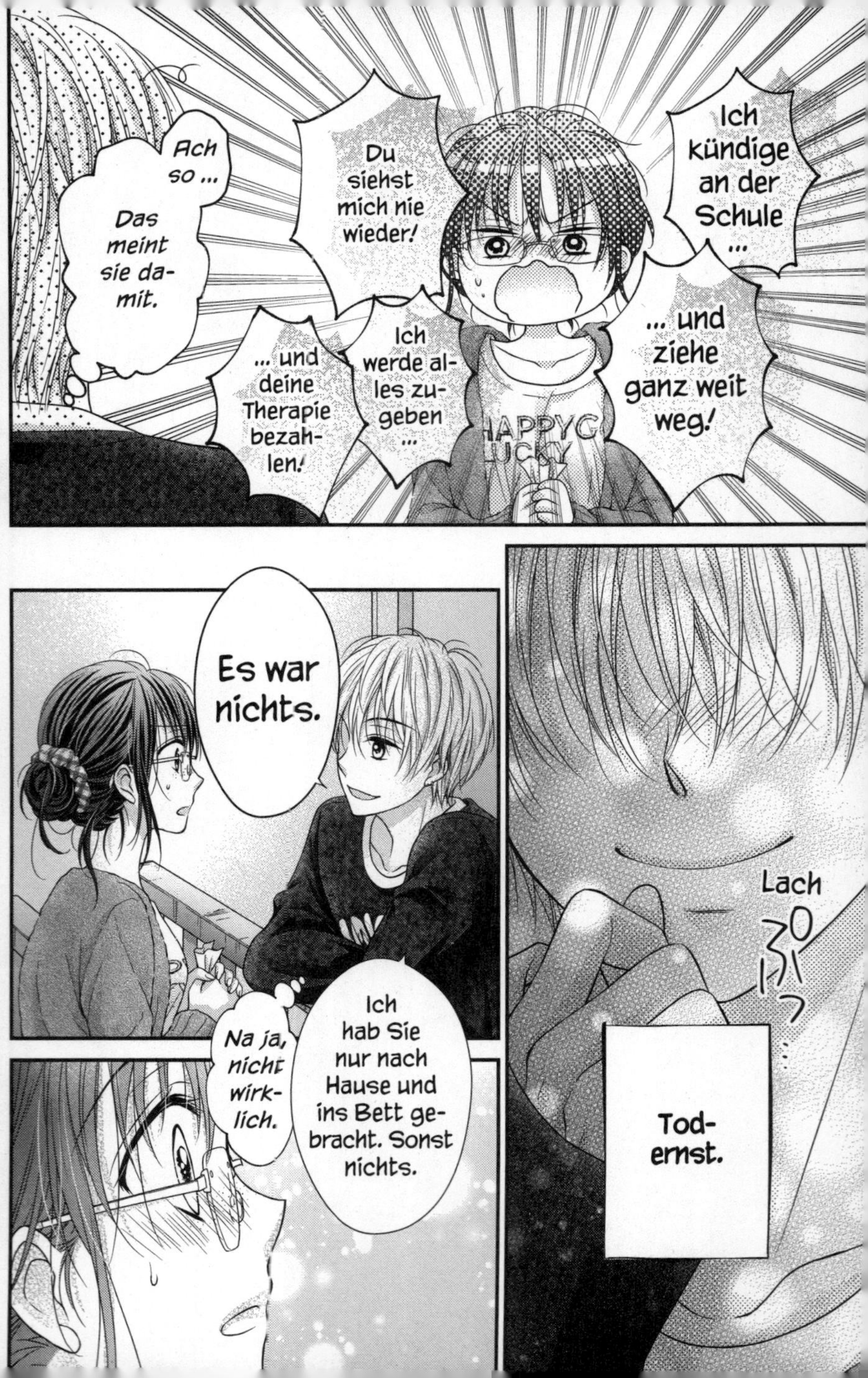
Ich kündige an der Schule ...
... und ziehe ganz weit weg!
Du siehst mich nie wieder!
Ich werde alles zugeben ...
... und deine Therapie bezahlen!
Ach so ... Das meint sie damit.
Lach
Todernst.
Es war nichts.
Ich hab Sie nur nach Hause und ins Bett gebracht. Sonst nichts.
Na ja, nicht wirklich.

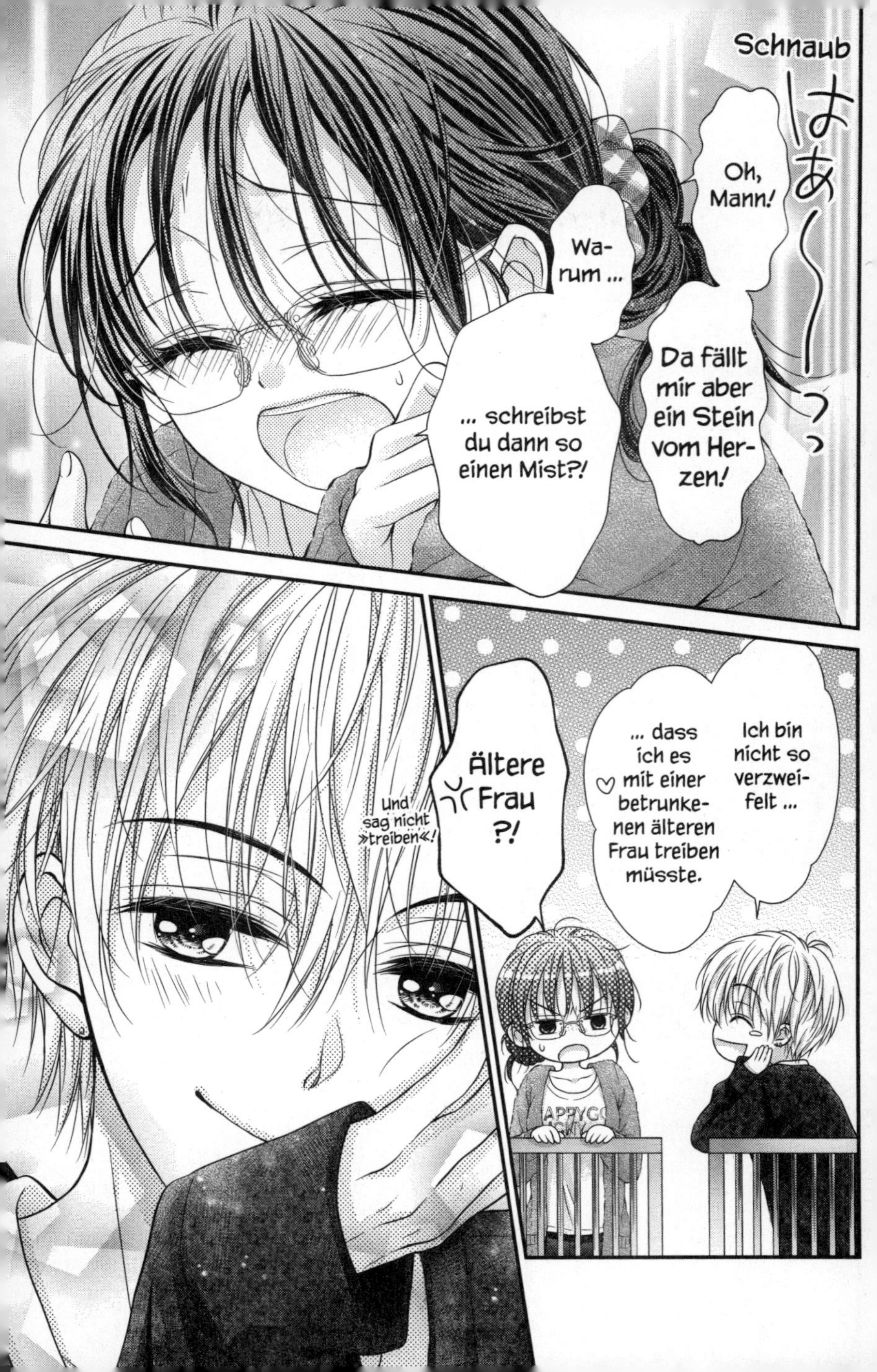

Schnaub
はあ~っ
Oh, Mann!
Da fällt mir aber ein Stein vom Herzen!
Warum ...
... schreibst du dann so einen Mist?!
Ich bin nicht so verzweifelt ...
... dass ich es mit einer betrunkenen älteren Frau treiben müsste.
Ältere Frau?!
Und sag nicht »treiben«!

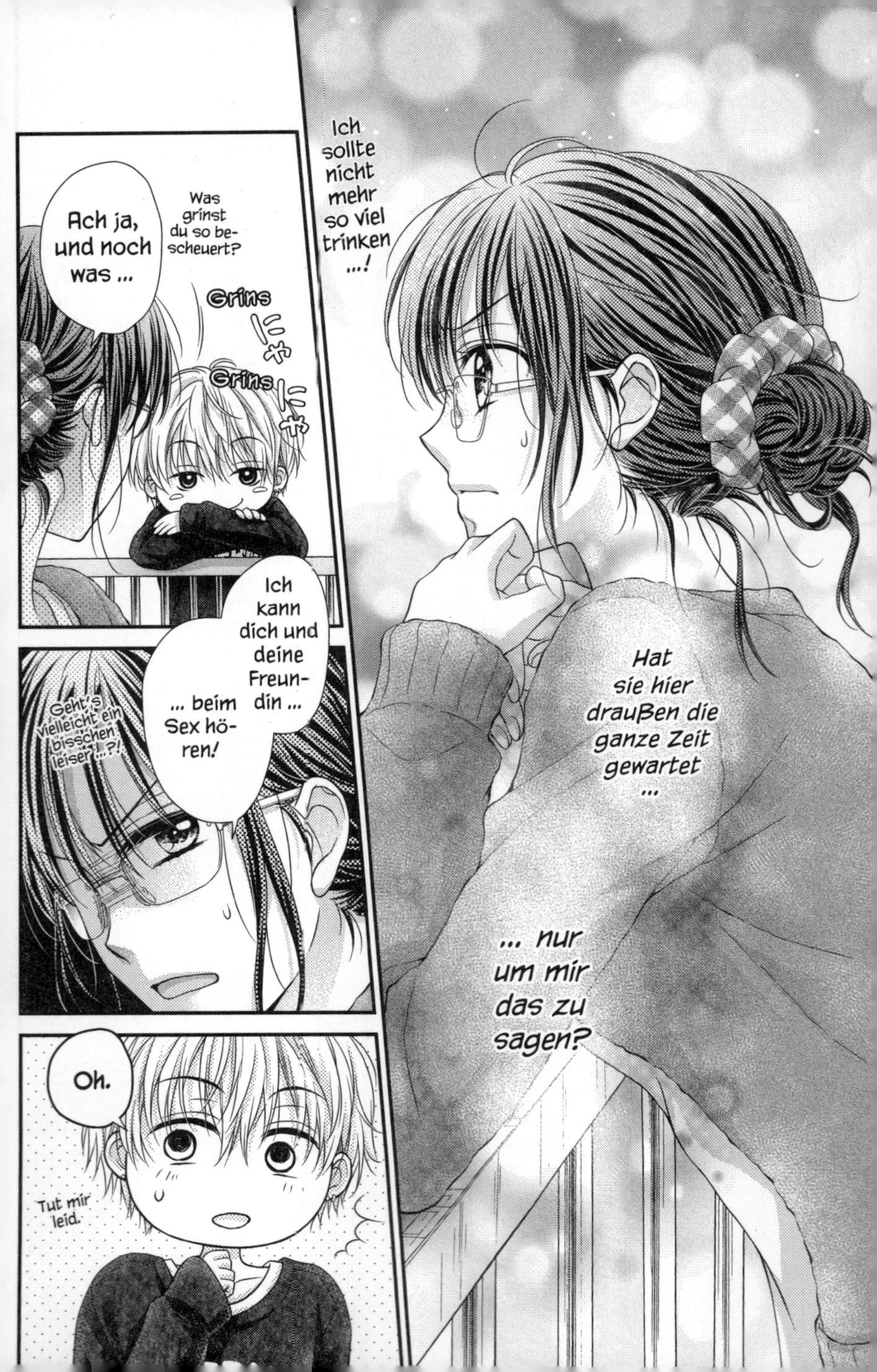

Ach ja, und noch was ...
Was grinst du so be-scheuert?
Grins にゃ
Grins にゃ
Ich kann dich und deine Freun-din ...
... beim Sex hö-ren!
Geht's vielleicht ein bisschen leiser ...?!
Oh.
Tut mir leid.
Ich sollte nicht mehr so viel trinken ...!
Hat sie hier draußen die ganze Zeit gewartet ...
... nur um mir das zu sagen?

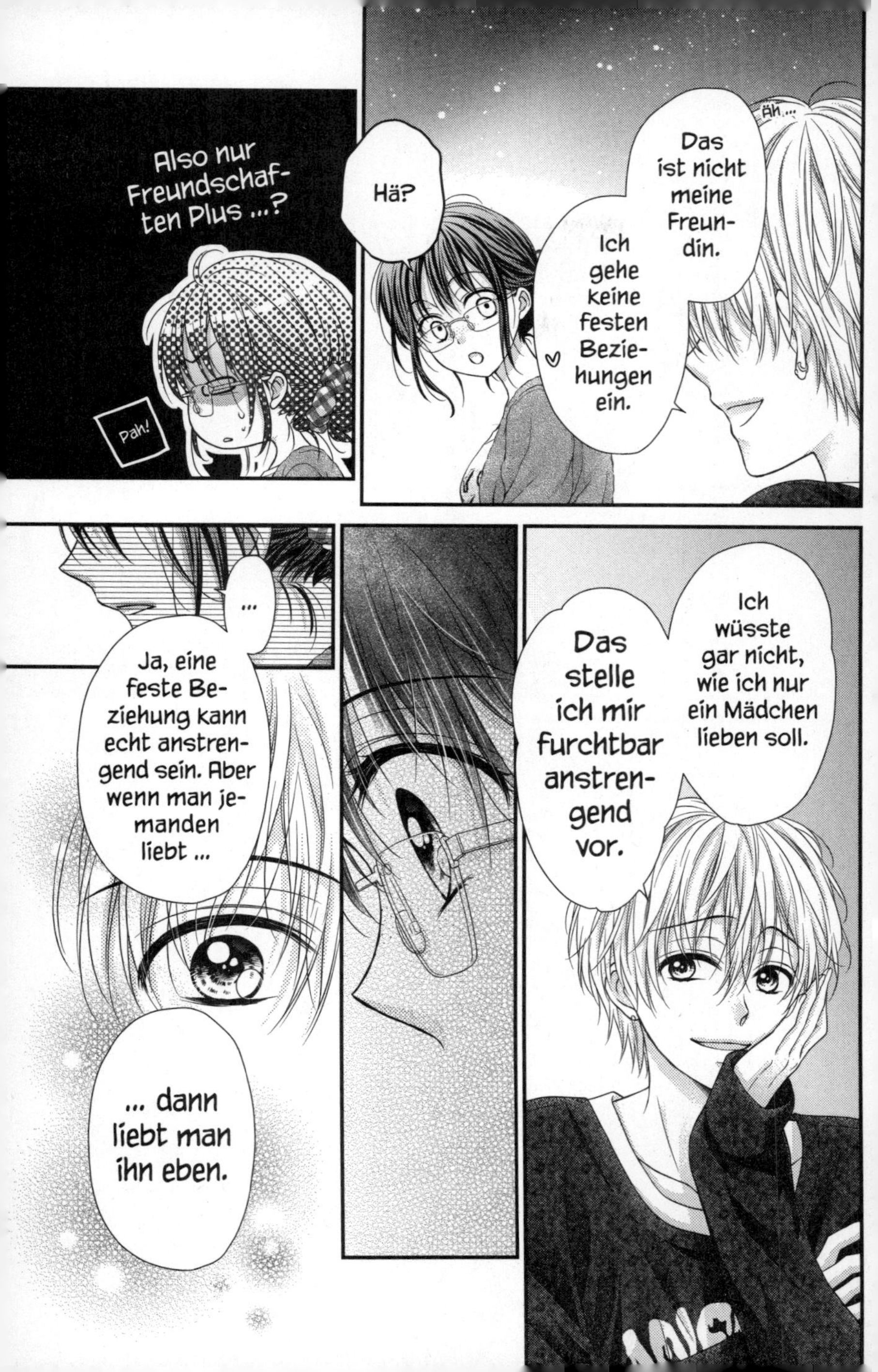

Äh ...
Das ist nicht meine Freundin.
Ich gehe keine festen Beziehungen ein.
Hä?
Also nur Freundschaften Plus ...?
Pah!
Ich wüsste gar nicht, wie ich nur ein Mädchen lieben soll.
Das stelle ich mir furchtbar anstrengend vor.
...
Ja, eine feste Beziehung kann echt anstrengend sein. Aber wenn man jemanden liebt ...
... dann liebt man ihn eben.

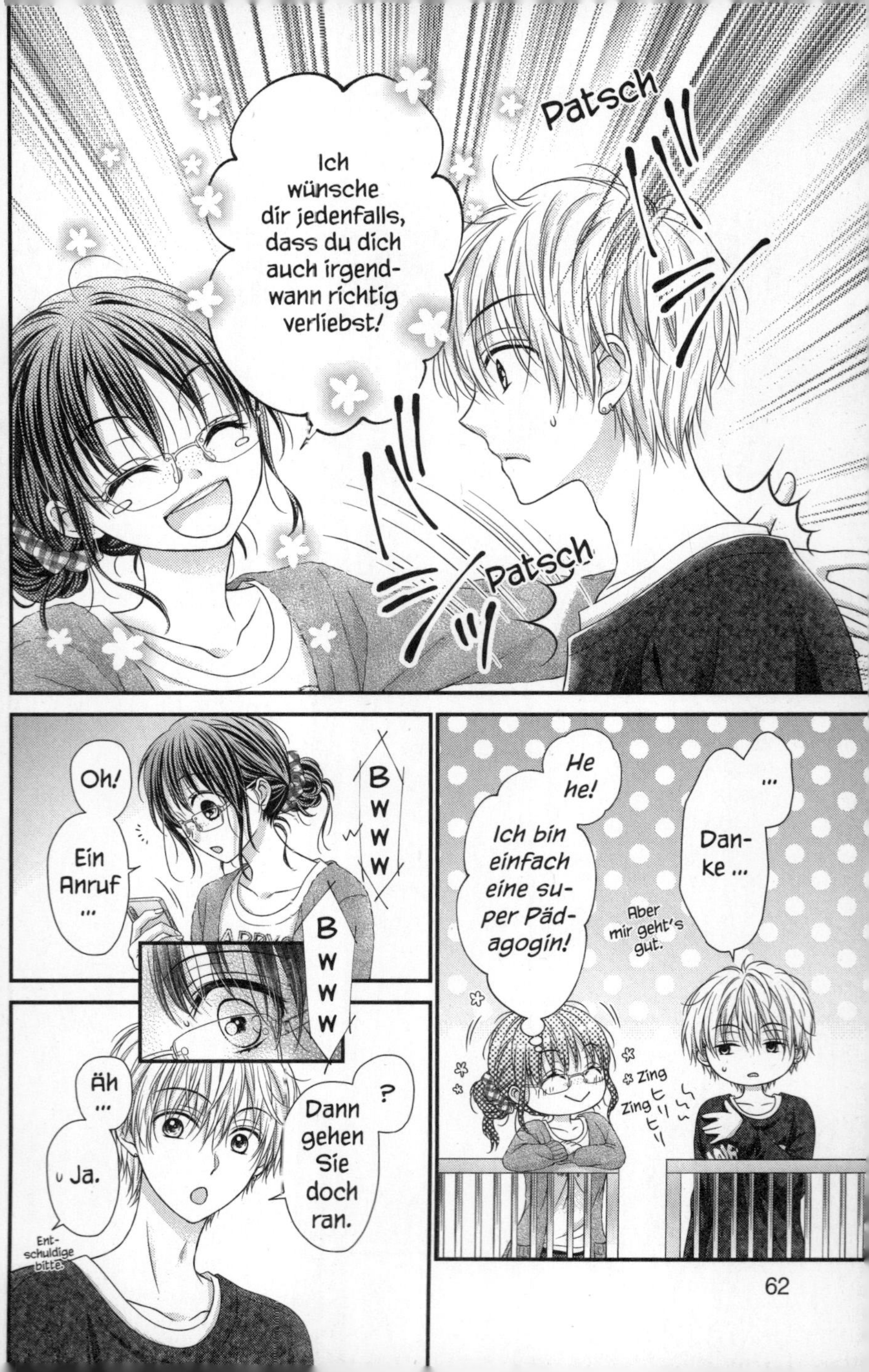
Patsch
Ich wünsche dir jedenfalls, dass du dich auch irgendwann richtig verliebst!
Patsch
He he! Ich bin einfach eine super Pädagogin!
... Danke ...
Aber mir geht's gut.
Zing Zing
Oh! Ein Anruf ...
BWWW
BWWW
Äh ... Ja.
?
Dann gehen Sie doch ran.
Entschuldige bitte.

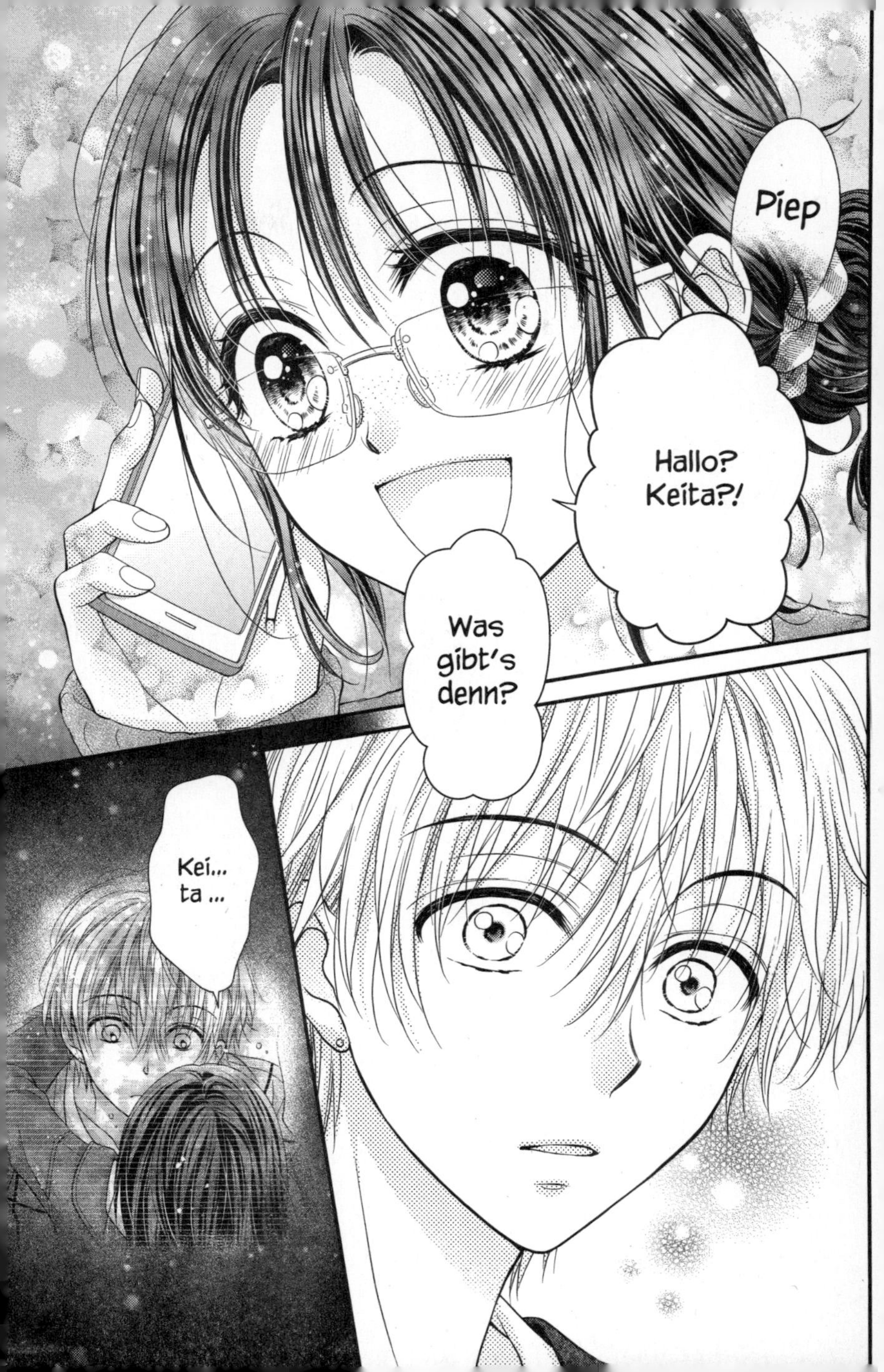
Piep
Hallo? Keita?!
Was gibt's denn?
Kei... ta ...

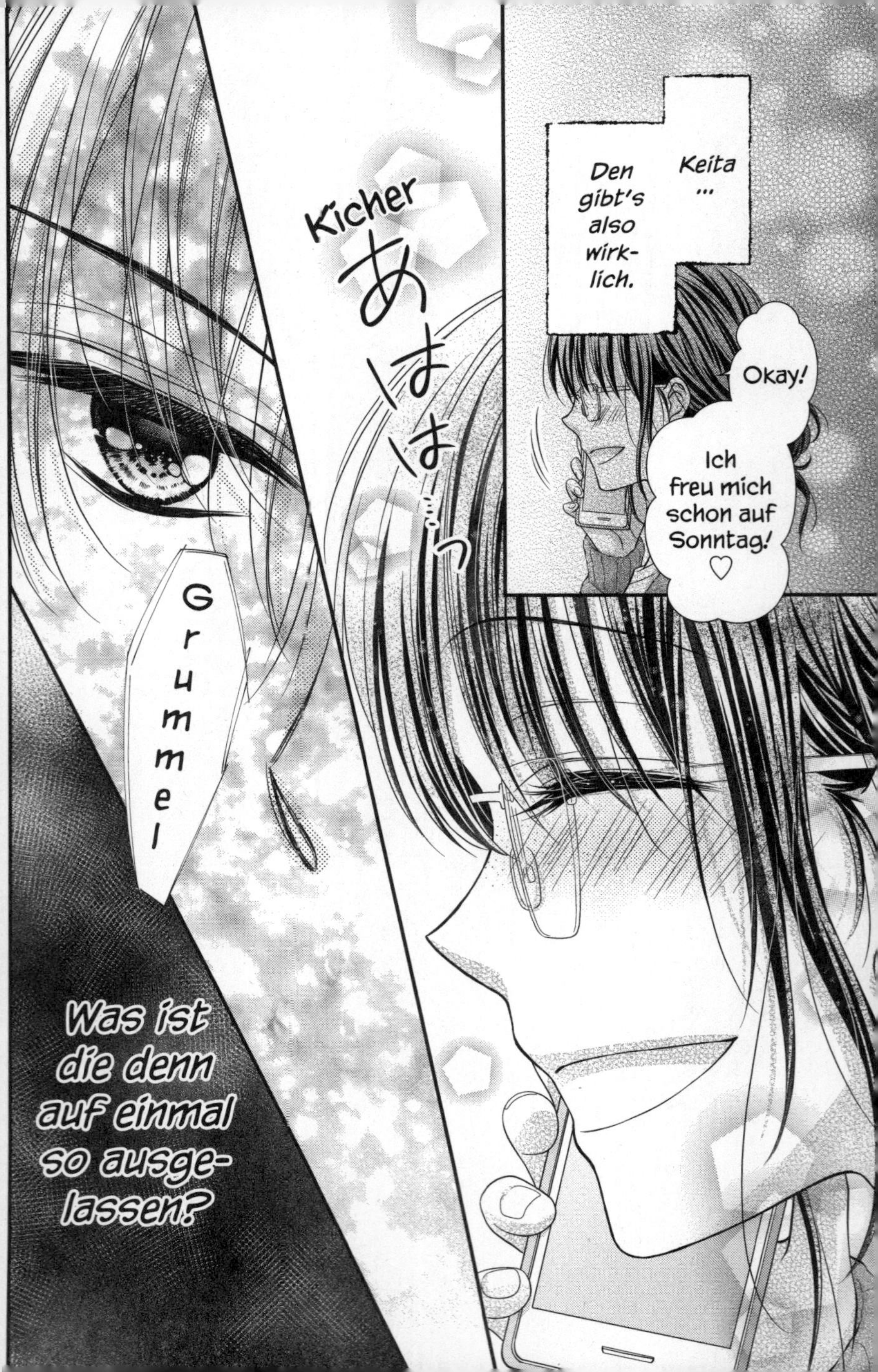
Keita …
Den gibt's also wirklich.
Okay!
Ich freu mich schon auf Sonntag! ♡
Kicher
あはっ
Grummel
Was ist die denn auf einmal so ausgelassen?

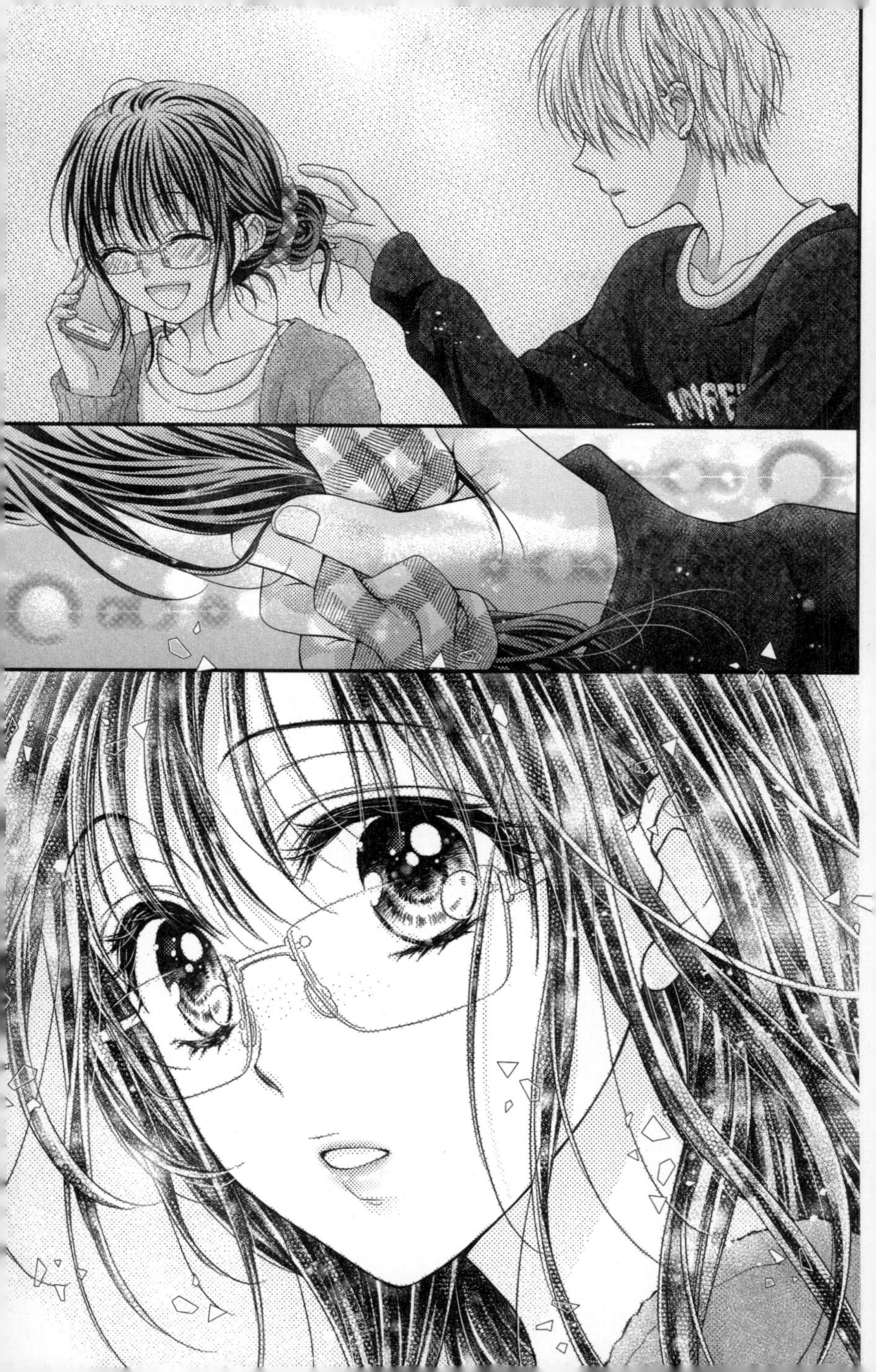

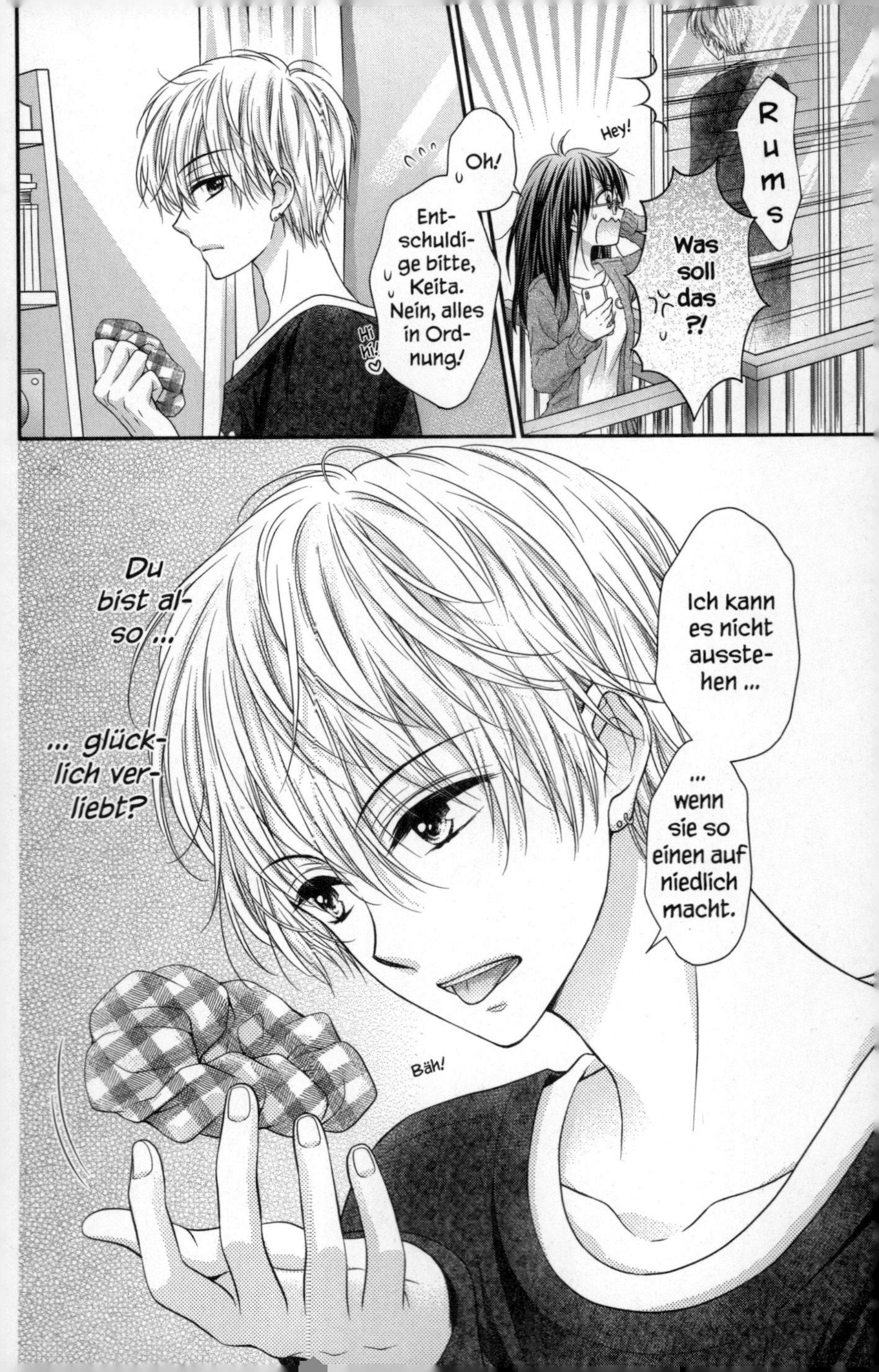
Rums
Was soll das ?!
Hey!
Oh!
Entschuldige bitte, Keita. Nein, alles in Ordnung!
Hi hi!
Ich kann es nicht ausstehen ...
... wenn sie so einen auf niedlich macht.
Du bist also ...
... glücklich verliebt?
Bäh!

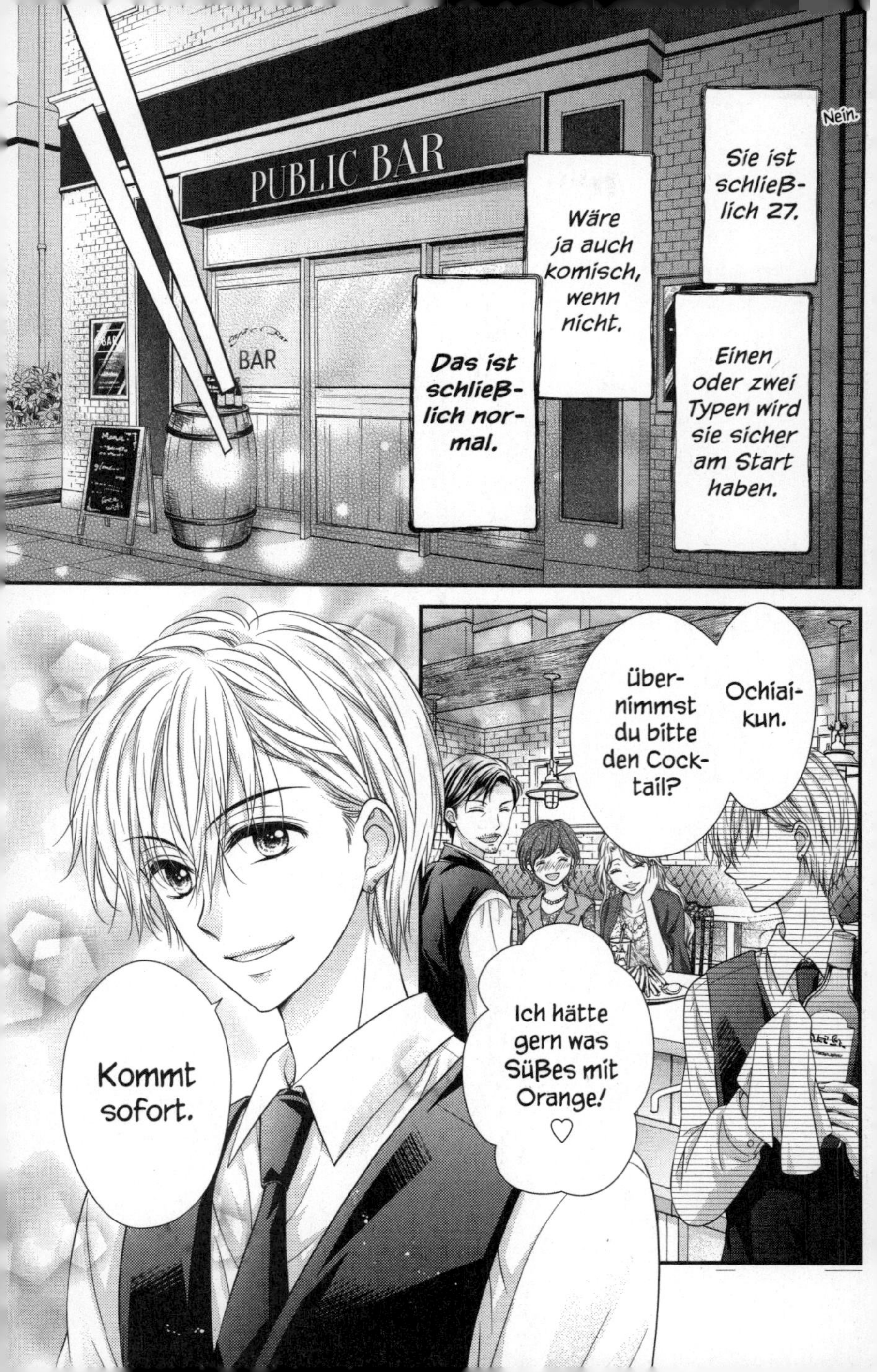
Nein.
Sie ist schließ-lich 27.
Einen oder zwei Typen wird sie sicher am Start haben.
Wäre ja auch komisch, wenn nicht.
Das ist schließ-lich nor-mal.
PUBLIC BAR
BAR
Ochiai-kun.
Über-nimmst du bitte den Cock-tail?
Ich hätte gern was Süßes mit Orange! ♡
Kommt sofort.

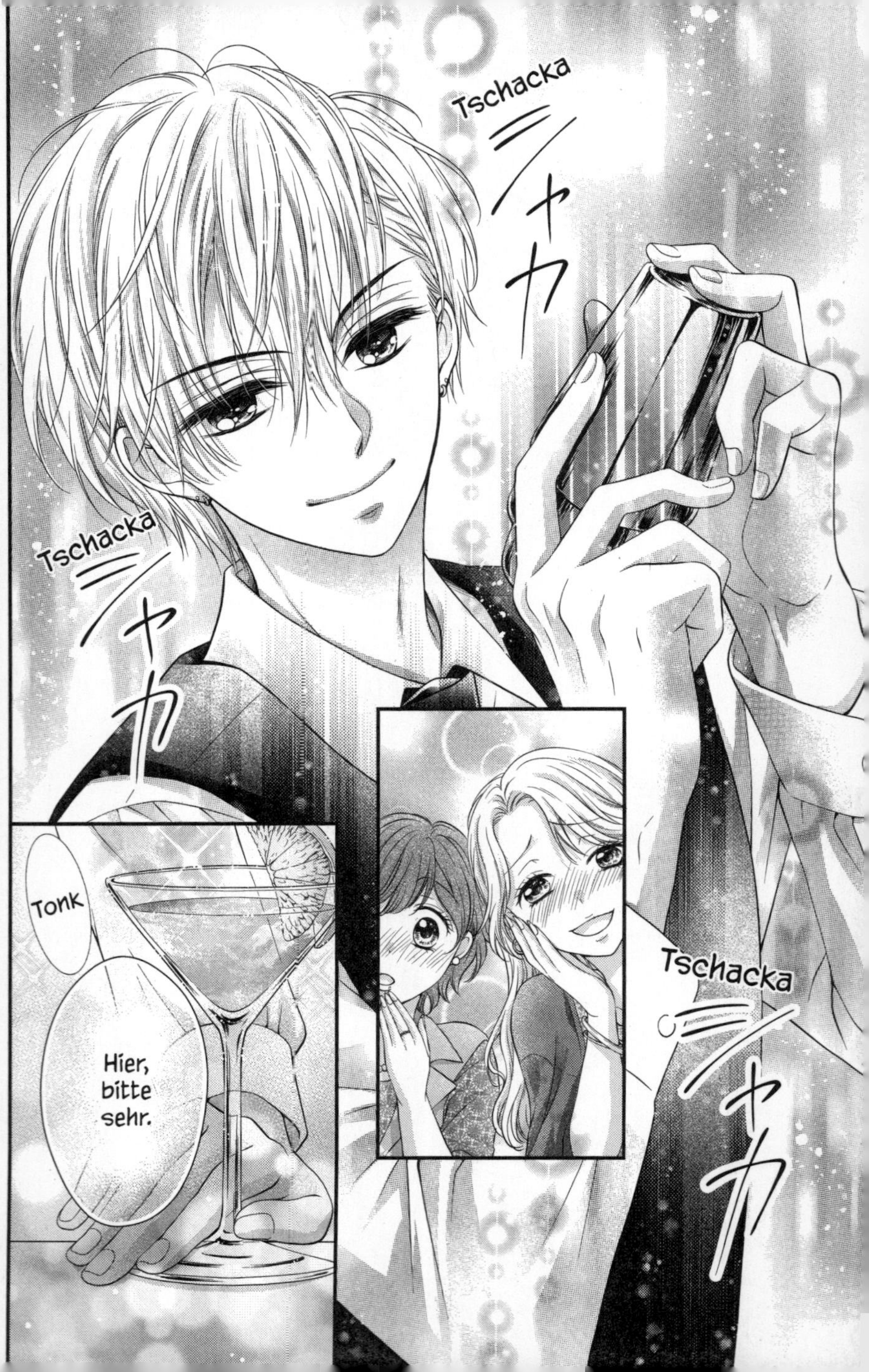
Tschacka
Tschacka
Tschacka
Tonk
Hier, bitte sehr.

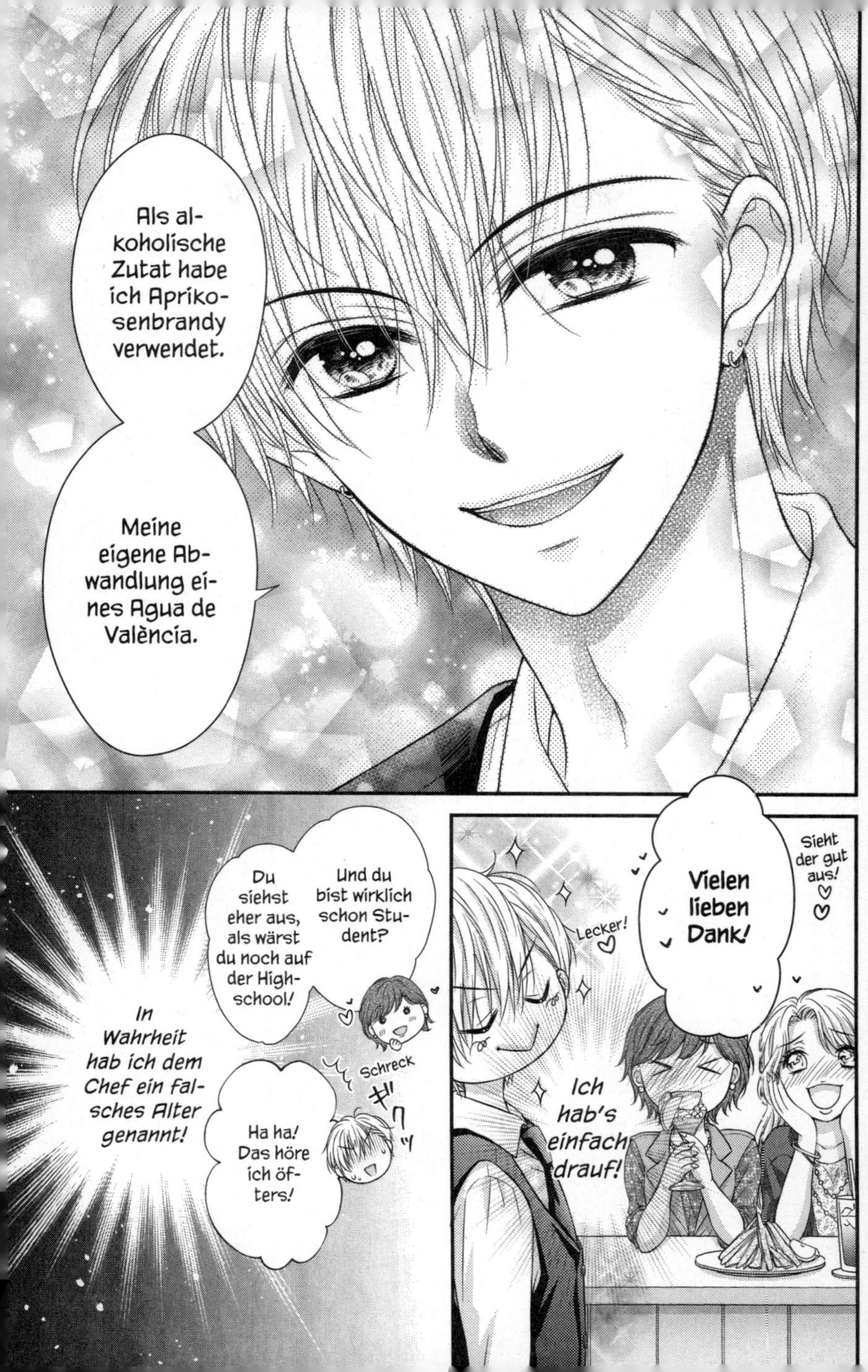
Als alkoholische Zutat habe ich Aprikosenbrandy verwendet.
Meine eigene Abwandlung eines Agua de València.
Vielen lieben Dank!
Sieht der gut aus!
Lecker!
Ich hab's einfach drauf!
Und du bist wirklich schon Student?
Du siehst eher aus, als wärst du noch auf der Highschool!
Schreck
Ha ha! Das höre ich öfters!
In Wahrheit hab ich dem Chef ein falsches Alter genannt!

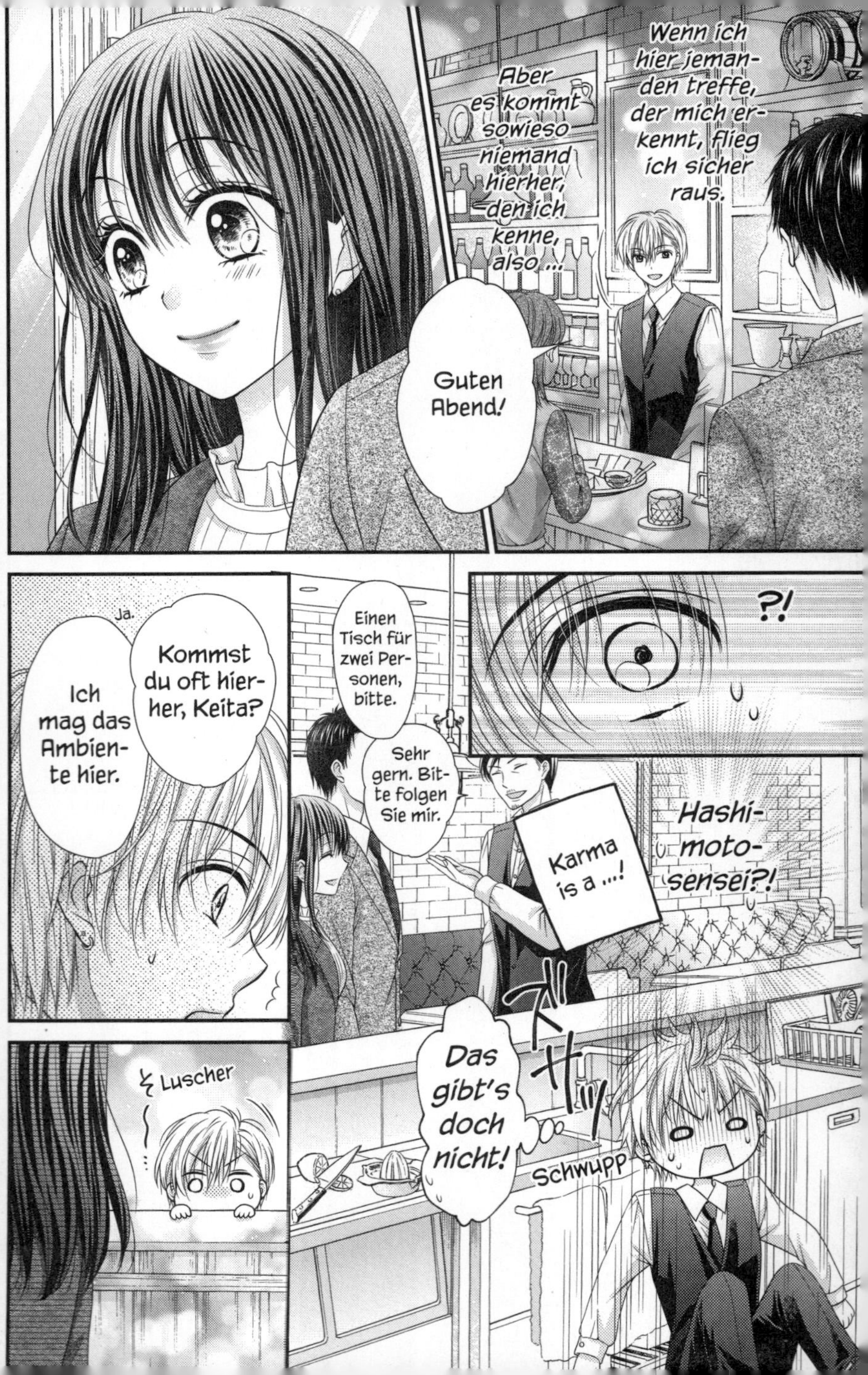
Wenn ich hier jemanden treffe, der mich erkennt, flieg ich sicher raus.
Aber es kommt sowieso niemand hierher, den ich kenne, also ...
Guten Abend!
?!
Hashimoto-sensei?!
Karma is a ...!
Einen Tisch für zwei Personen, bitte.
Sehr gern. Bitte folgen Sie mir.
Kommst du oft hierher, Keita?
Ja.
Ich mag das Ambiente hier.
Das gibt's doch nicht!
Schwupp
Luscher

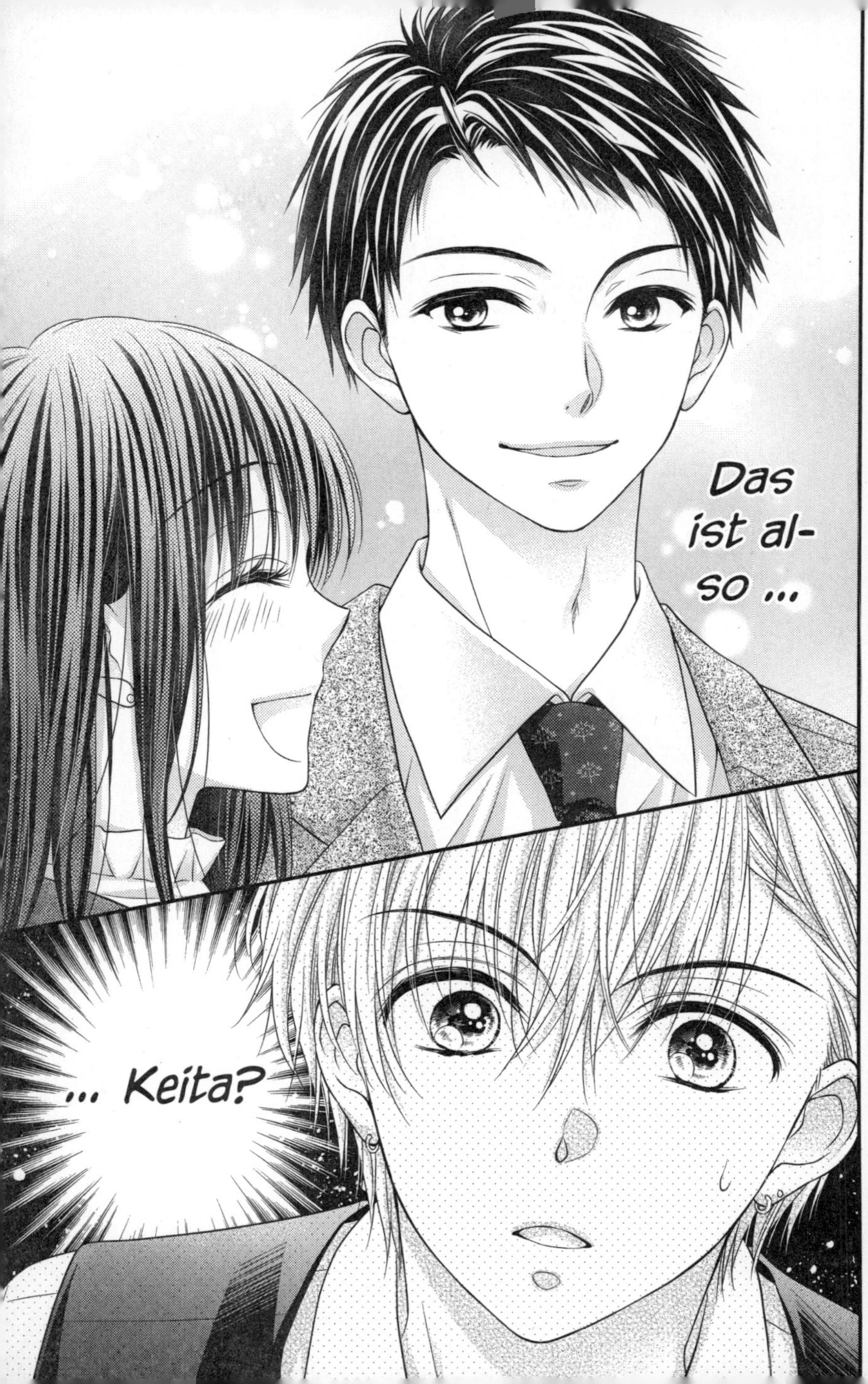
Das ist al-so ...
... Keita?

Insiderinfos (?) zu *Sirupsüße Sünde*

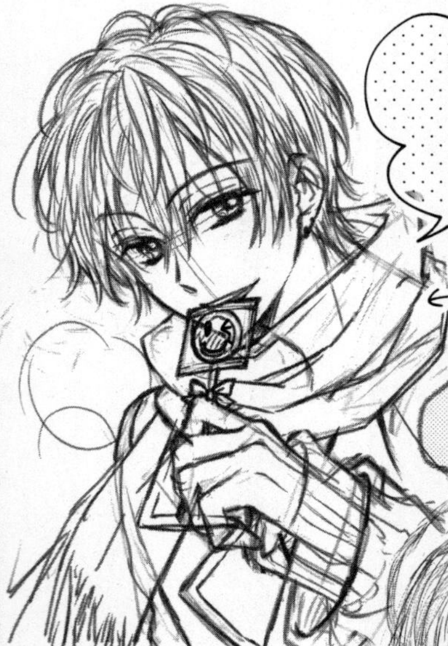

Das ist ein Entwurf zum Titelbild des zweiten Kapitels. Der Lutscher, den Kaede da in der Hand hält, ist in Wirklichkeit ein Kondom! Ist euch das aufgefallen? Ich hab das mal irgendwo so ähnlich gesehen und fand's ziemlich witzig. Daher musste ich das unbedingt einbauen!

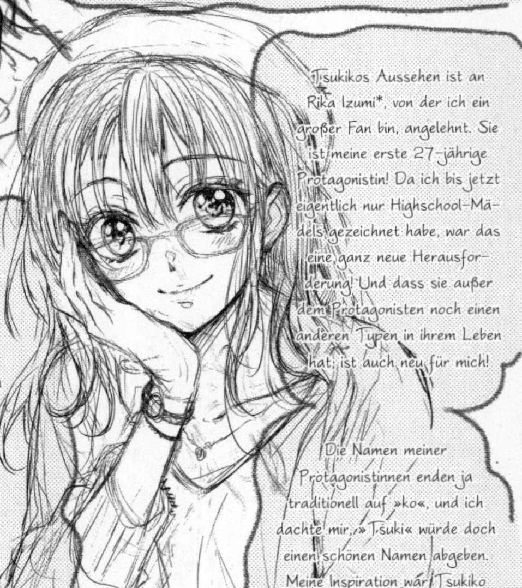

Tsukikos Aussehen ist an Rika Izumi*, von der ich ein großer Fan bin, angelehnt. Sie ist meine erste 27-jährige Protagonistin! Da ich bis jetzt eigentlich nur Highschool-Mädels gezeichnet habe, war das eine ganz neue Herausforderung! Und dass sie außer dem Protagonisten noch einen anderen Typen in ihrem Leben hat, ist auch neu für mich!

Sirupsüße Sünde wird im Magazin *Sho-ComiX* veröffentlicht, das sich an ein etwas älteres Publikum richtet. Genau das richtige Format also für meine neue Geschichte, die mit ihrer Beziehung zwischen Lehrerin und Highschool-Schüler für das Hauptmagazin *Sho-Comi* wohl etwas zu heikel gewesen wäre. Eine Geschichte hauptsächlich aus der Sicht des Jungen zu erzählen, ist jedenfalls auch neu für mich, wie überhaupt so vieles an dieser Serie. Deswegen komme ich manchmal ganz schön ins Schwitzen! Aber ich habe großen Spaß beim Zeichnen und Schreiben und hoffe, dass sich das auch auf euch überträgt und ihr Tsukiko & Kaede weiterhin auf ihrem Weg begleiten werdet!

Die Namen meiner Protagonistinnen enden ja traditionell auf »ko«, und ich dachte mir, »Tsuki« würde doch einen schönen Namen abgeben. Meine Inspiration war Tsukiko Amano. Ich liebe ihre Songs einfach! (Leider hatte ich zu dem Zeitpunkt noch keine Ahnung, dass sie sich inzwischen einfach nur »Tsuki« nennt ...)

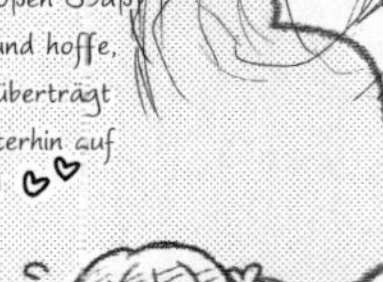

*jap. Schauspielerin und Sängerin

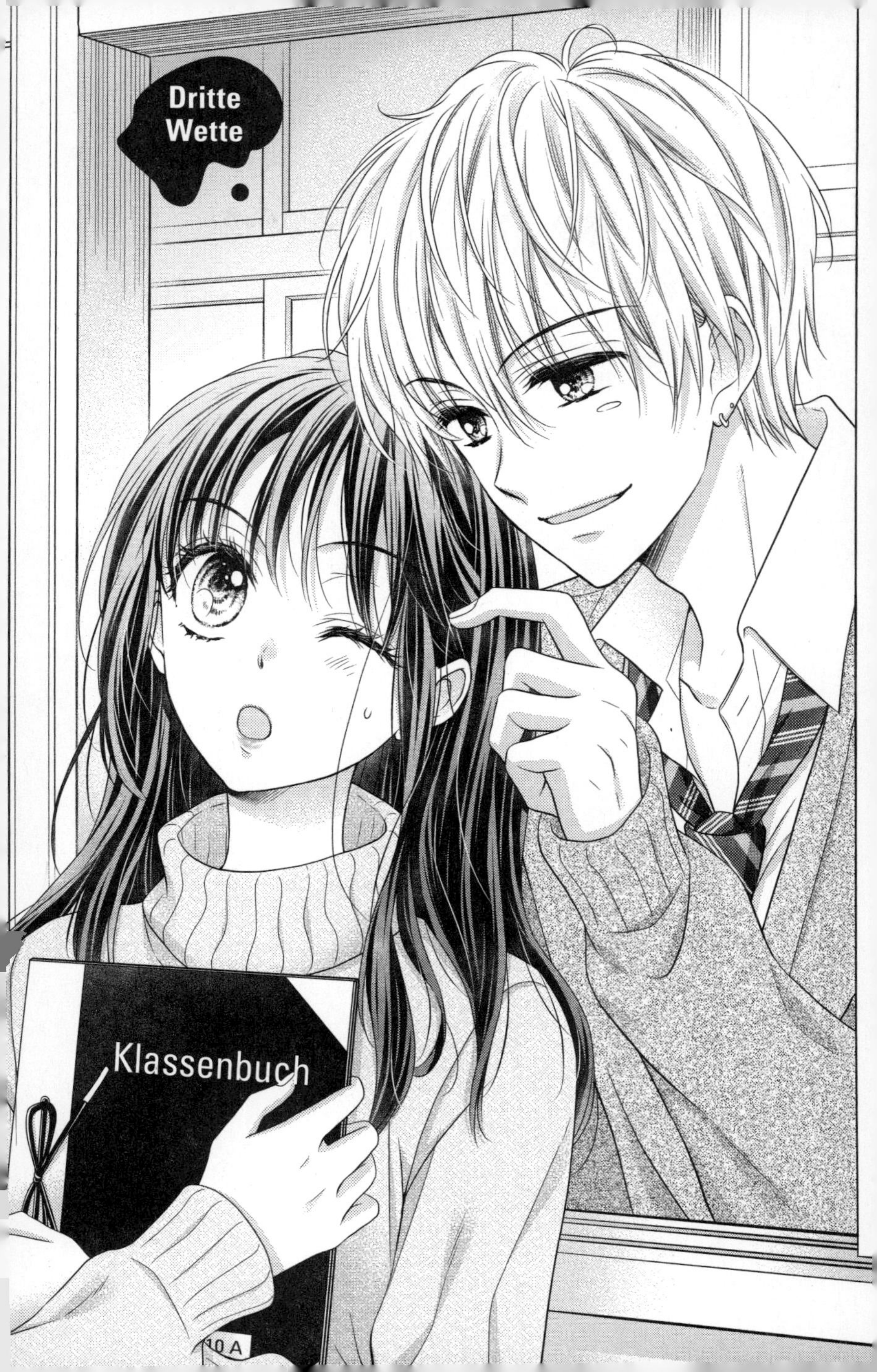
Dritte Wette
Klassenbuch
10 A

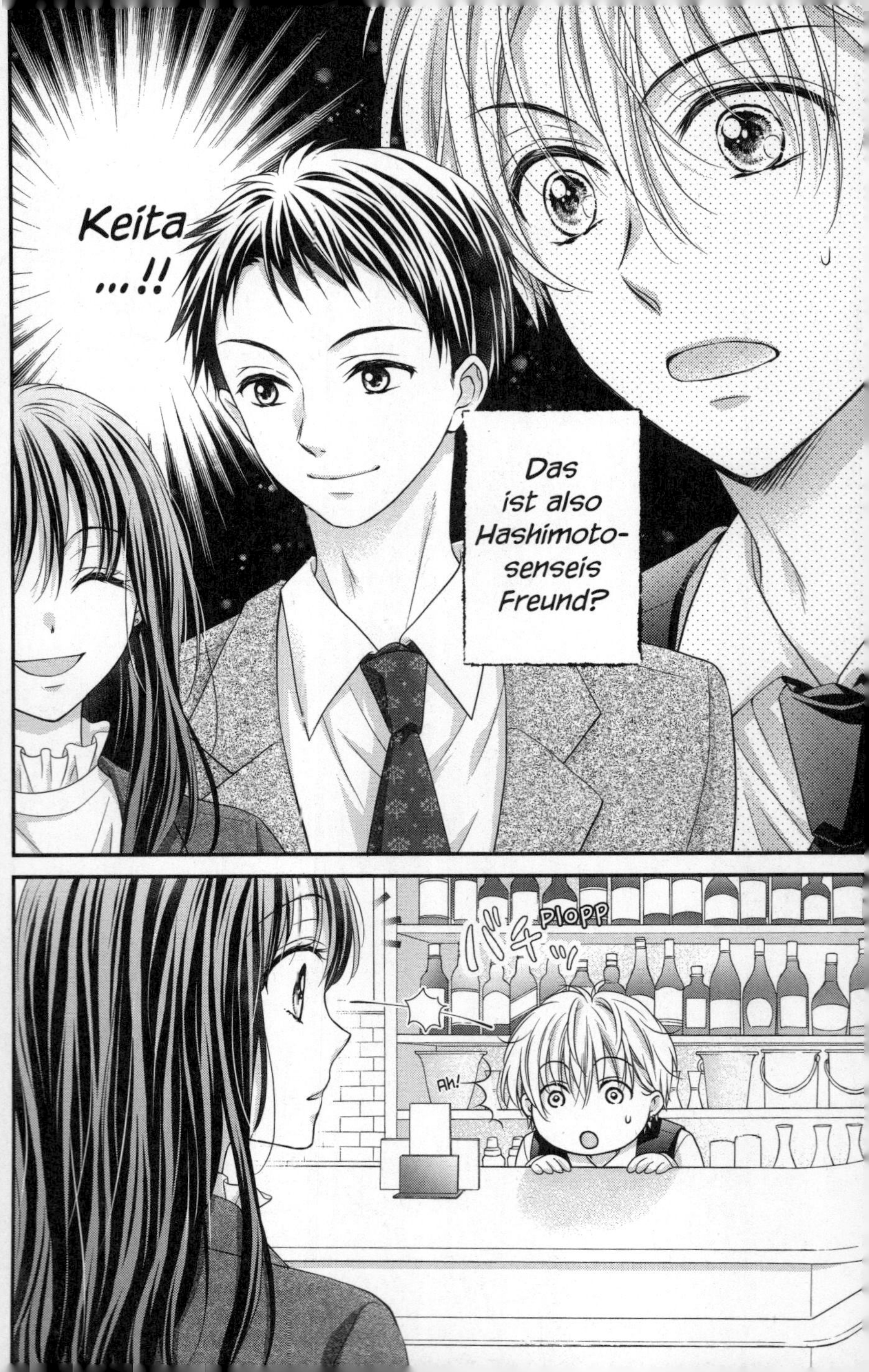
Keita ...!!
Das ist also Hashimoto-senseis Freund?
PLOPP
Ah!

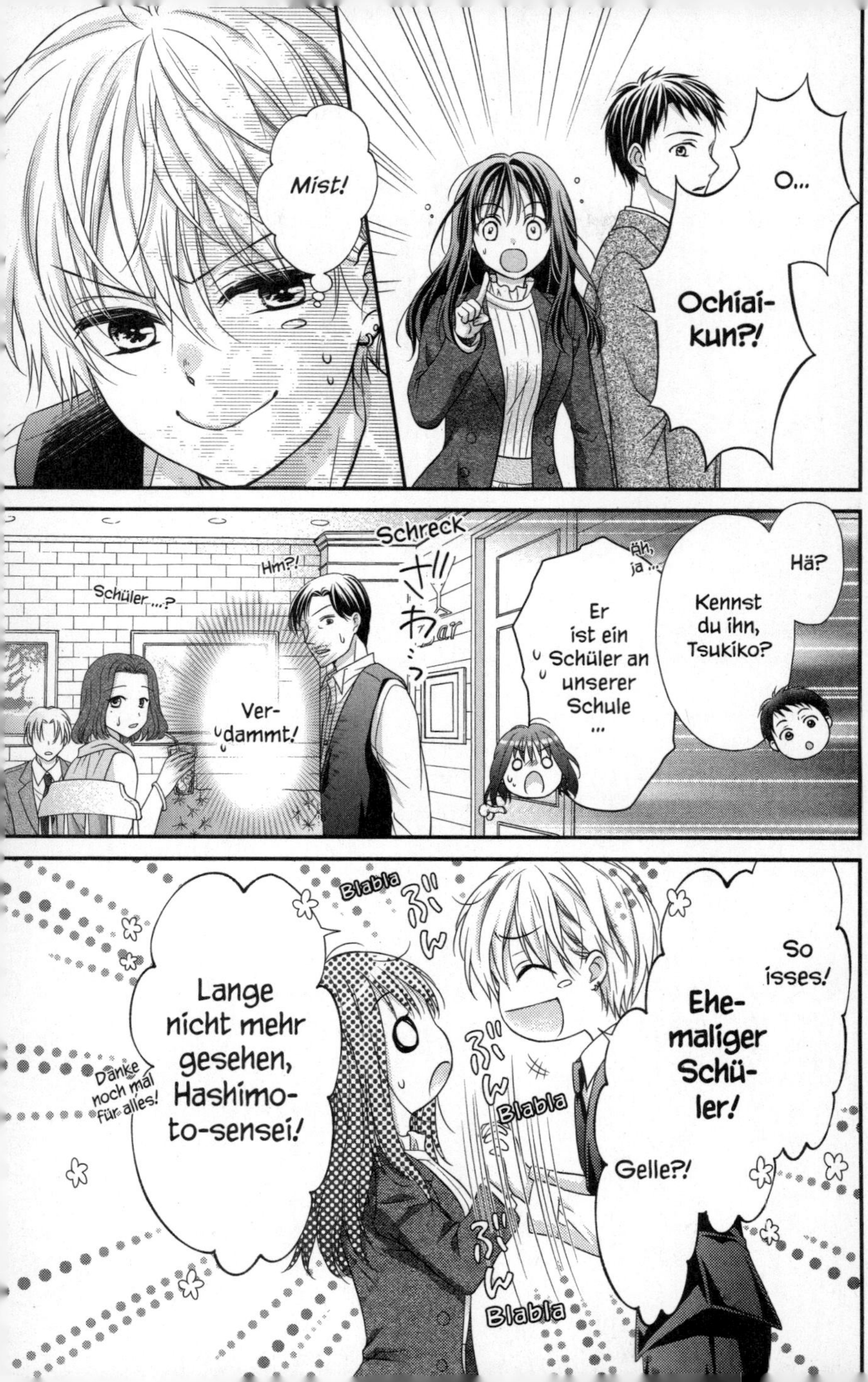
O...
Ochiai-kun?!
Mist!
Hä?
Kennst du ihn, Tsukiko?
Äh, ja ...
Er ist ein Schüler an unserer Schule ...
Schreck
Hm?!
Ver-dammt!
Schüler ...?
So isses!
Ehemaliger Schüler!
Gelle?!
Blabla
Lange nicht mehr gesehen, Hashimoto-sensei!
Danke noch mal für alles!
Blabla
Blabla

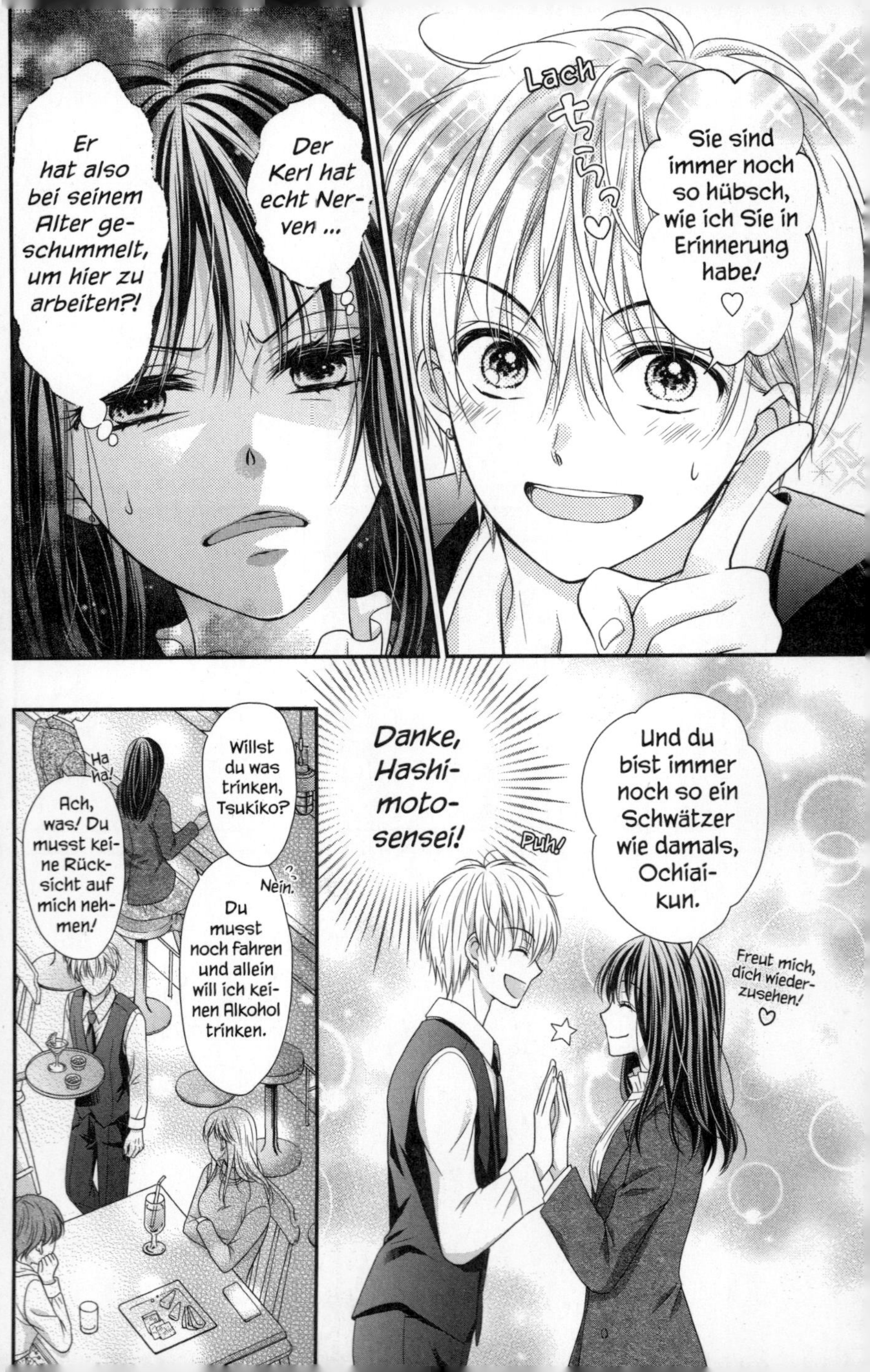
Lach
ちらっ
Sie sind immer noch so hübsch, wie ich Sie in Erinnerung habe! ♡
Der Kerl hat echt Nerven ...
Er hat also bei seinem Alter geschummelt, um hier zu arbeiten?!
Und du bist immer noch so ein Schwätzer wie damals, Ochiai-kun.
Freut mich, dich wiederzusehen! ♡
Puh!
Danke, Hashimoto-sensei!
Willst du was trinken, Tsukiko?
Nein.
Du musst noch fahren und allein will ich keinen Alkohol trinken.
Ha ha!
Ach, was! Du musst keine Rücksicht auf mich nehmen!

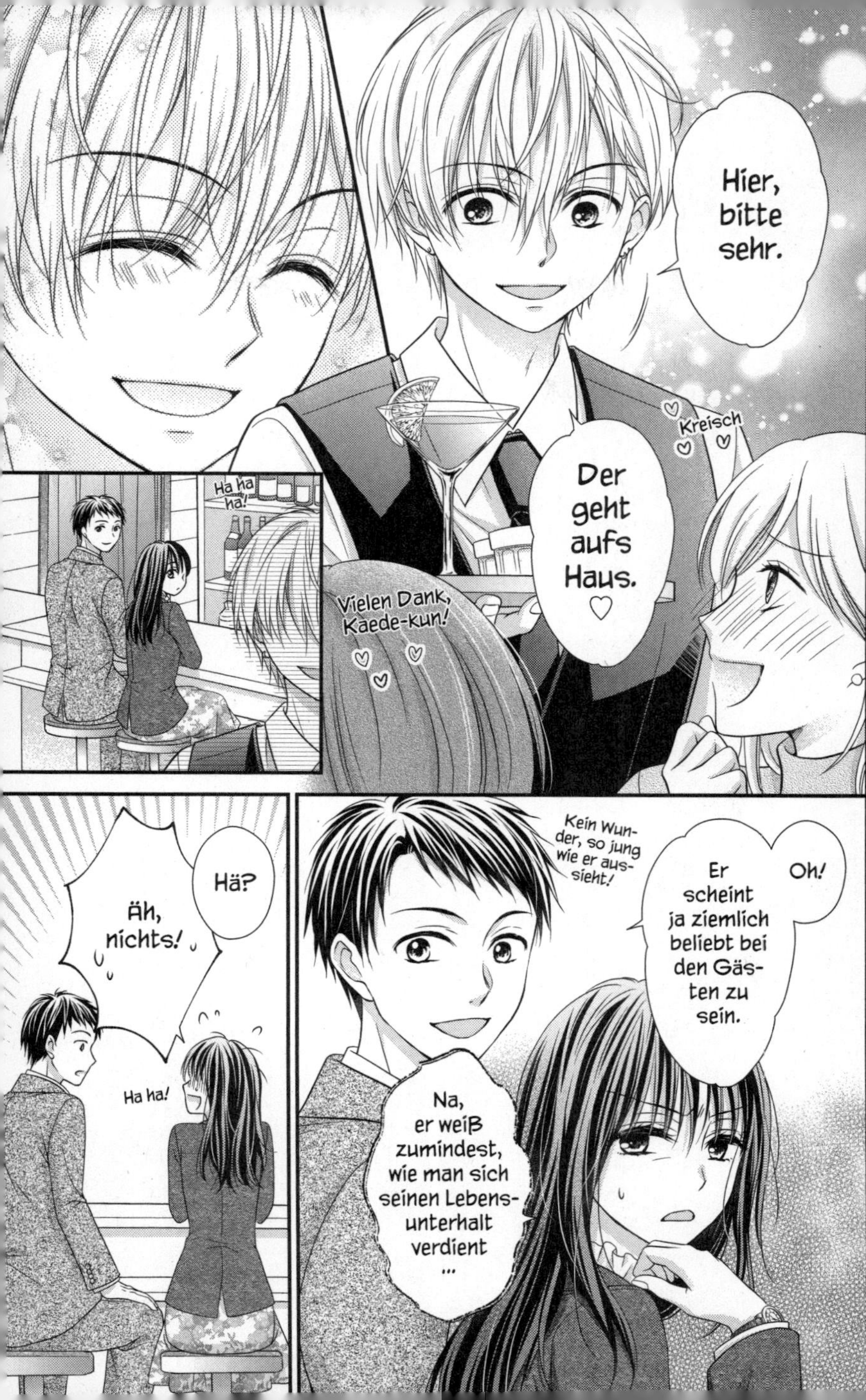
Hier, bitte sehr.
Kreisch
Der geht aufs Haus. ♡
Vielen Dank, Kaede-kun!
Ha ha ha!
Er scheint ja ziemlich beliebt bei den Gästen zu sein.
Oh!
Kein Wunder, so jung wie er aussieht!
Na, er weiß zumindest, wie man sich seinen Lebensunterhalt verdient ...
Hä?
Äh, nichts!
Ha ha!

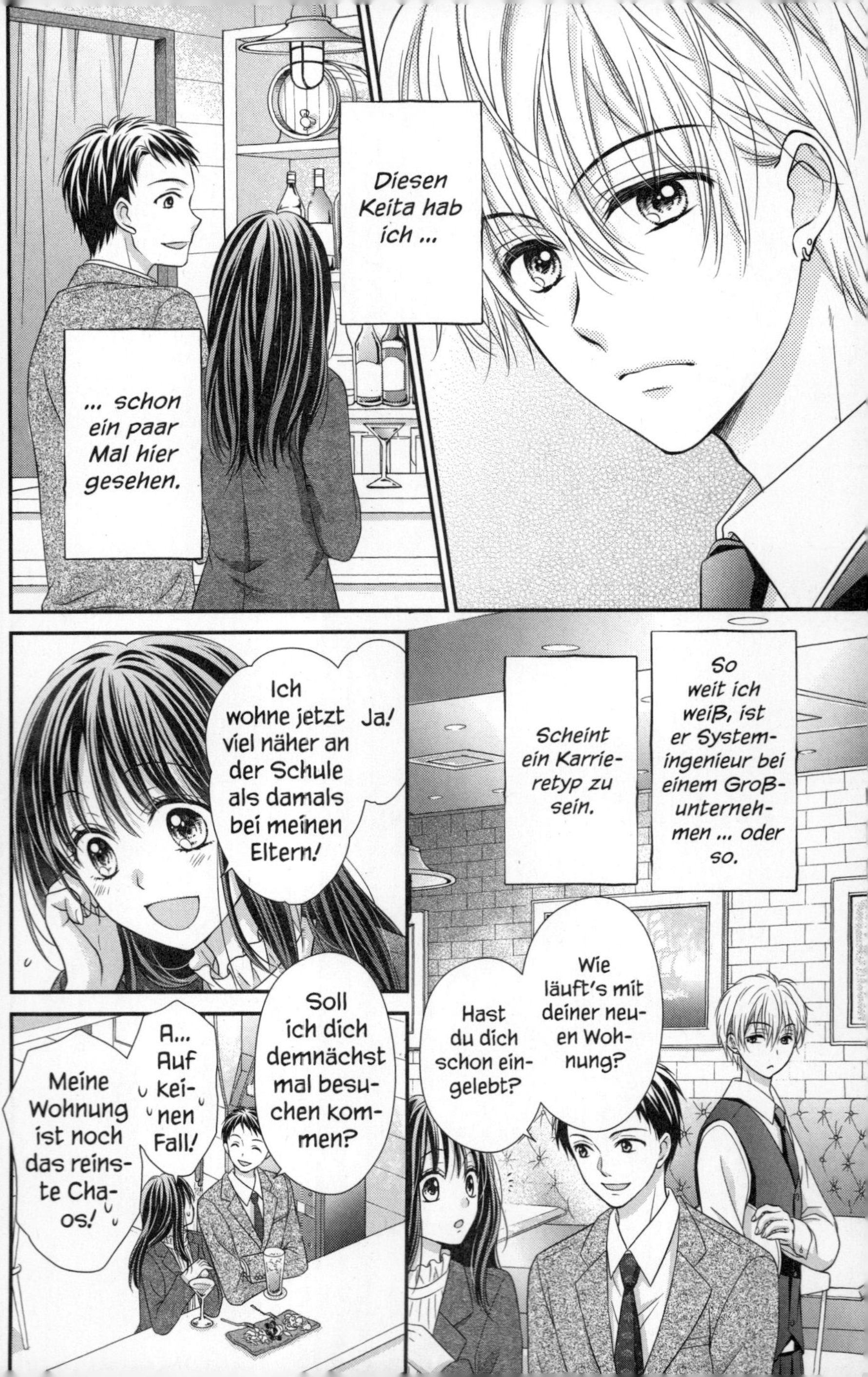
Diesen Keita hab ich ...
... schon ein paar Mal hier gesehen.
So weit ich weiß, ist er Systemingenieur bei einem Großunternehmen ... oder so.
Scheint ein Karrieretyp zu sein.
Wie läuft's mit deiner neuen Wohnung?
Hast du dich schon eingelebt?
Ja!
Ich wohne jetzt viel näher an der Schule als damals bei meinen Eltern!
Soll ich dich demnächst mal besuchen kommen?
A... Auf keinen Fall!
Meine Wohnung ist noch das reinste Chaos!

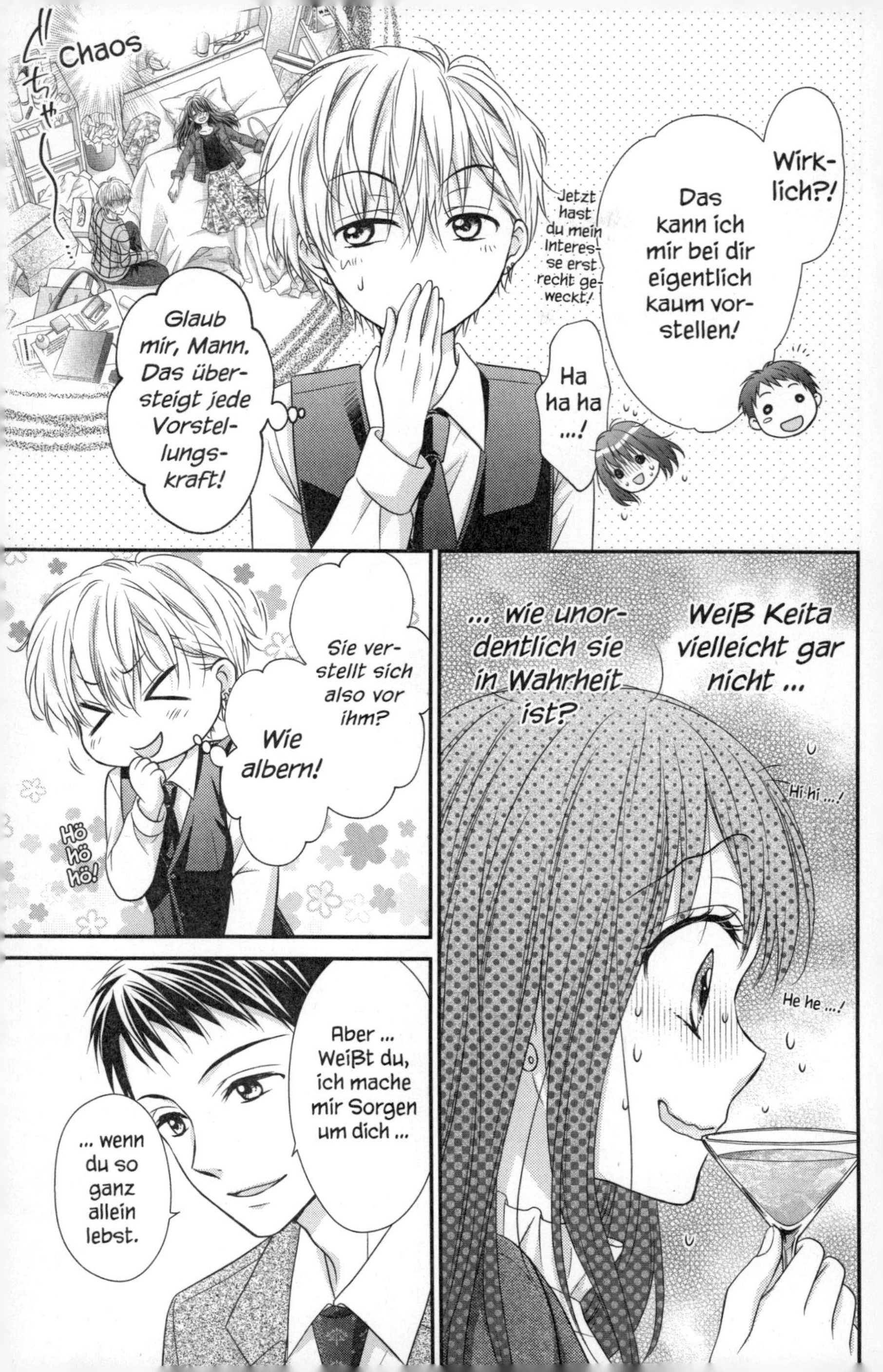
Wirklich?!
Das kann ich mir bei dir eigentlich kaum vorstellen!
Jetzt hast du mein Interesse erst recht geweckt!
Ha ha ha ...!
Chaos
Glaub mir, Mann. Das übersteigt jede Vorstellungskraft!
Weiß Keita vielleicht gar nicht ...
... wie unordentlich sie in Wahrheit ist?
Hi hi ...!
He he ...!
Sie verstellt sich also vor ihm?
Wie albern!
Hö hö hö!
Aber ... Weißt du, ich mache mir Sorgen um dich ...
... wenn du so ganz allein lebst.

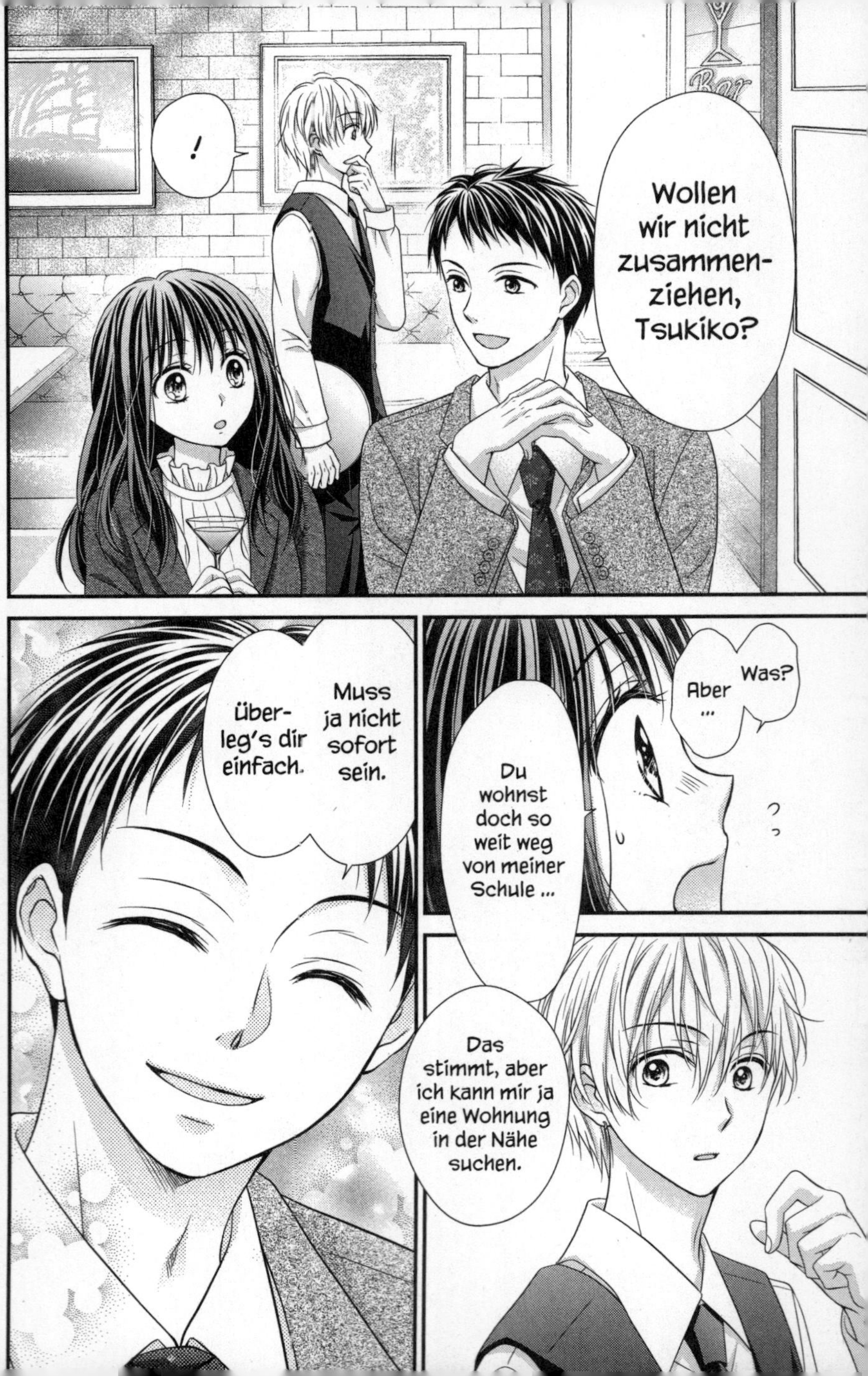
Wollen wir nicht zusammen-ziehen, Tsukiko?
!
Was?
Aber ...
Du wohnst doch so weit weg von meiner Schule ...
Muss ja nicht sofort sein.
Über-leg's dir einfach.
Das stimmt, aber ich kann mir ja eine Wohnung in der Nähe suchen.

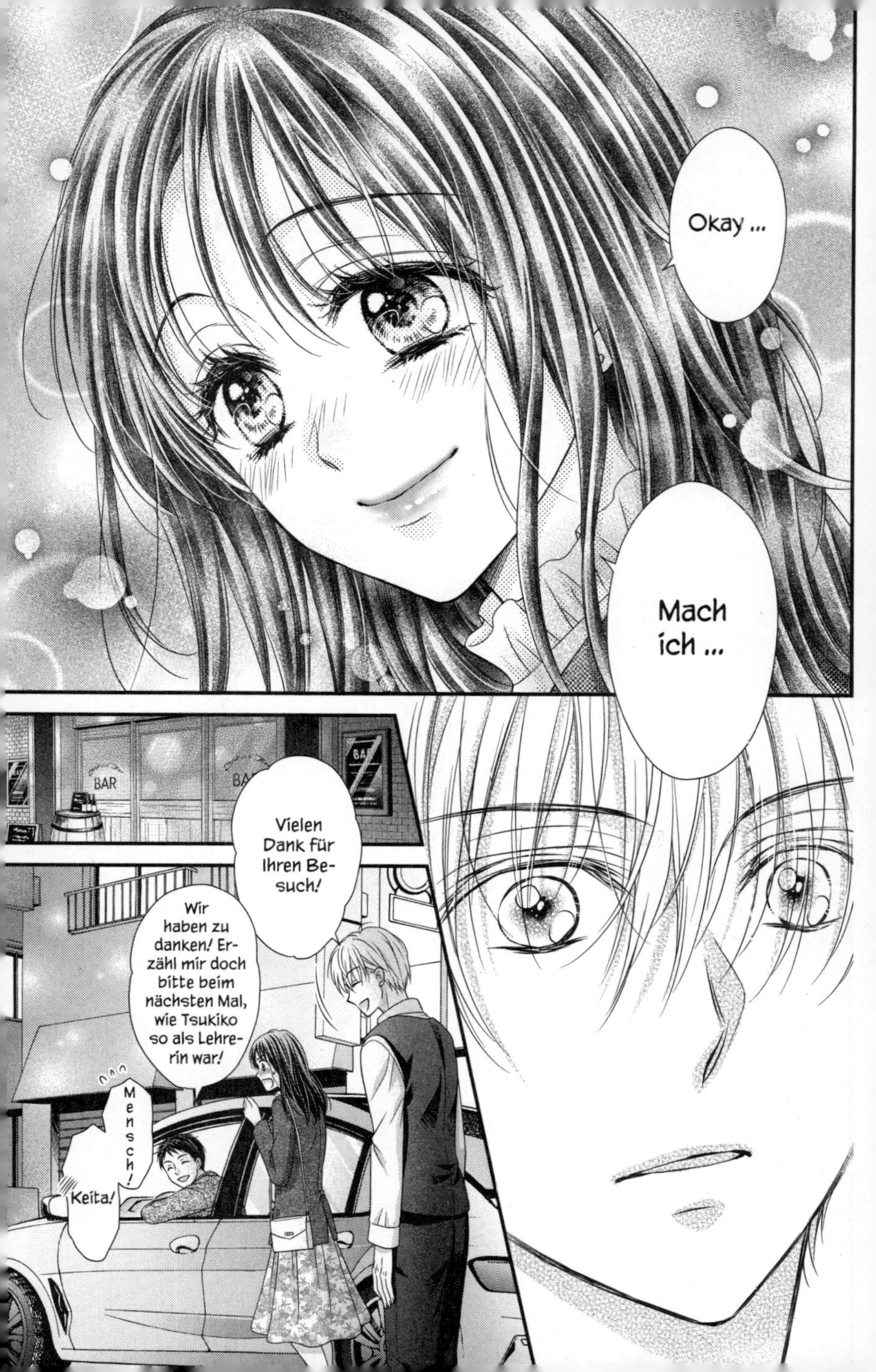

Okay ...
Mach ich ...
Vielen Dank für Ihren Besuch!
Wir haben zu danken! Erzähl mir doch bitte beim nächsten Mal, wie Tsukiko so als Lehrerin war!
Mensch!
Keita!

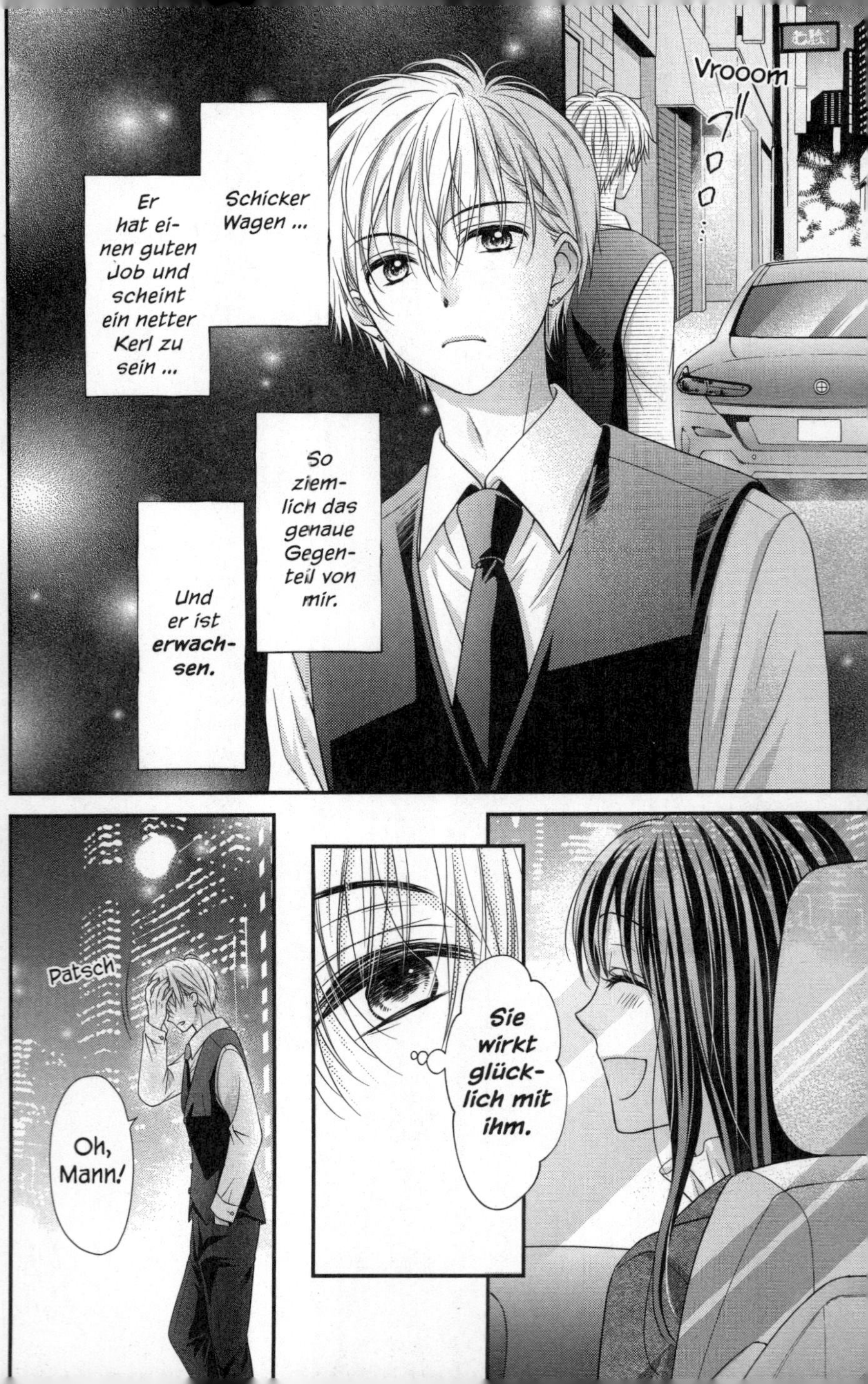
Vrooom
Schicker Wagen ...
Er hat einen guten Job und scheint ein netter Kerl zu sein ...
So ziemlich das genaue Gegenteil von mir.
Und er ist erwachsen.
Sie wirkt glücklich mit ihm.
Patsch
Oh, Mann!

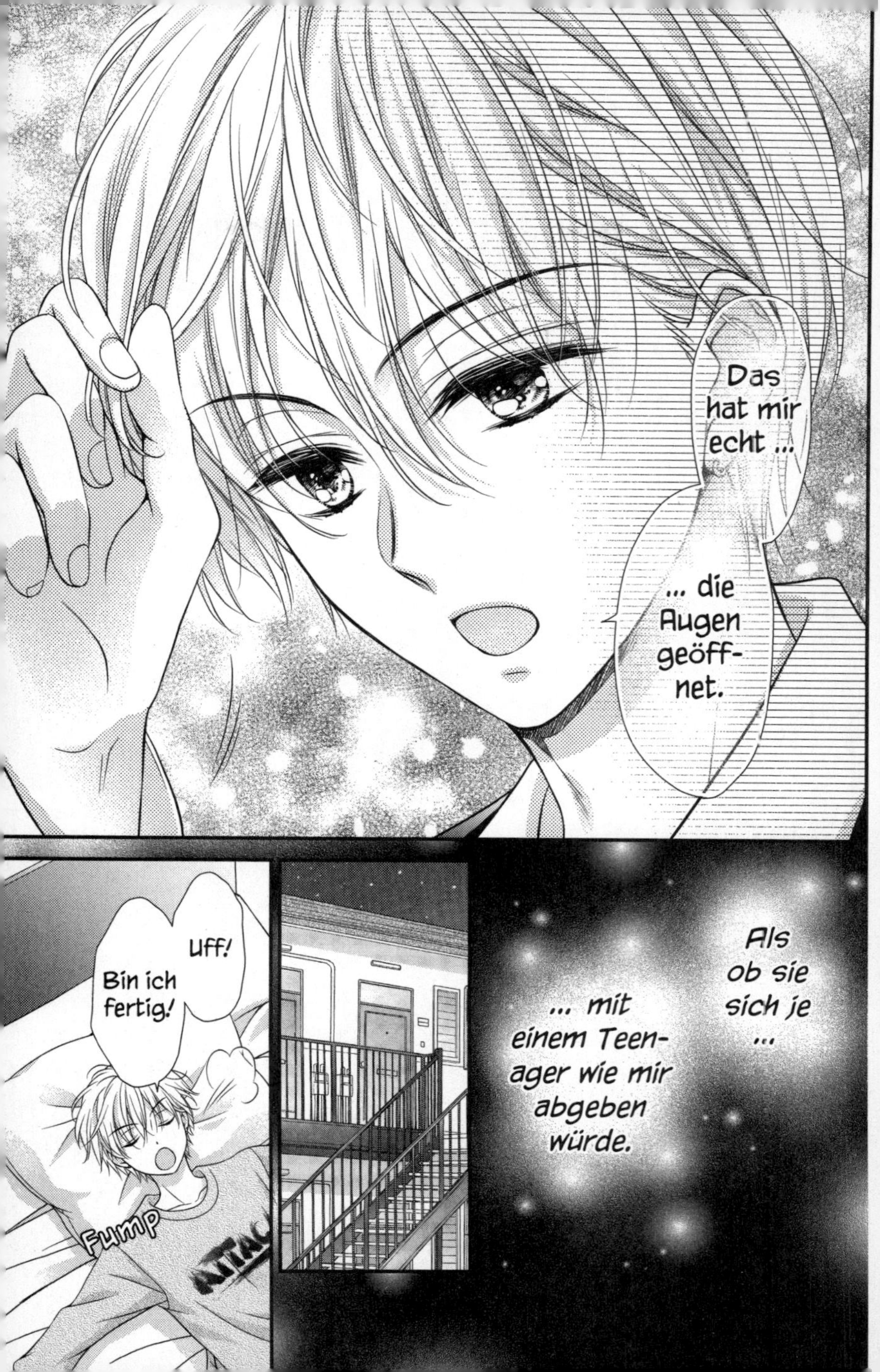
Das hat mir echt ...
... die Augen geöff- net.
Als ob sie sich je ...
... mit einem Teen- ager wie mir abgeben würde.
Uff! Bin ich fertig!
Fump

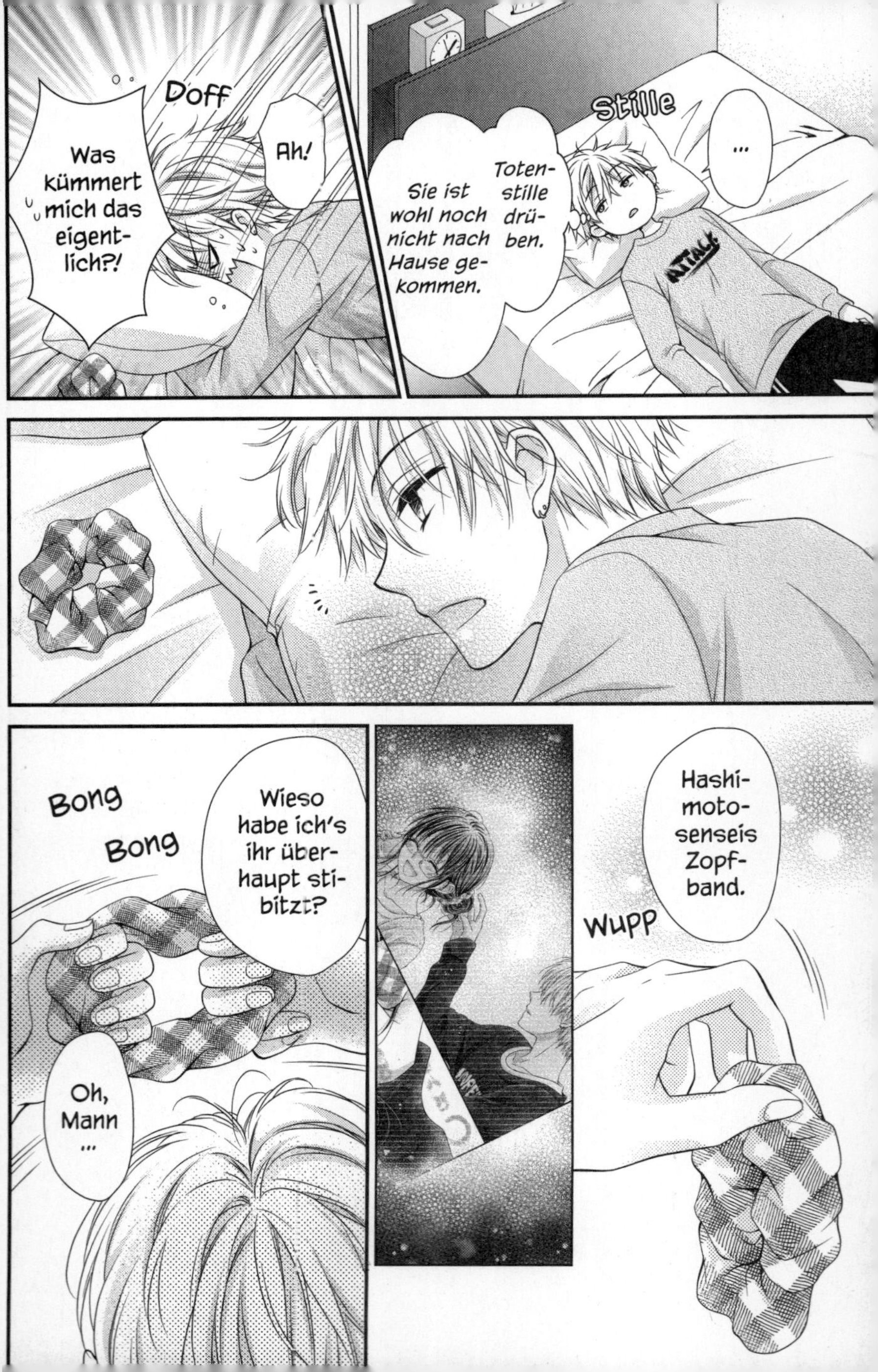

Stille
...
Toten-
stille
drü-
ben.
Sie ist
wohl noch
nicht nach
Hause ge-
kommen.
Doff
Ah!
Was
kümmert
mich das
eigent-
lich?!
Hashi-
moto-
senseis
Zopf-
band.
Wupp
Wieso
habe ich's
ihr über-
haupt sti-
bitzt?
Bong
Bong
Oh,
Mann
...

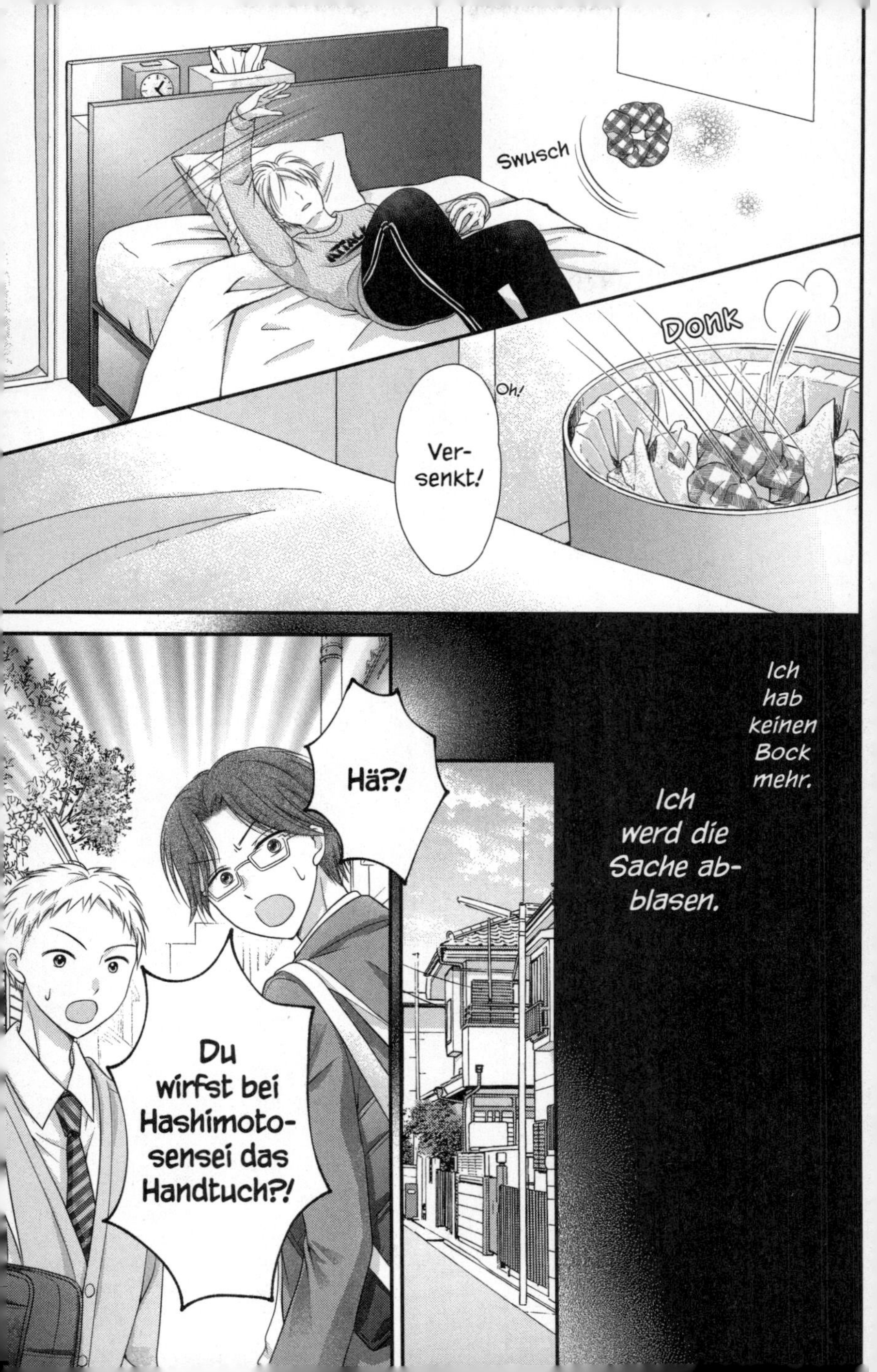
Swusch
Donk
Oh!
Ver-
senkt!
Ich hab keinen Bock mehr.
Ich werd die Sache ab-
blasen.
Hä?!
Du wirfst bei Hashimoto-
sensei das Handtuch?!

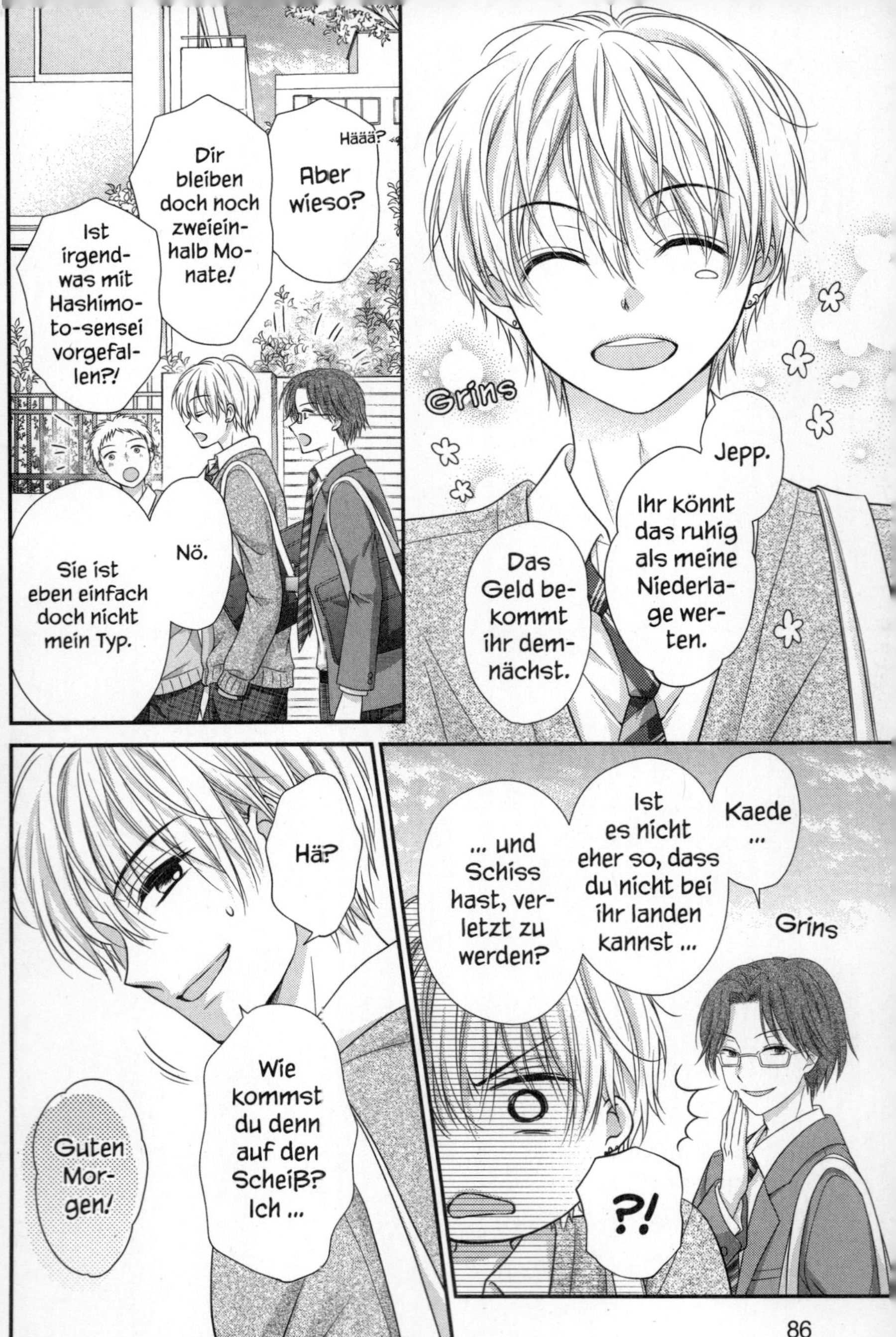
Grins
Jepp.
Ihr könnt das ruhig als meine Niederlage werten.
Das Geld bekommt ihr demnächst.
Häää?
Aber wieso?
Dir bleiben doch noch zweieinhalb Monate!
Ist irgendwas mit Hashimoto-sensei vorgefallen?!
Nö.
Sie ist eben einfach doch nicht mein Typ.
Kaede ...
Ist es nicht eher so, dass du nicht bei ihr landen kannst ...
... und Schiss hast, verletzt zu werden?
Grins
?!
Hä?
Wie kommst du denn auf den Scheiß? Ich ...
Guten Morgen!

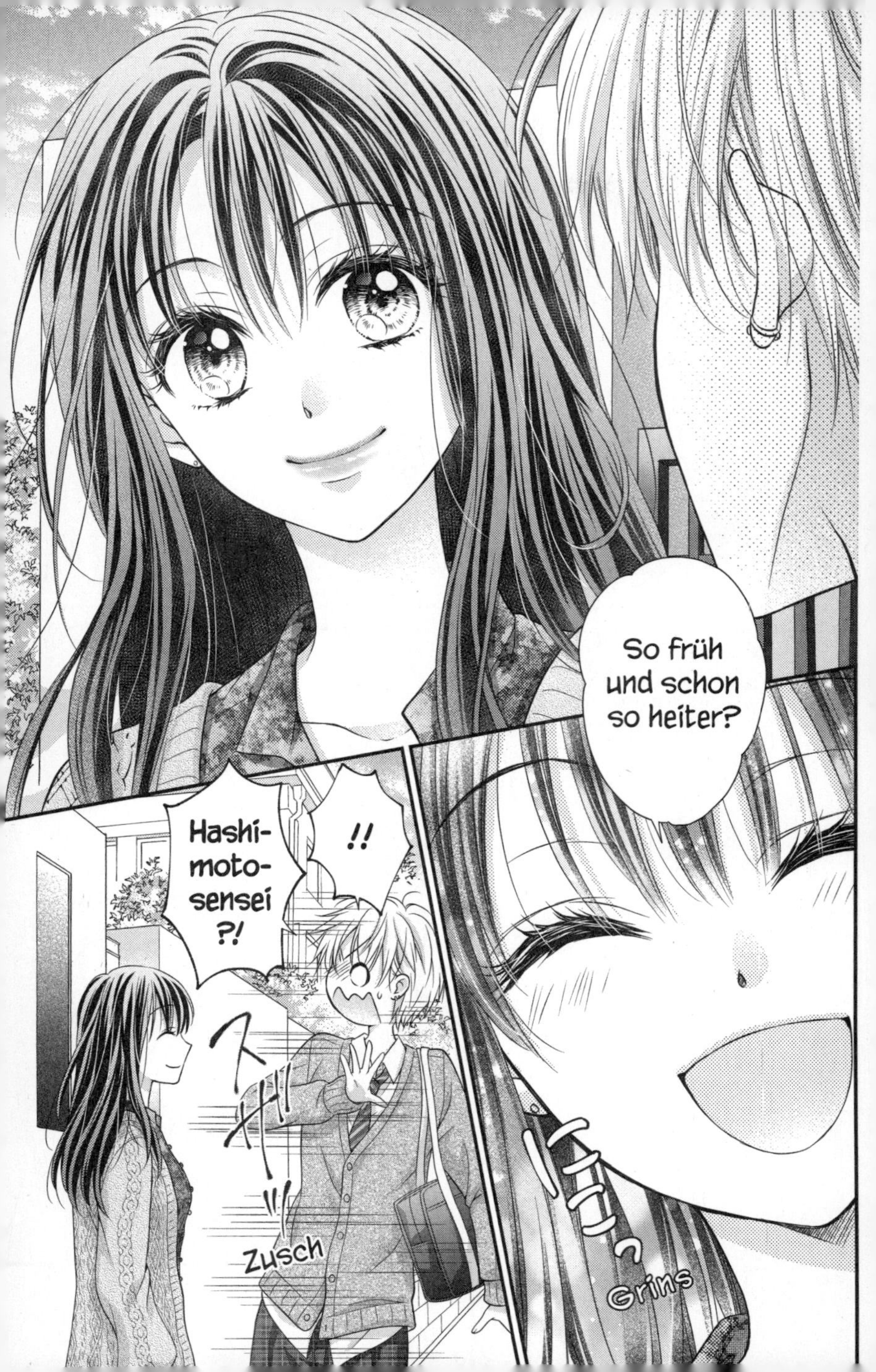
So früh und schon so heiter?
Grins
!!
Hashi-moto-sensei ?!
Zusch

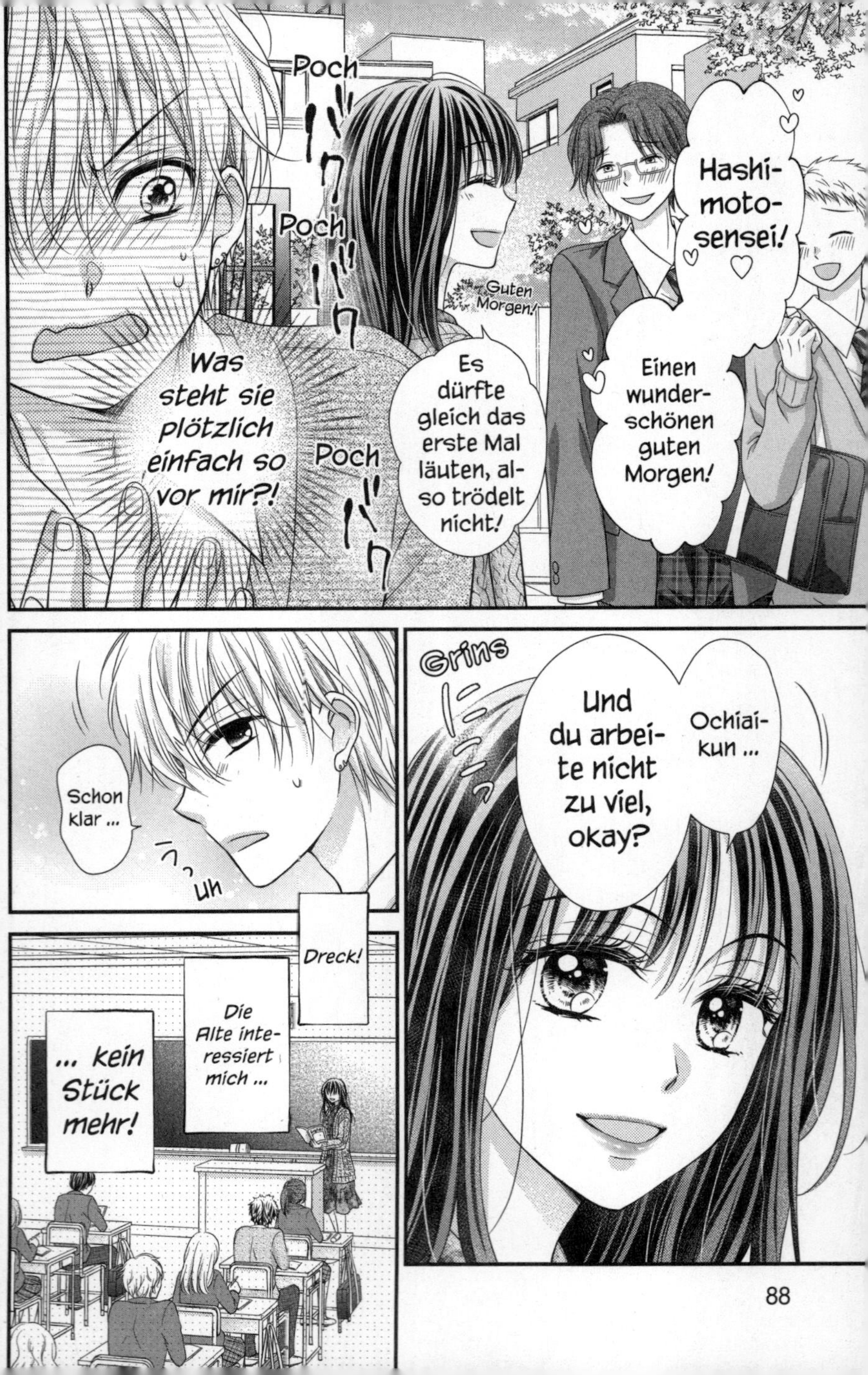
Hashi-moto-sensei!
Einen wunderschönen guten Morgen!
Guten Morgen!
Es dürfte gleich das erste Mal läuten, also trödelt nicht!
Poch
Poch
Poch
Was steht sie plötzlich einfach so vor mir?!
Grins
Ochiai-kun ...
Und du arbeite nicht zu viel, okay?
Schon klar ...
Uh
Dreck!
Die Alte interessiert mich ...
... kein Stück mehr!

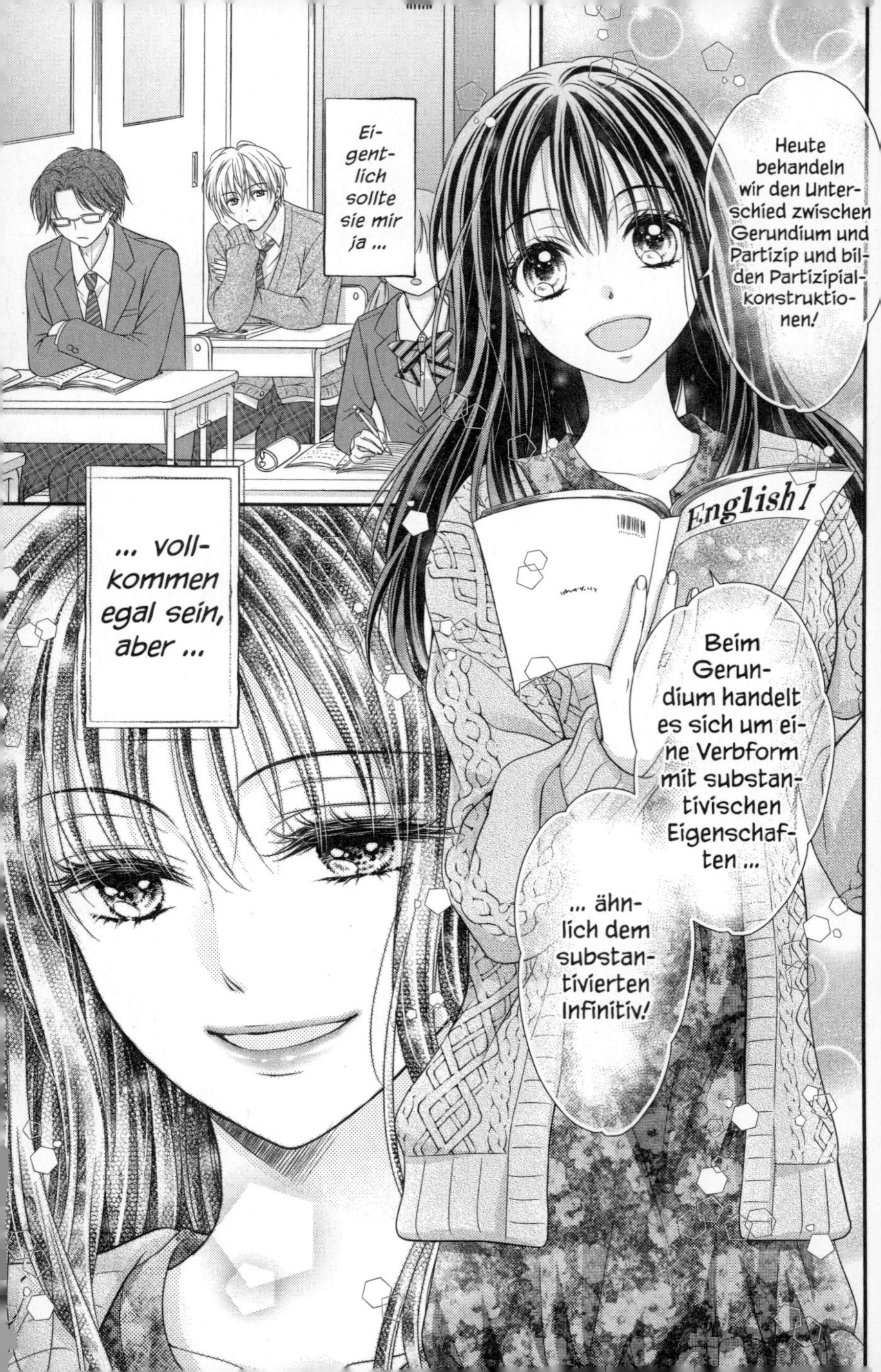
Heute behandeln wir den Unterschied zwischen Gerundium und Partizip und bilden Partizipialkonstruktionen!
Eigentlich sollte sie mir ja ...
English I
Beim Gerundium handelt es sich um eine Verbform mit substantivischen Eigenschaften ...
... ähnlich dem substantivierten Infinitiv!
... vollkommen egal sein, aber ...

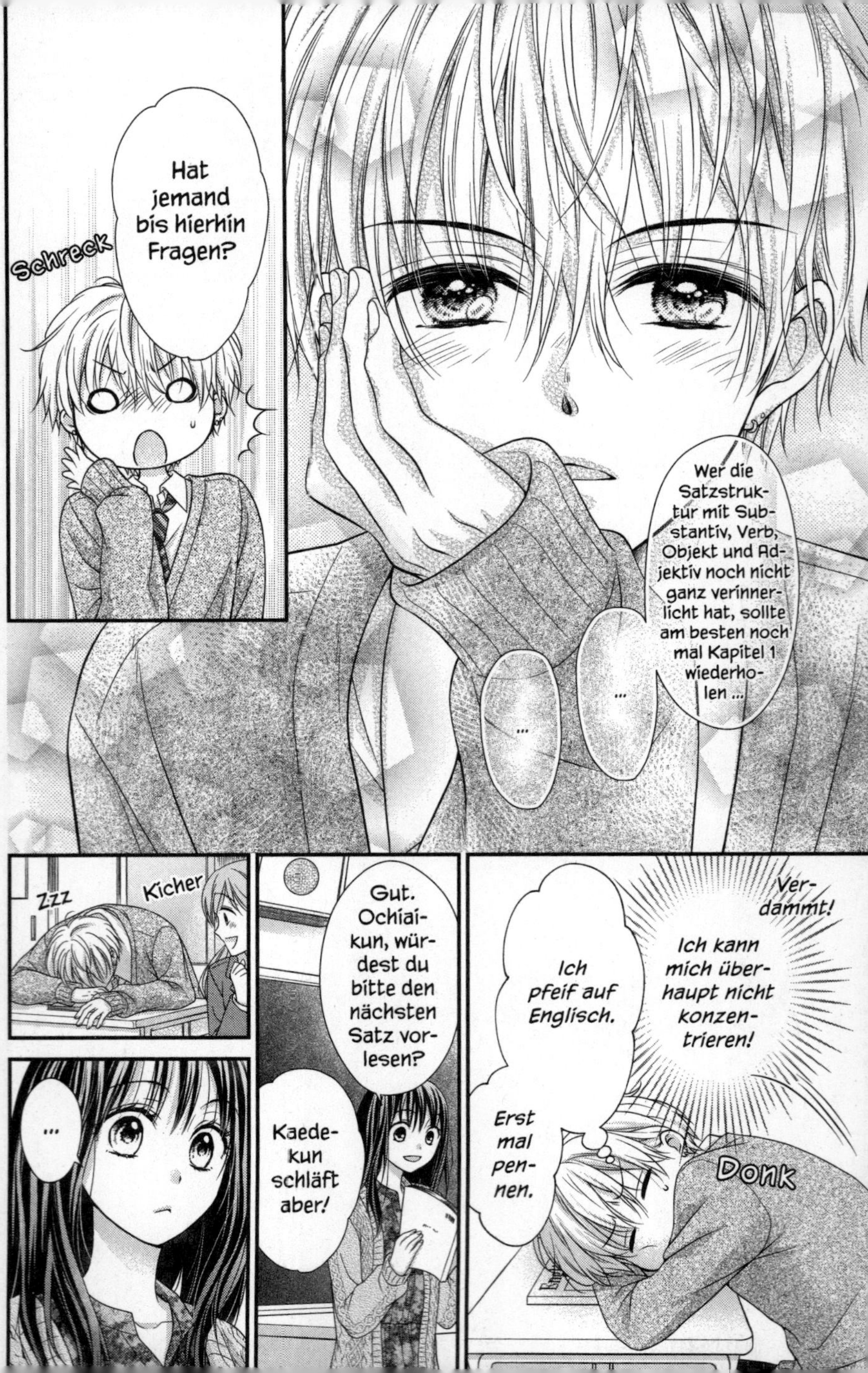

Wer die Satzstruktur mit Substantiv, Verb, Objekt und Adjektiv noch nicht ganz verinnerlicht hat, sollte am besten noch mal Kapitel 1 wiederholen ...
...
...
Hat jemand bis hierhin Fragen?
Schreck
Verdammt!
Ich kann mich überhaupt nicht konzentrieren!
Ich pfeif auf Englisch.
Erst mal pennen.
Donk
Gut. Ochiai-kun, würdest du bitte den nächsten Satz vorlesen?
Kaede-kun schläft aber!
Kicher
Zzz
...

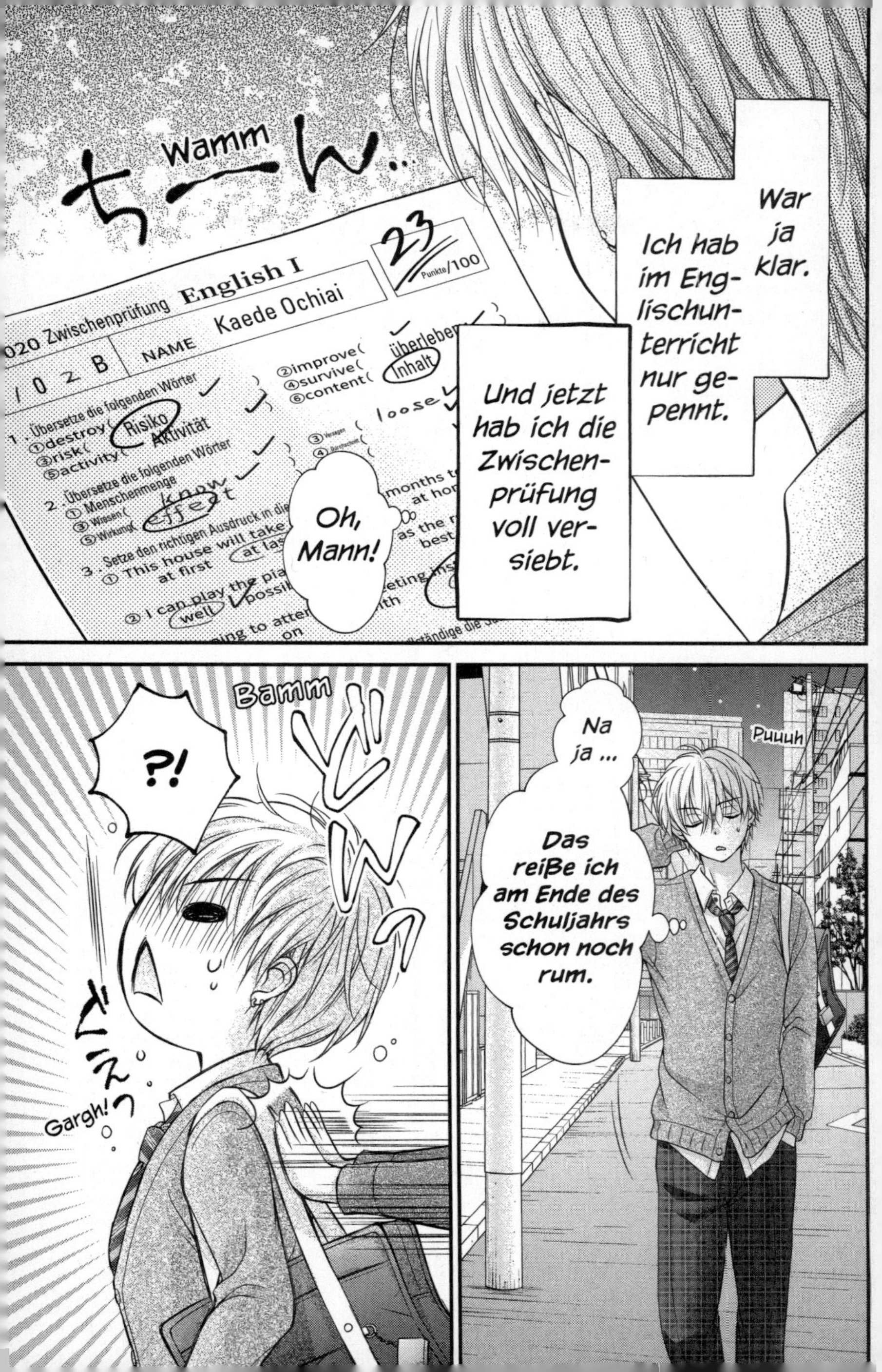
War ja klar.
Ich hab im Englischunterricht nur gepennt.
Und jetzt hab ich die Zwischenprüfung voll versiebt.
Wamm
Zwischenprüfung English I
NAME Kaede Ochiai
23 Punkte/100
Oh, Mann!
Puuuh
Na ja ...
Das reiße ich am Ende des Schuljahrs schon noch rum.
Bamm
?!
Gargh!

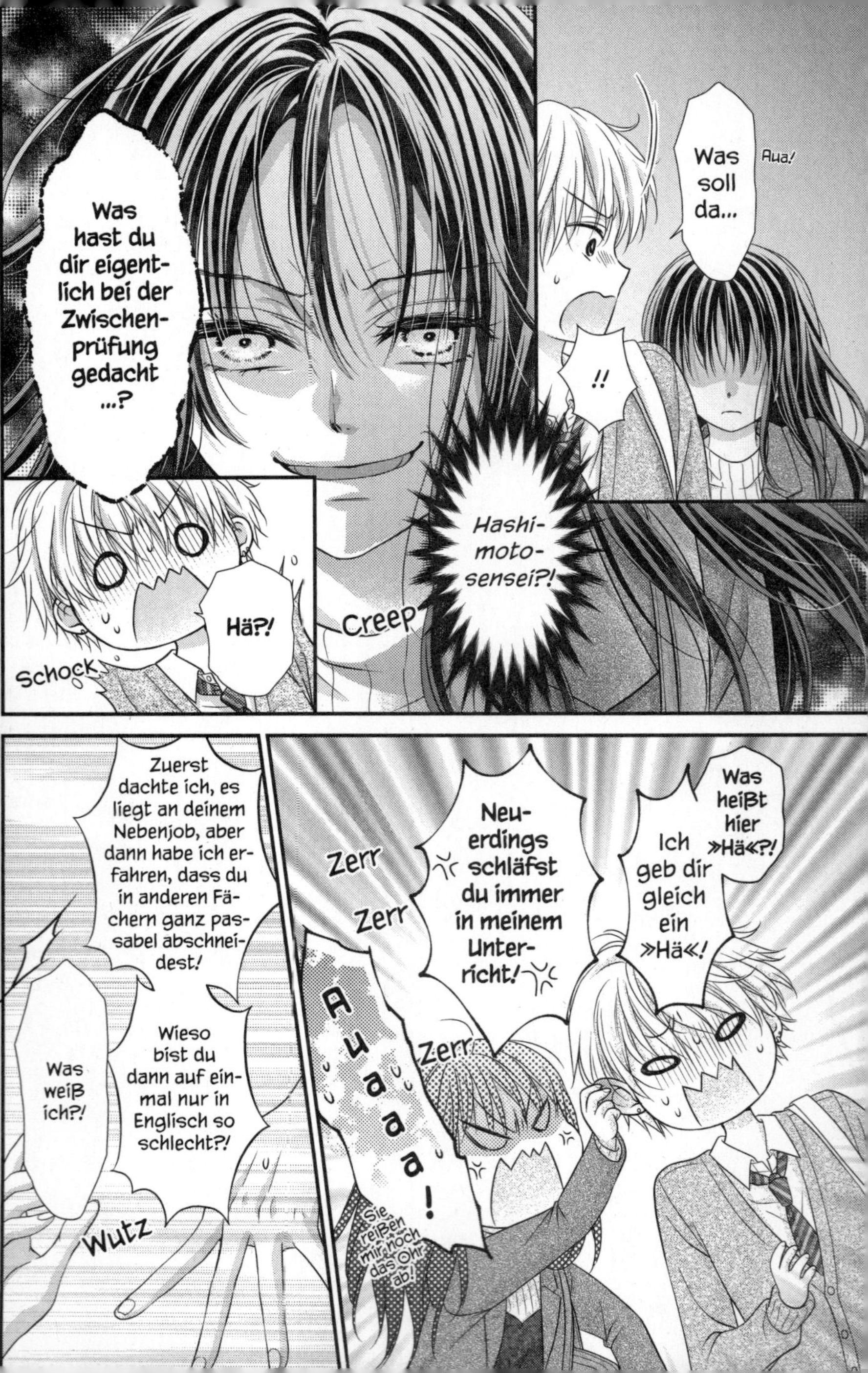
Was soll da...
Aua!
!!
Was hast du dir eigentlich bei der Zwischenprüfung gedacht ...?
Hashimoto-sensei?!
Creep
Hä?!
Schock
Was heißt hier »Hä«?!
Ich geb dir gleich ein »Hä«!
Neuerdings schläfst du immer in meinem Unterricht!
Zerr
Zerr
Zerr
Auaaaa!
Sie reißen mir noch das Ohr ab!
Zuerst dachte ich, es liegt an deinem Nebenjob, aber dann habe ich erfahren, dass du in anderen Fächern ganz passabel abschneidest!
Wieso bist du dann auf einmal nur in Englisch so schlecht?!
Was weiß ich?!
Wutz

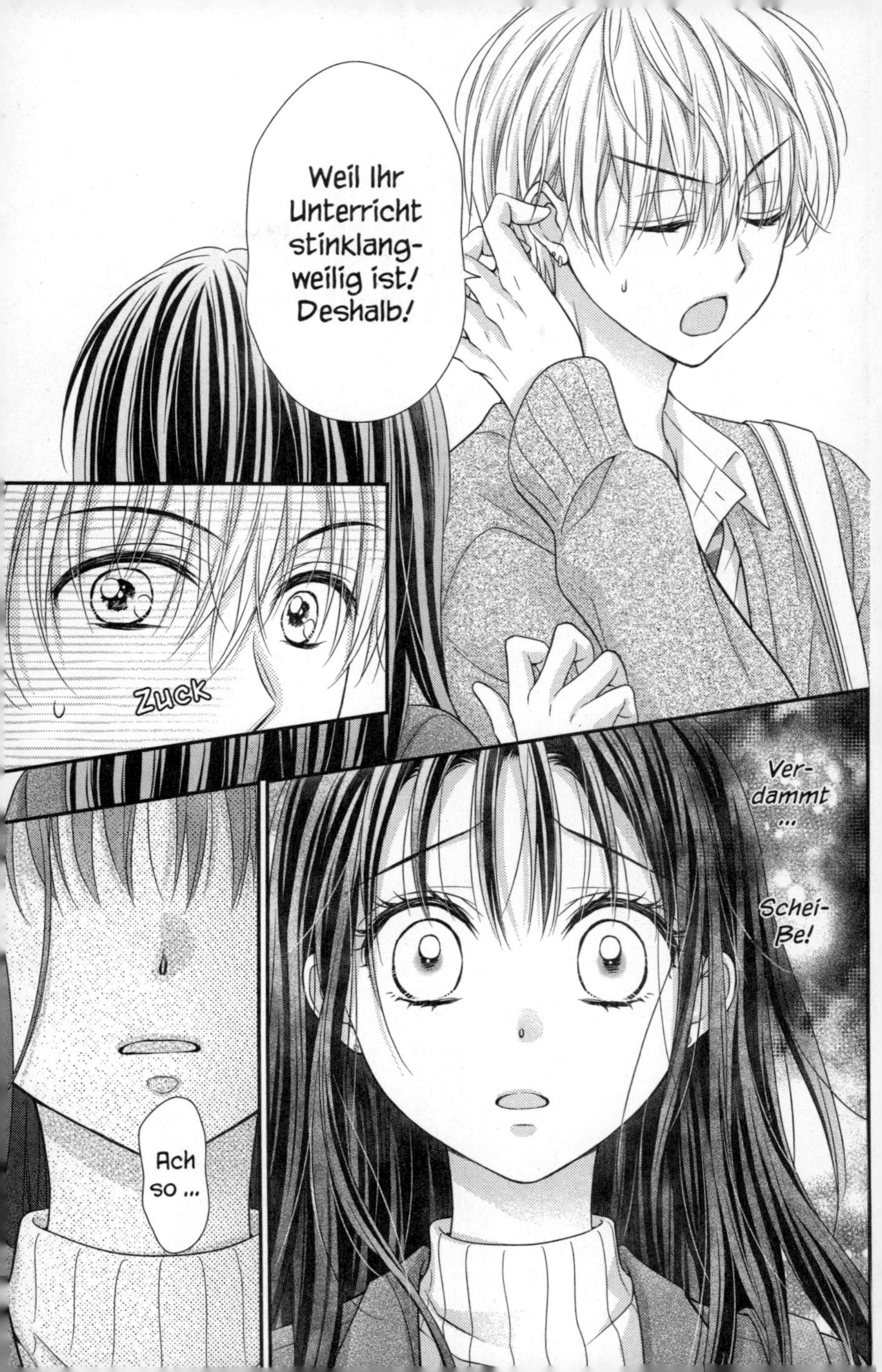
Weil Ihr Unterricht stinklangweilig ist! Deshalb!
Zuck
Verdammt ...
Scheiße!
Ach so ...

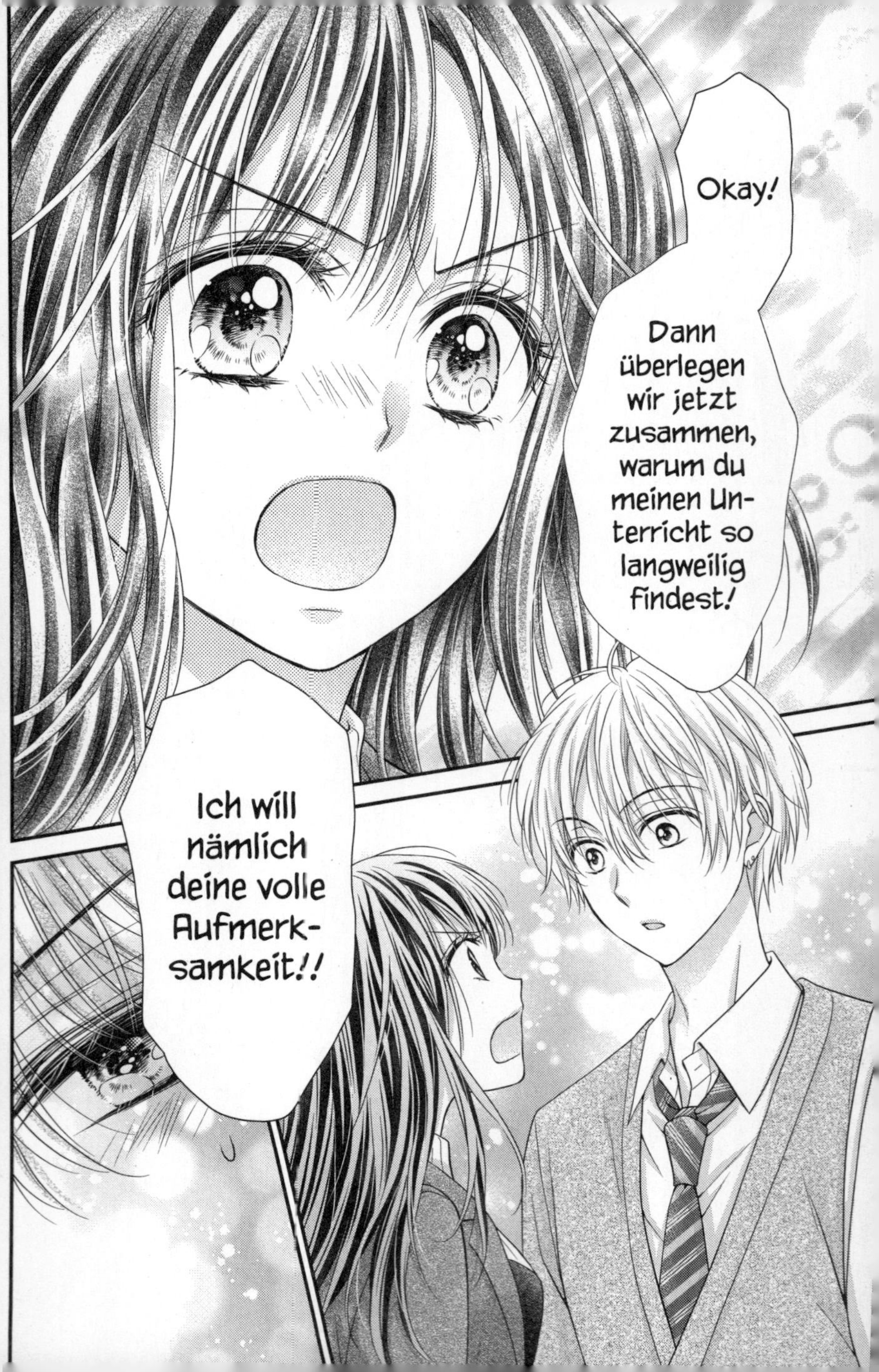
Okay!
Dann überlegen wir jetzt zusammen, warum du meinen Unterricht so langweilig findest!
Ich will nämlich deine volle Aufmerksamkeit!!

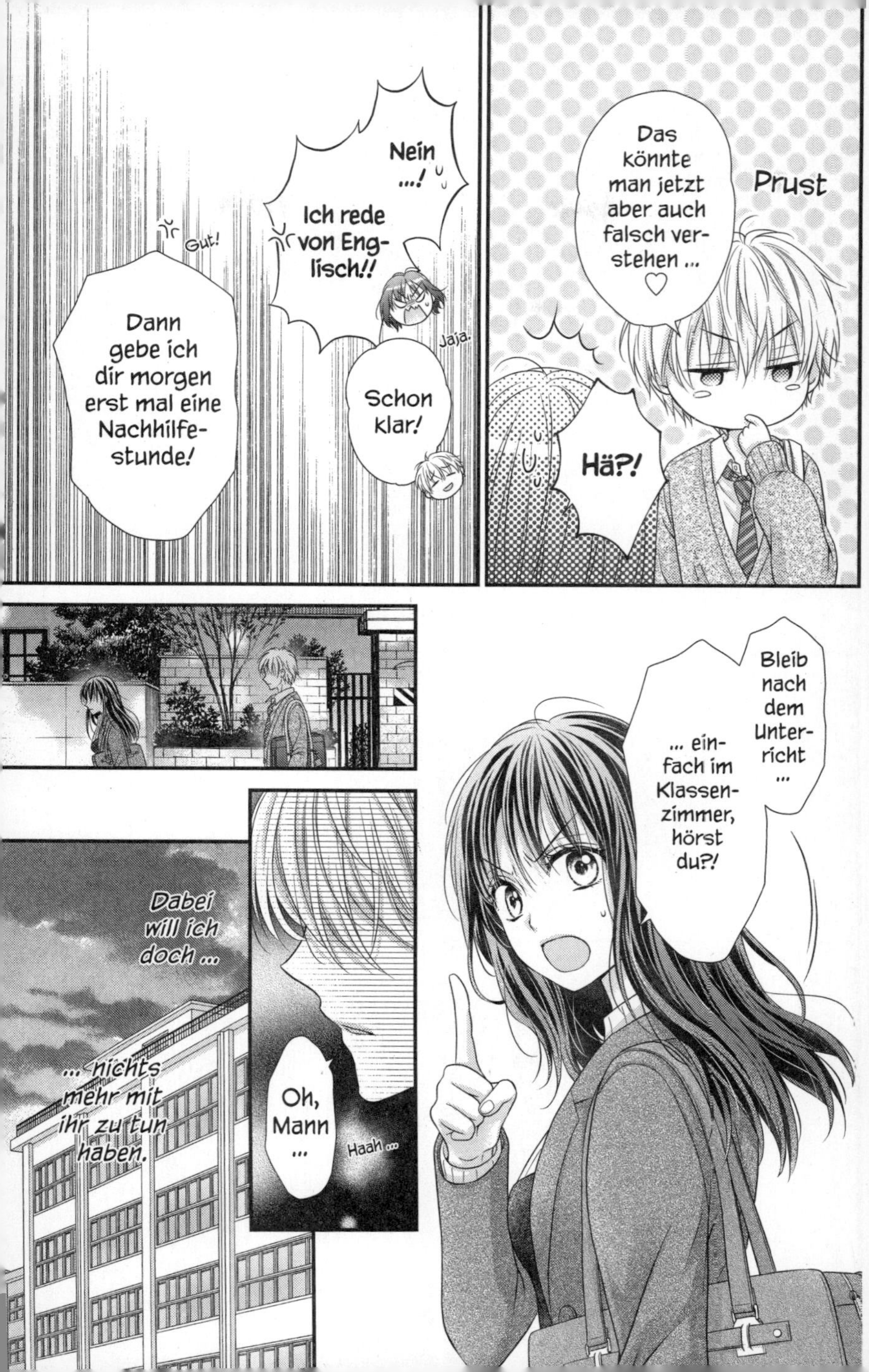
Prust
Das könnte man jetzt aber auch falsch verstehen ... ♡
Hä?!
Nein ...!
Ich rede von Englisch!!
Jaja.
Schon klar!
Gut!
Dann gebe ich dir morgen erst mal eine Nachhilfestunde!
Bleib nach dem Unterricht ...
... einfach im Klassenzimmer, hörst du?!
Oh, Mann ...
Haah ...
Dabei will ich doch ...
... nichts mehr mit ihr zu tun haben.

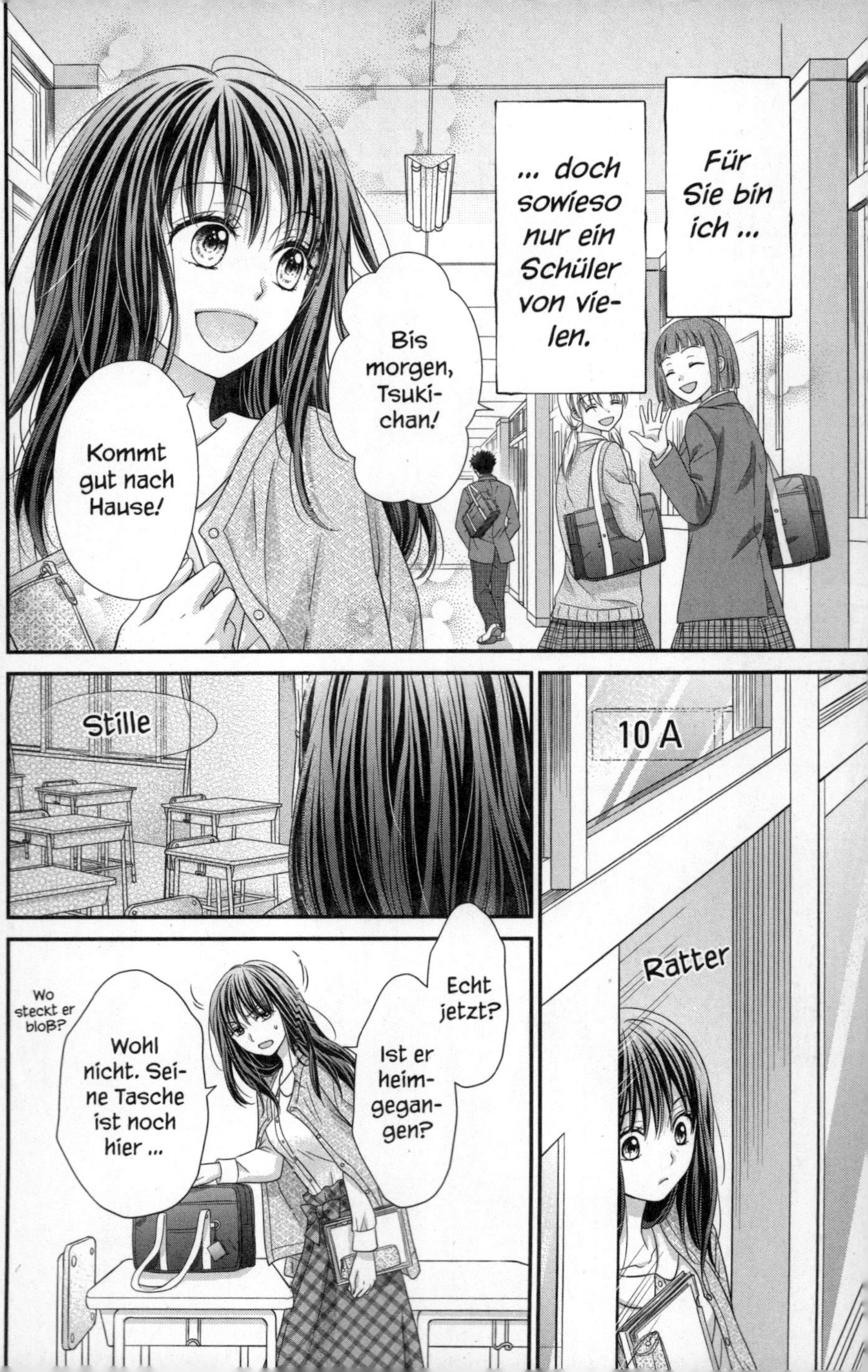
Für Sie bin ich ...
... doch sowieso nur ein Schüler von vielen.
Bis morgen, Tsuki-chan!
Kommt gut nach Hause!
10 A
Ratter
Stille
Echt jetzt? Ist er heimgegangen?
Wohl nicht. Seine Tasche ist noch hier ...
Wo steckt er bloß?

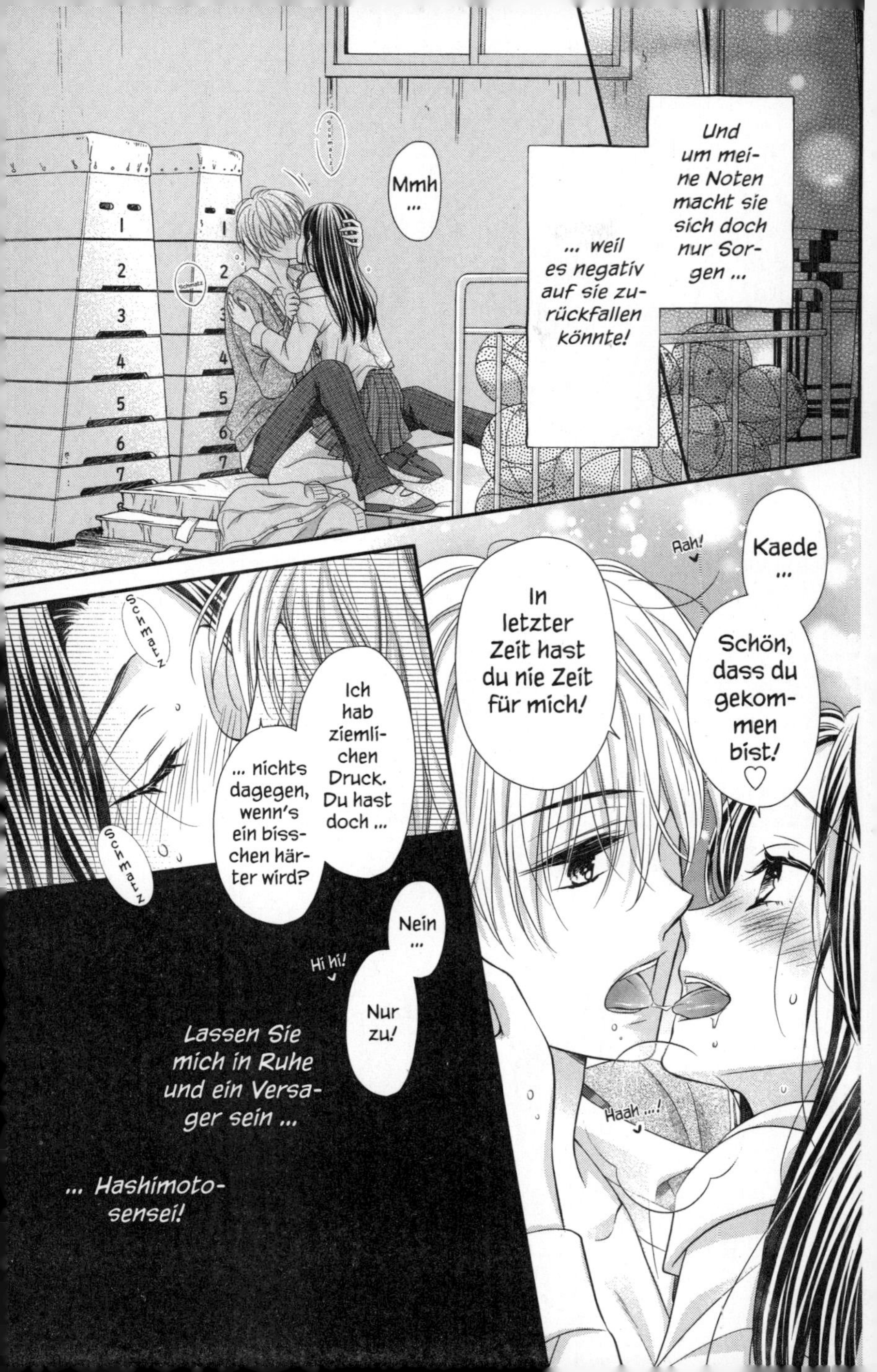

Und um meine Noten macht sie sich doch nur Sorgen ...
... weil es negativ auf sie zurückfallen könnte!
Schmatz
Mmh ...
Schmatz
Kaede ...
Aah!
Schön, dass du gekommen bist! ♡
In letzter Zeit hast du nie Zeit für mich!
Ich hab ziemlichen Druck. Du hast doch ...
... nichts dagegen, wenn's ein bisschen härter wird?
Schmatz
Schmatz
Nein ...
Hi hi!
Nur zu!
Haah ...!
Lassen Sie mich in Ruhe und ein Versager sein ...
... Hashimoto-sensei!

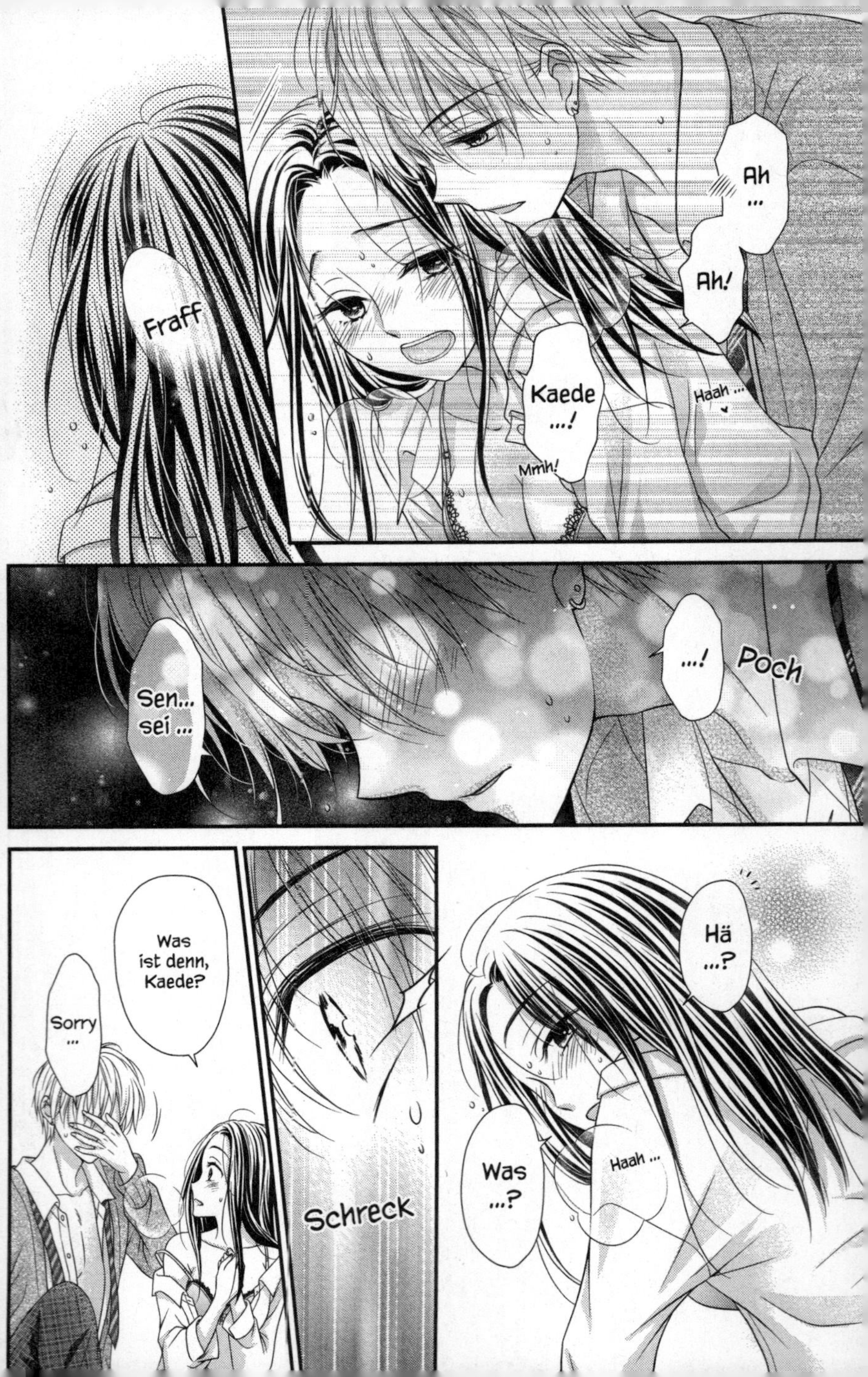

Ah ...
Ah!
Kaede ...!
Haah ...
Mmh!
Fraff
Poch
...!
Sen... sei ...
Hä ...?
Haah ...
Was ...?
Schreck
Was ist denn, Kaede?
Sorry ...

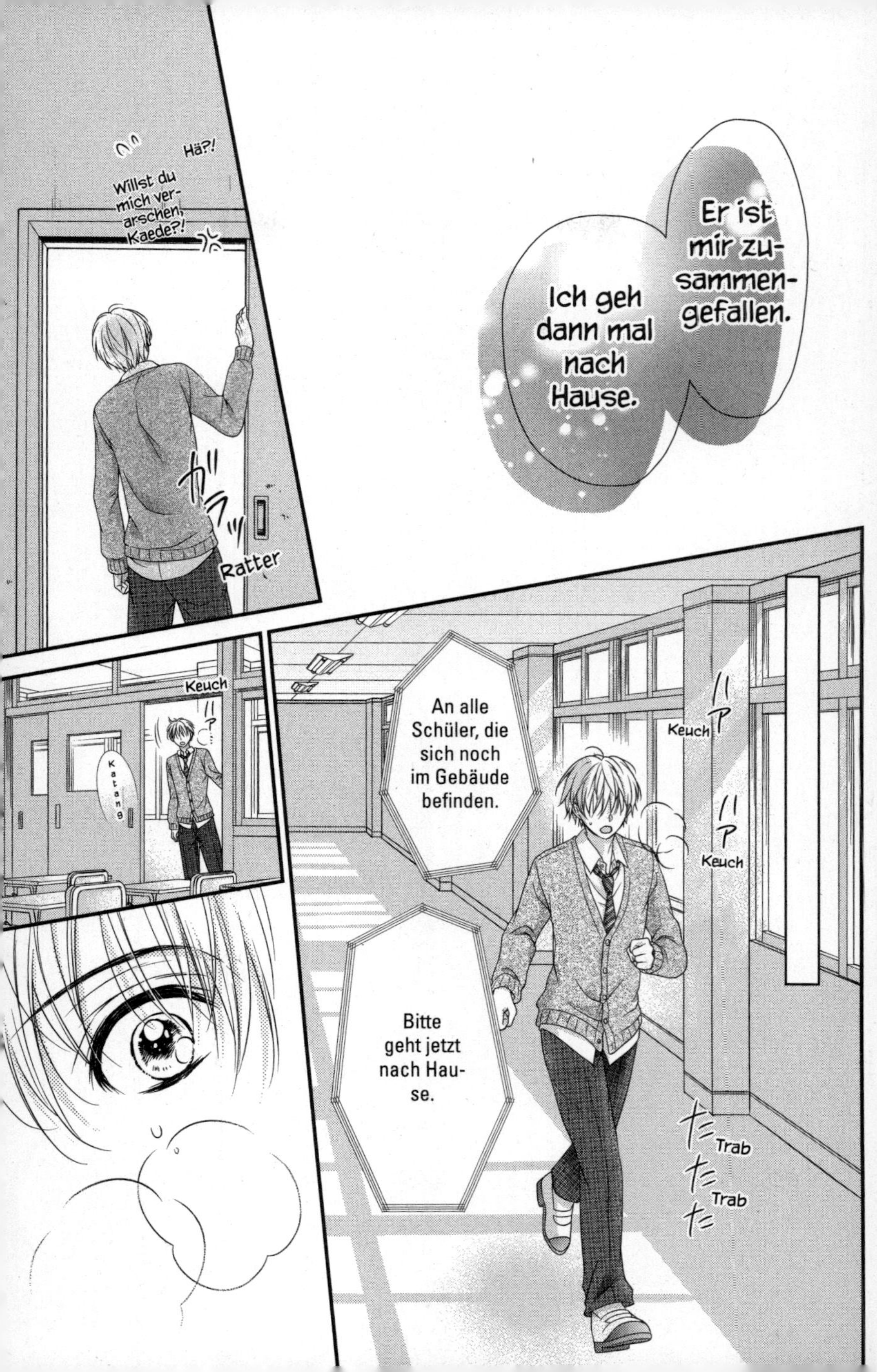

Er ist mir zusammengefallen.
Ich geh dann mal nach Hause.
Hä?!
Willst du mich verarschen, Kaede?!
Ratter
Keuch
Keuch
An alle Schüler, die sich noch im Gebäude befinden.
Bitte geht jetzt nach Hause.
Trab
Trab
Keuch
Katang

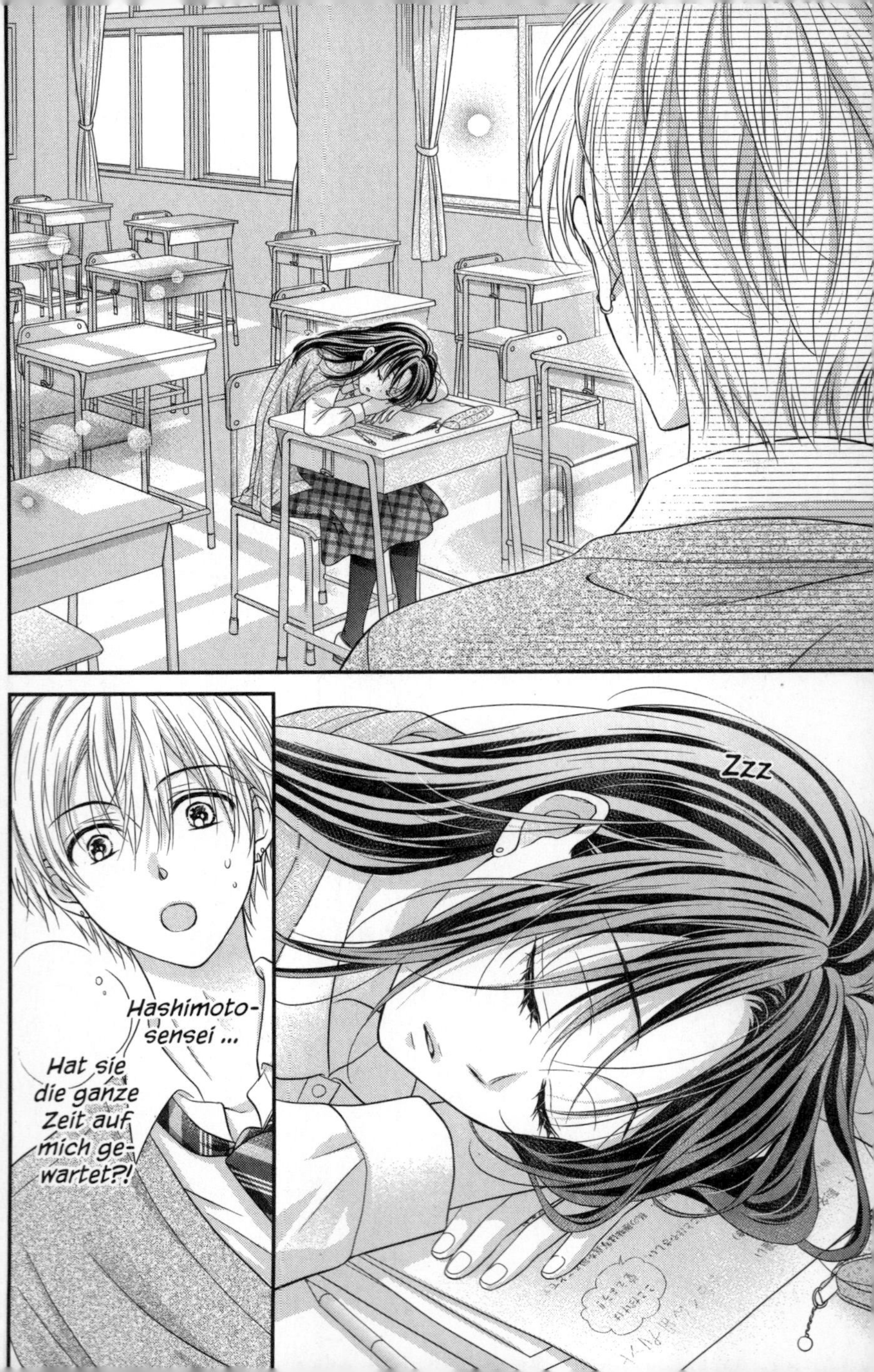
Zzz
Hashimoto-sensei ...
Hat sie die ganze Zeit auf mich gewartet?!

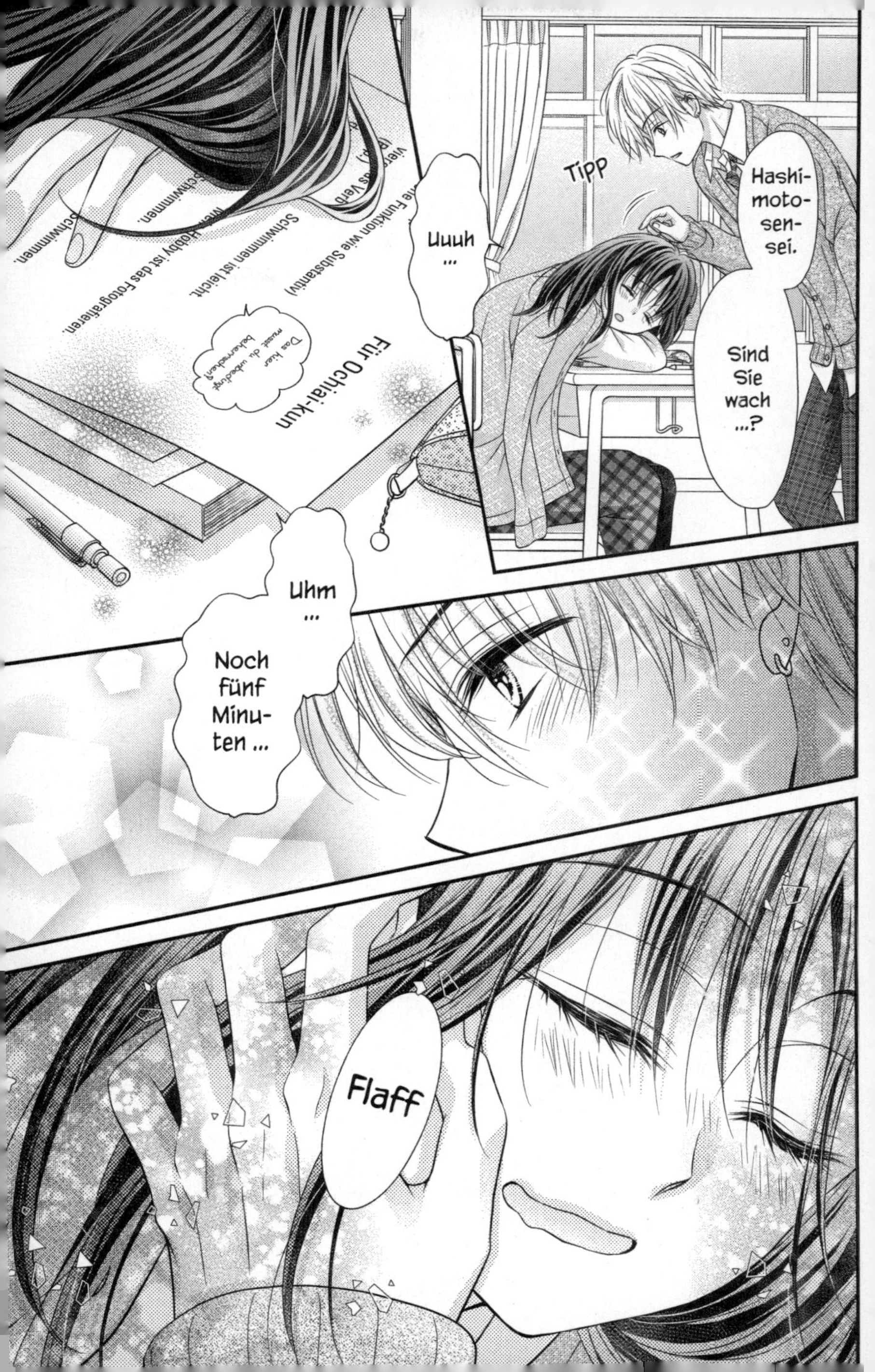
Tipp
Hashimoto-sensei.
Sind Sie wach ...?
Uuuh ...
Für Ochiai-kun
Uhm ...
Noch fünf Minuten ...
Flaff

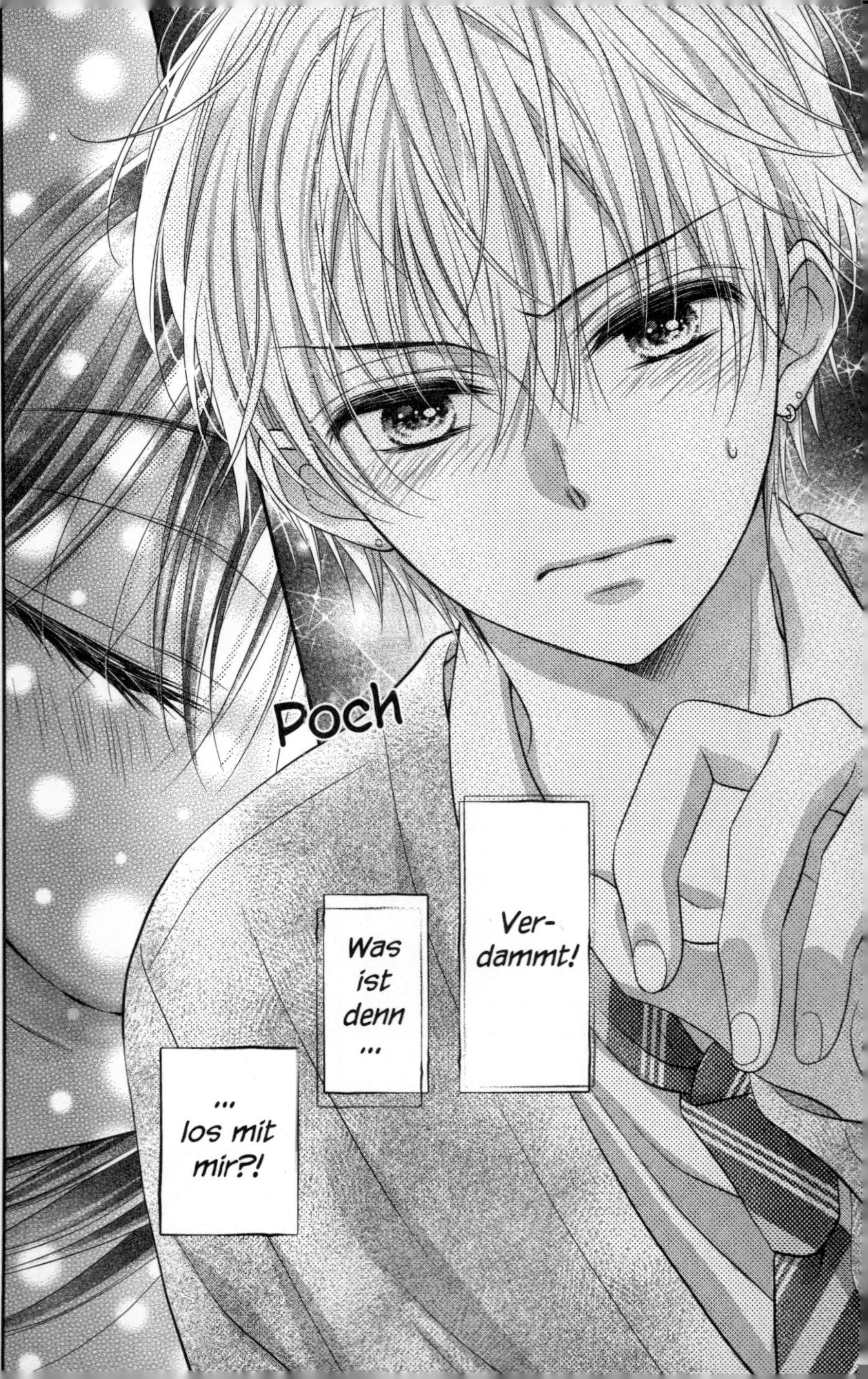
Poch
Ver-dammt!
Was ist denn ...
... los mit mir?!

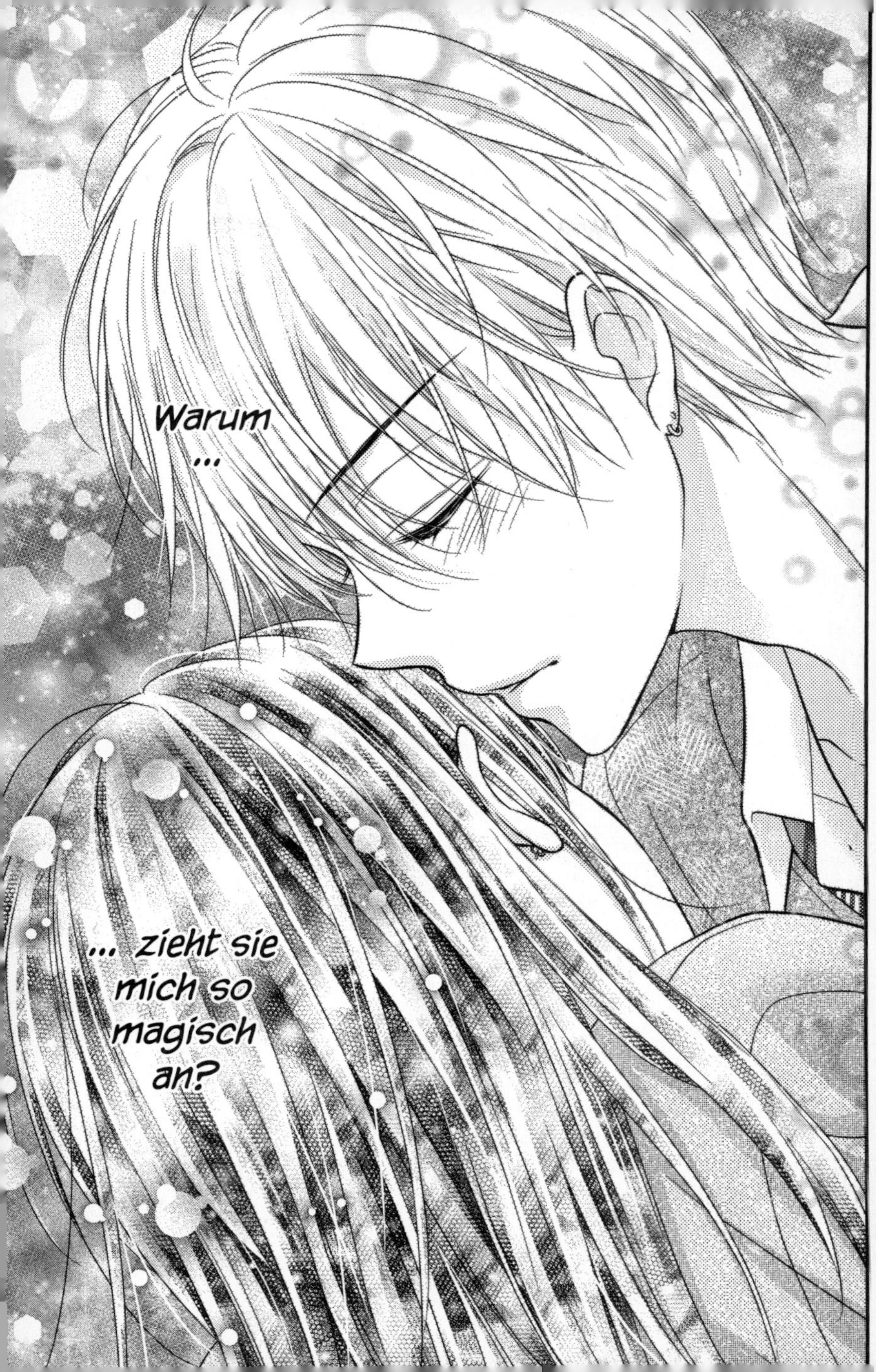
Warum ...
... zieht sie mich so magisch an?

Worauf ich in letzter Zeit abfahre

Ich bin süchtig nach *Nizi Project** und habe mir alle Folgen am Stück auf Hulu angeschaut! Ich habe mitgefiebert und mitgeweint! Ein Hoch auf die Jugend! Alle Mädels sind sooo süß und anbetungswürdig! Ich war ganz hin und weg von Nina beim allerersten Vorsingen und dachte, gegen sie hat niemand eine Chance. Aber am Schluss fand ich alle ganz toll und unterstütze die neun Mädchen, die jetzt als »NiziU« bekannt sind. Wenn ich mich unbedingt für meine absoluten Favoriten entscheiden müsste, dann wären es wohl Ayaka, Rima und Miihi, die »Sunrise« performt haben. Und Park Jin-young** lieb ich sowieso! *Nizi Project* war für mich auch der Anlass, mich K-Pop zuzuwenden. Die Songs von TWICE sind echt der Hammer!

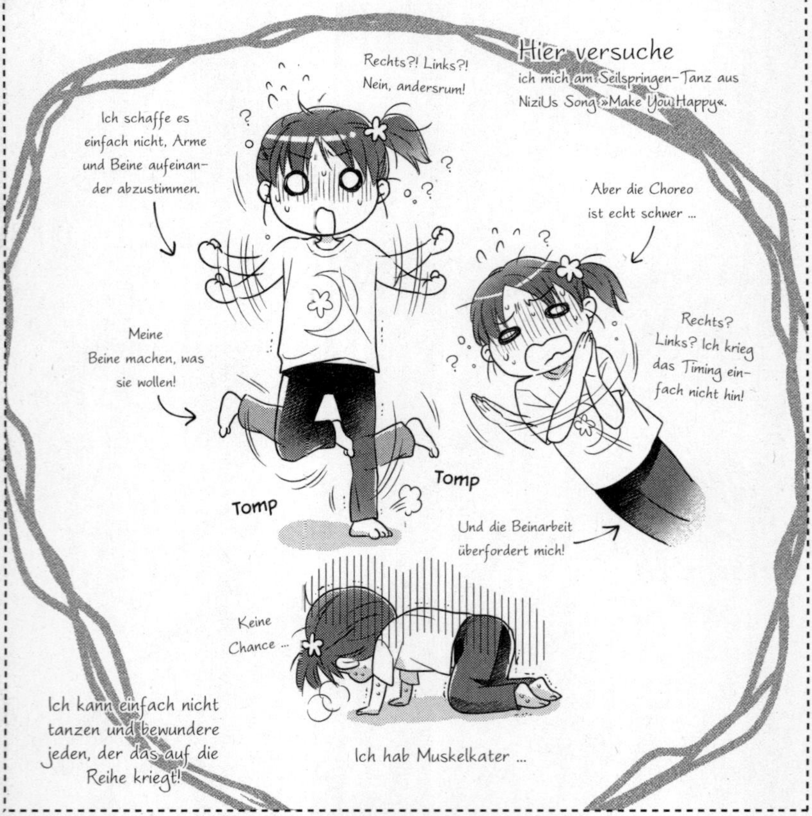

*jap. Reality-Castingshow mit dem Ziel, eine global erfolgreiche Girlgroup zusammenzustellen
**Südkorean. Singer-Songwriter, Musikproduzent und Gründer von JYP Entertainment

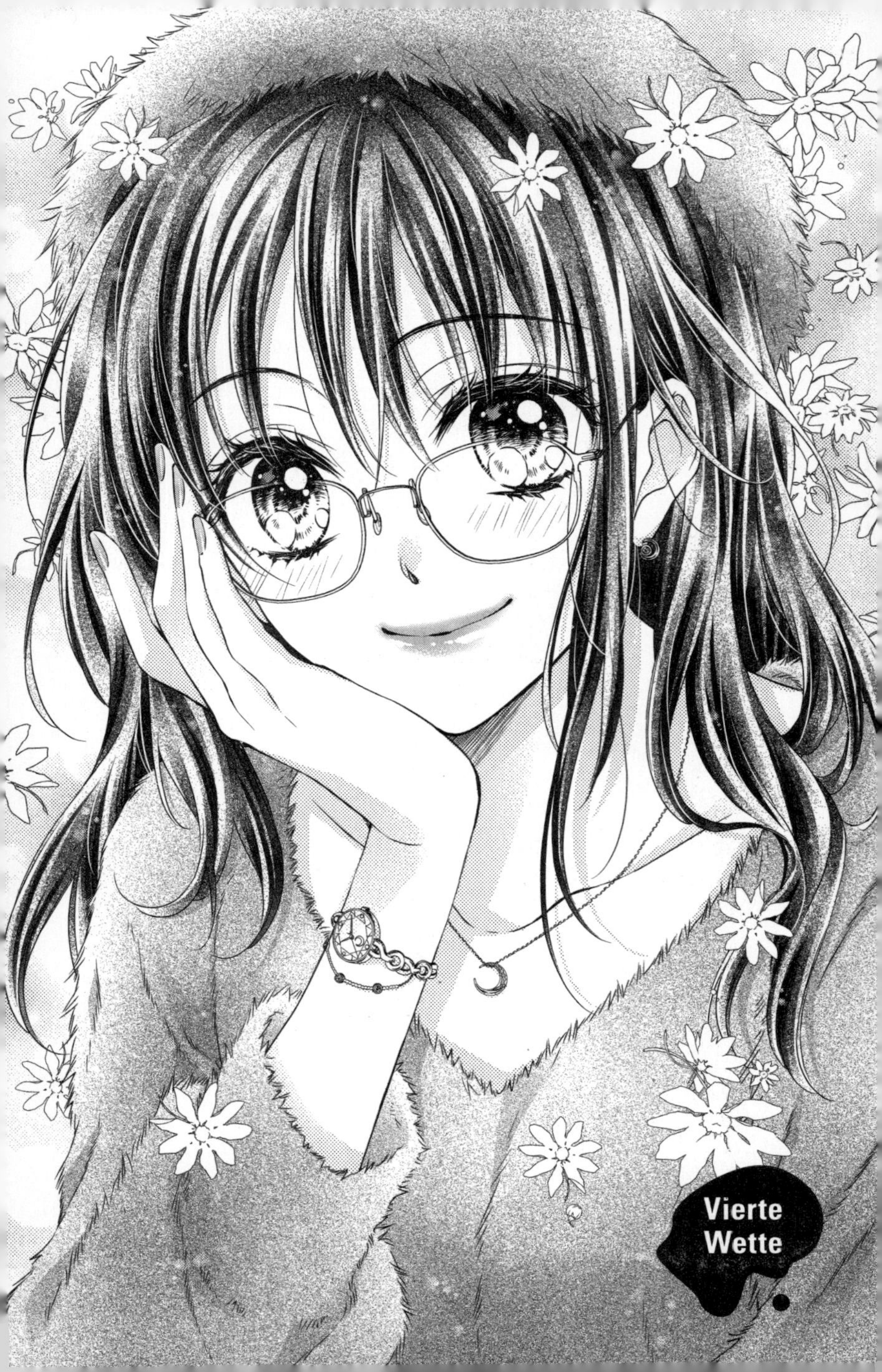
Vierte
Wette

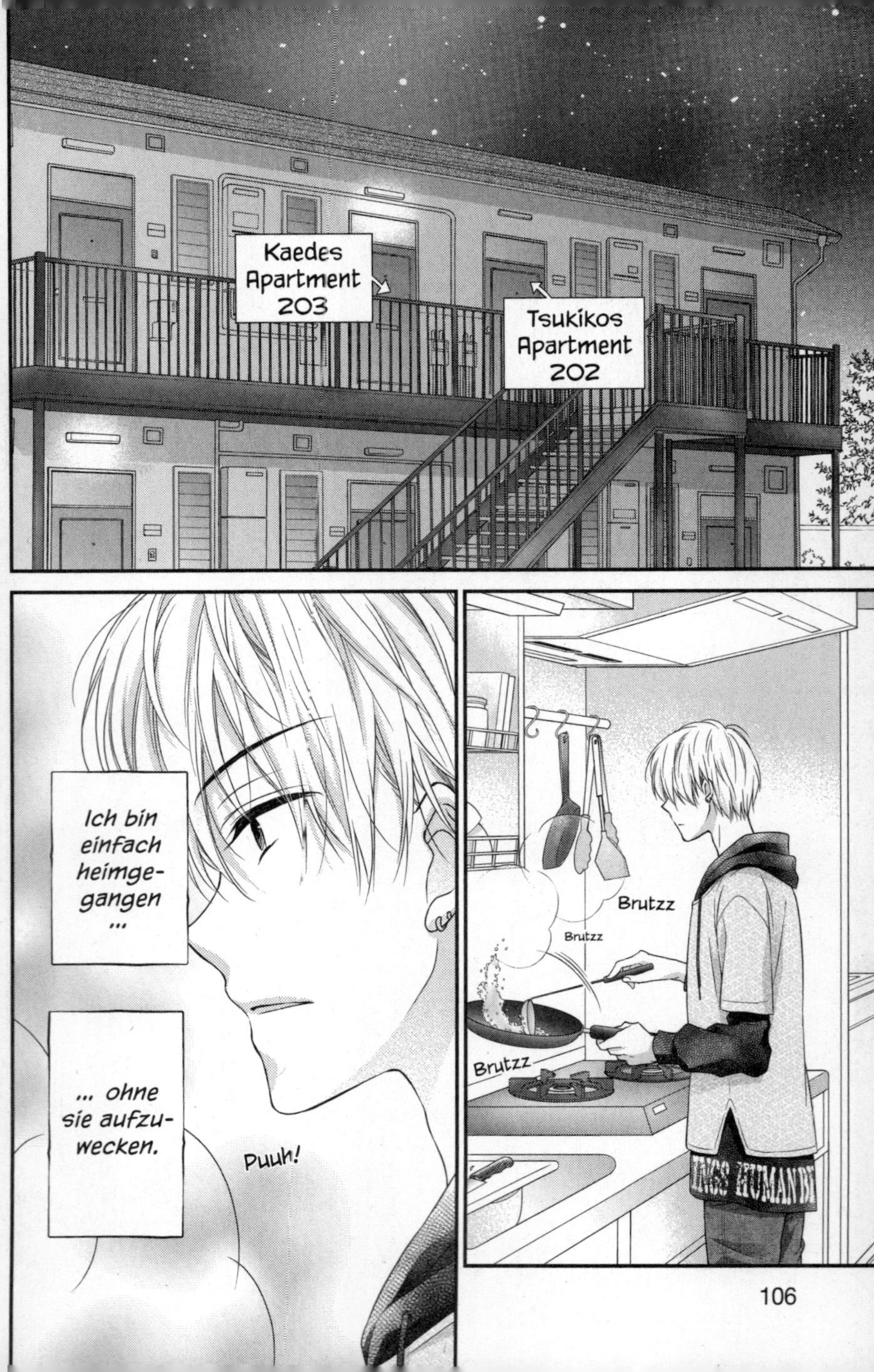
Kaedes Apartment 203
Tsukikos Apartment 202
Brutzz
Brutzz
Brutzz
Ich bin einfach heimgegangen ...
... ohne sie aufzuwecken.
Puuh!

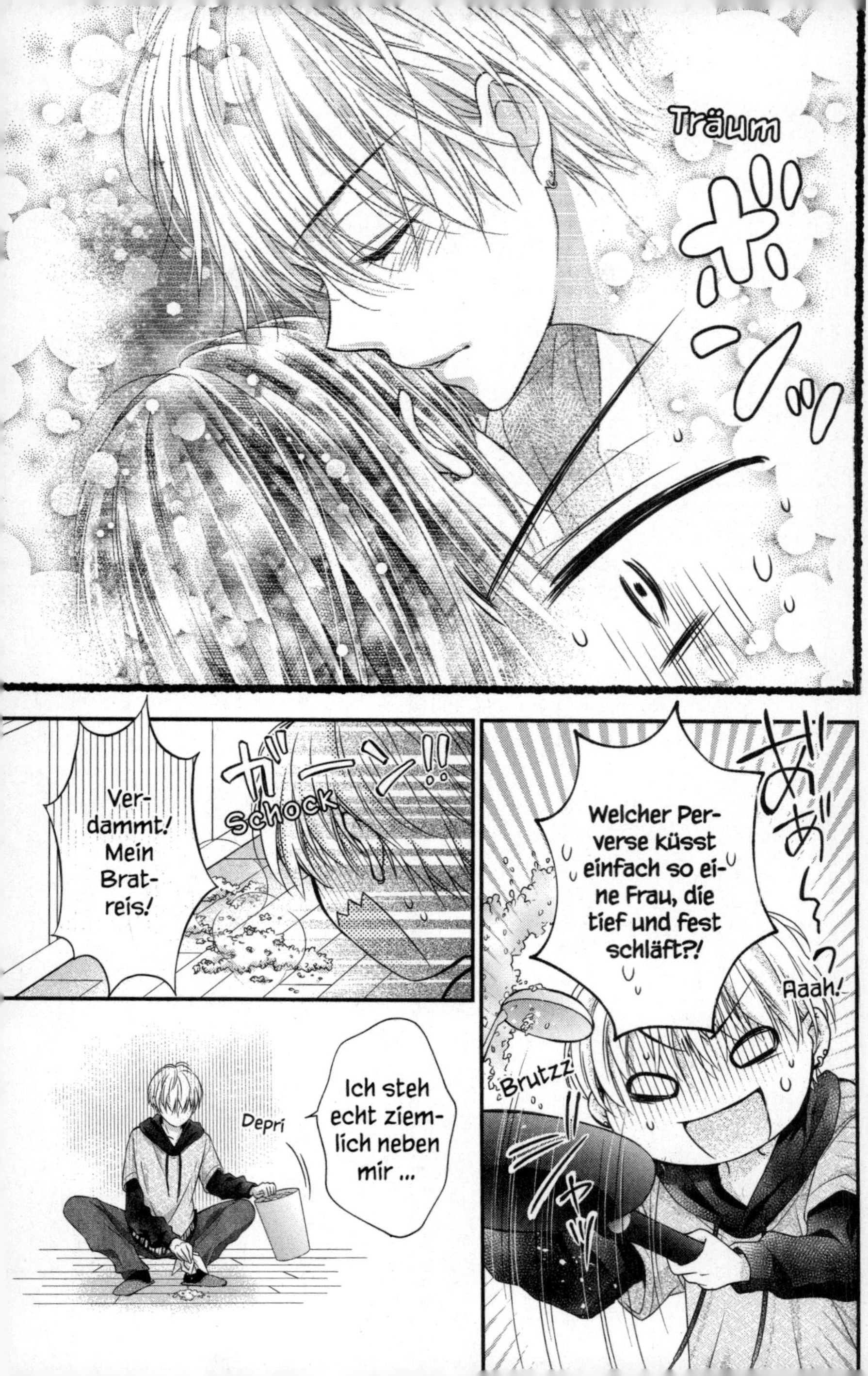
Träum
Welcher Perverse küsst einfach so eine Frau, die tief und fest schläft?!
Aaah!
Brutzz
Schock
Verdammt! Mein Bratreis!
Ich steh echt ziemlich neben mir ...
Depri

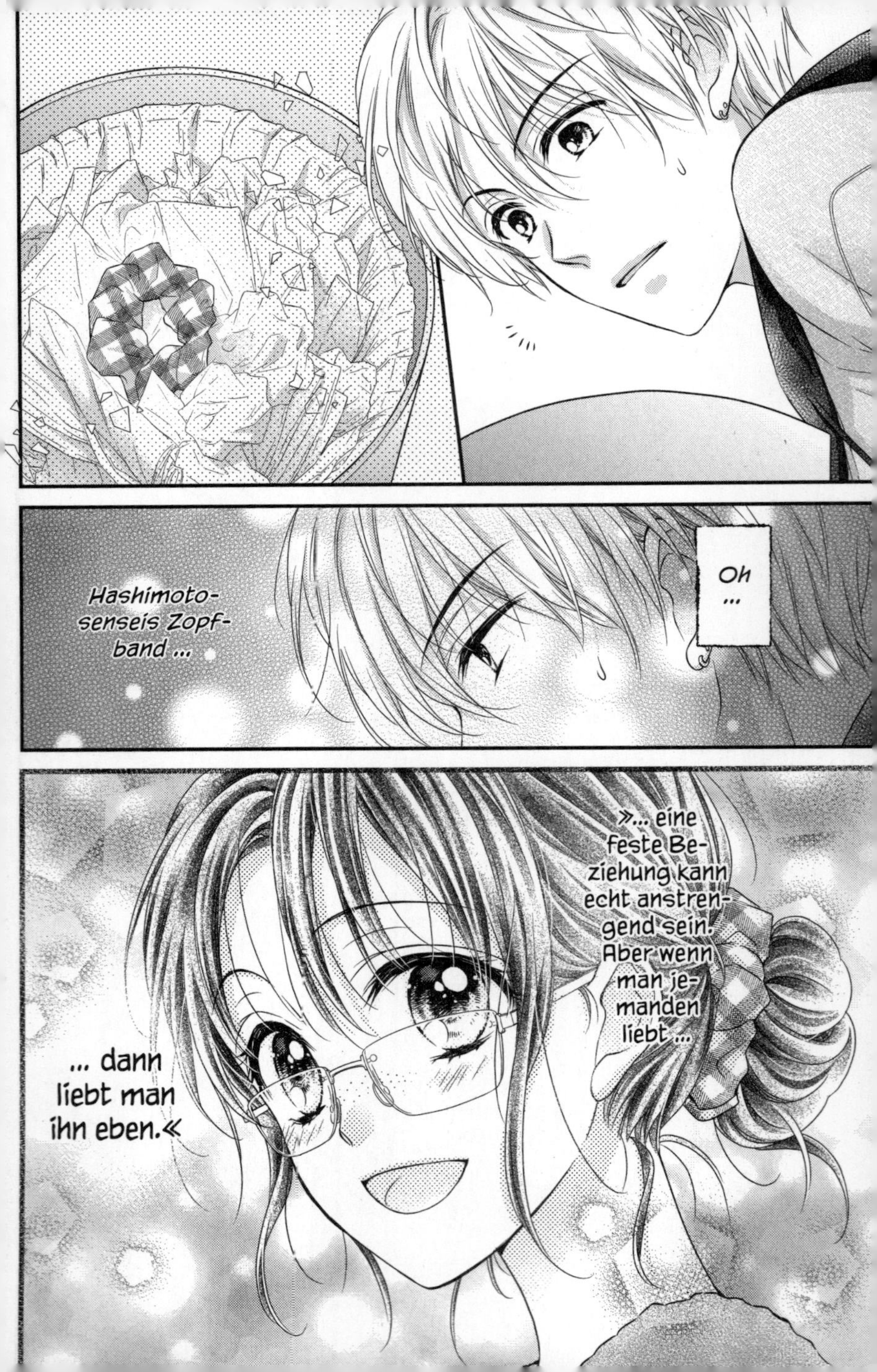

Oh ...
Hashimoto-senseis Zopfband ...
»... eine feste Beziehung kann echt anstrengend sein. Aber wenn man jemanden liebt ...
... dann liebt man ihn eben.«

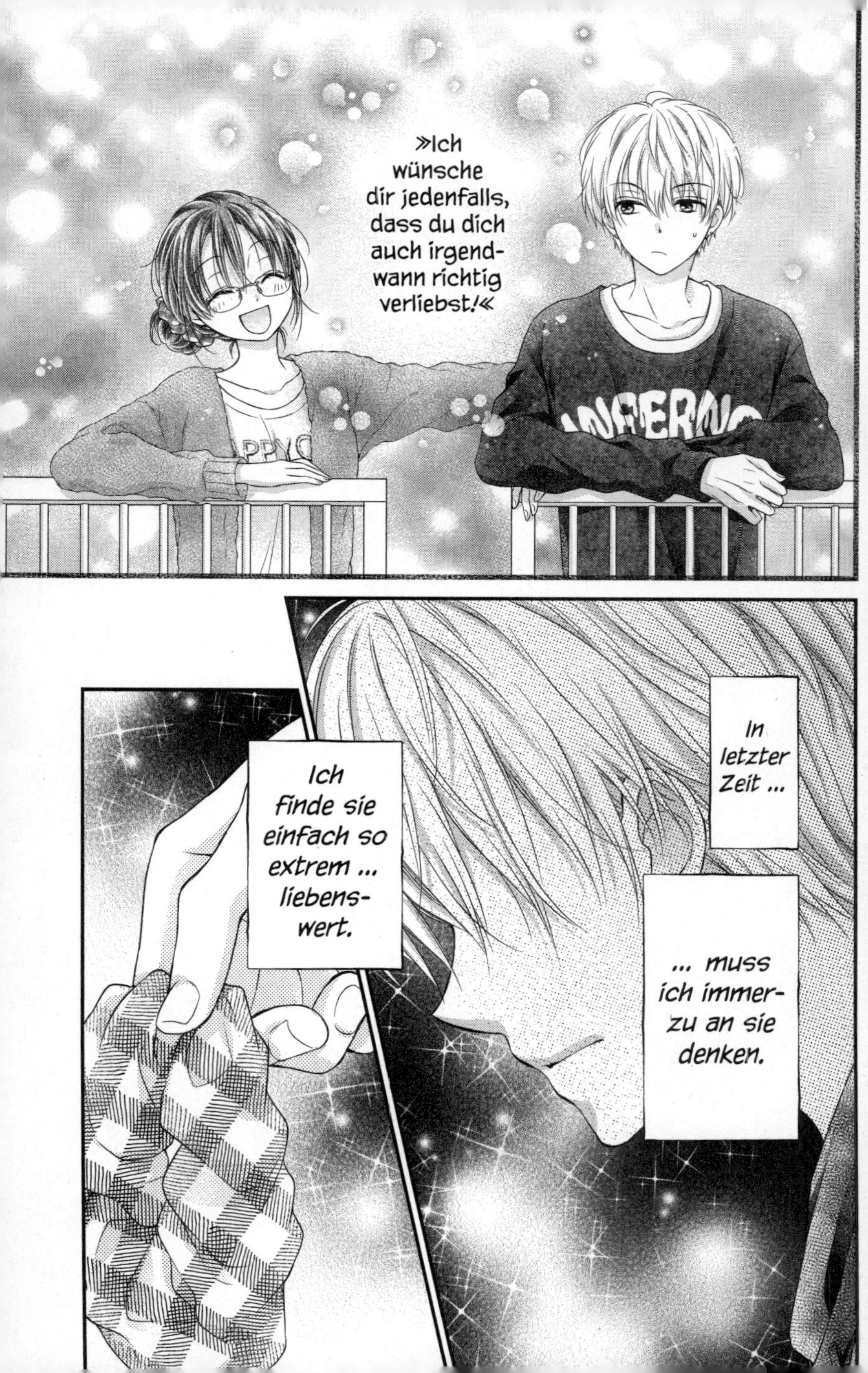
»Ich wünsche dir jedenfalls, dass du dich auch irgendwann richtig verliebst!«
In letzter Zeit ...
... muss ich immerzu an sie denken.
Ich finde sie einfach so extrem ... liebenswert.

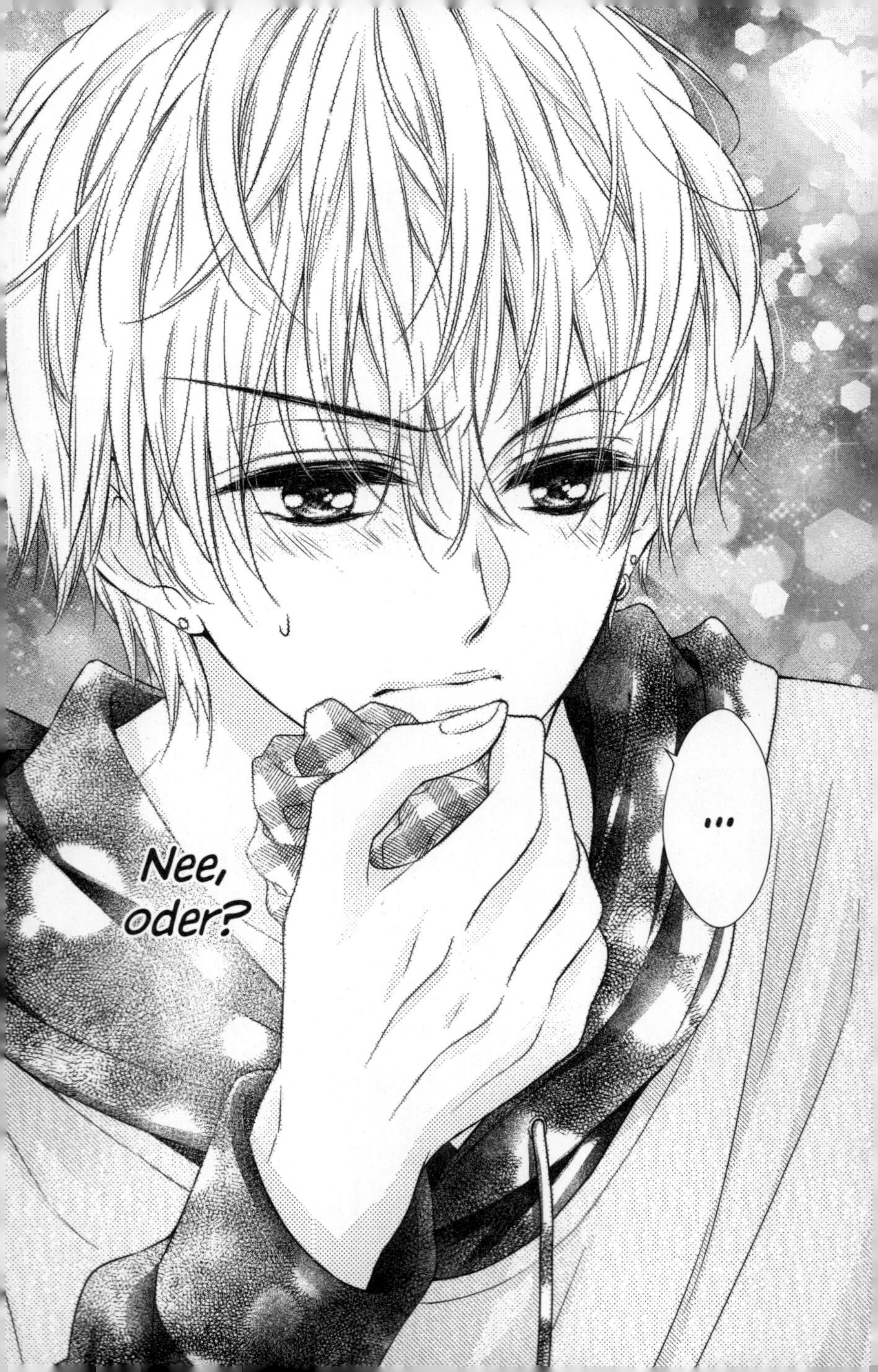
...
Nee,
oder?

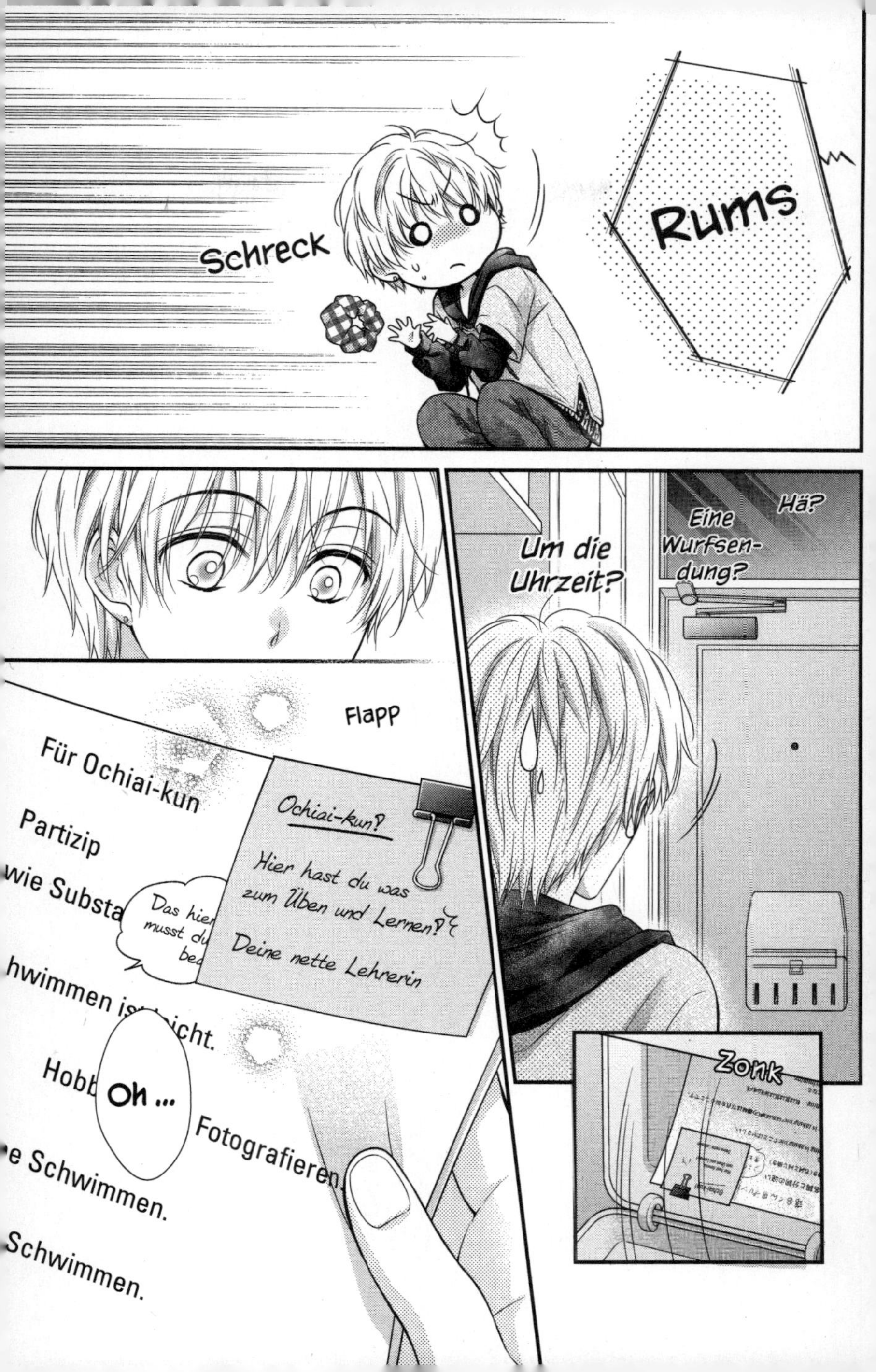
Rums
Schreck
Hä?
Eine Wurfsendung?
Um die Uhrzeit?
Zonk
Flapp
Ochiai-kun?
Hier hast du was zum Üben und Lernen?
Deine nette Lehrerin
Für Ochiai-kun
Partizip
Oh ...

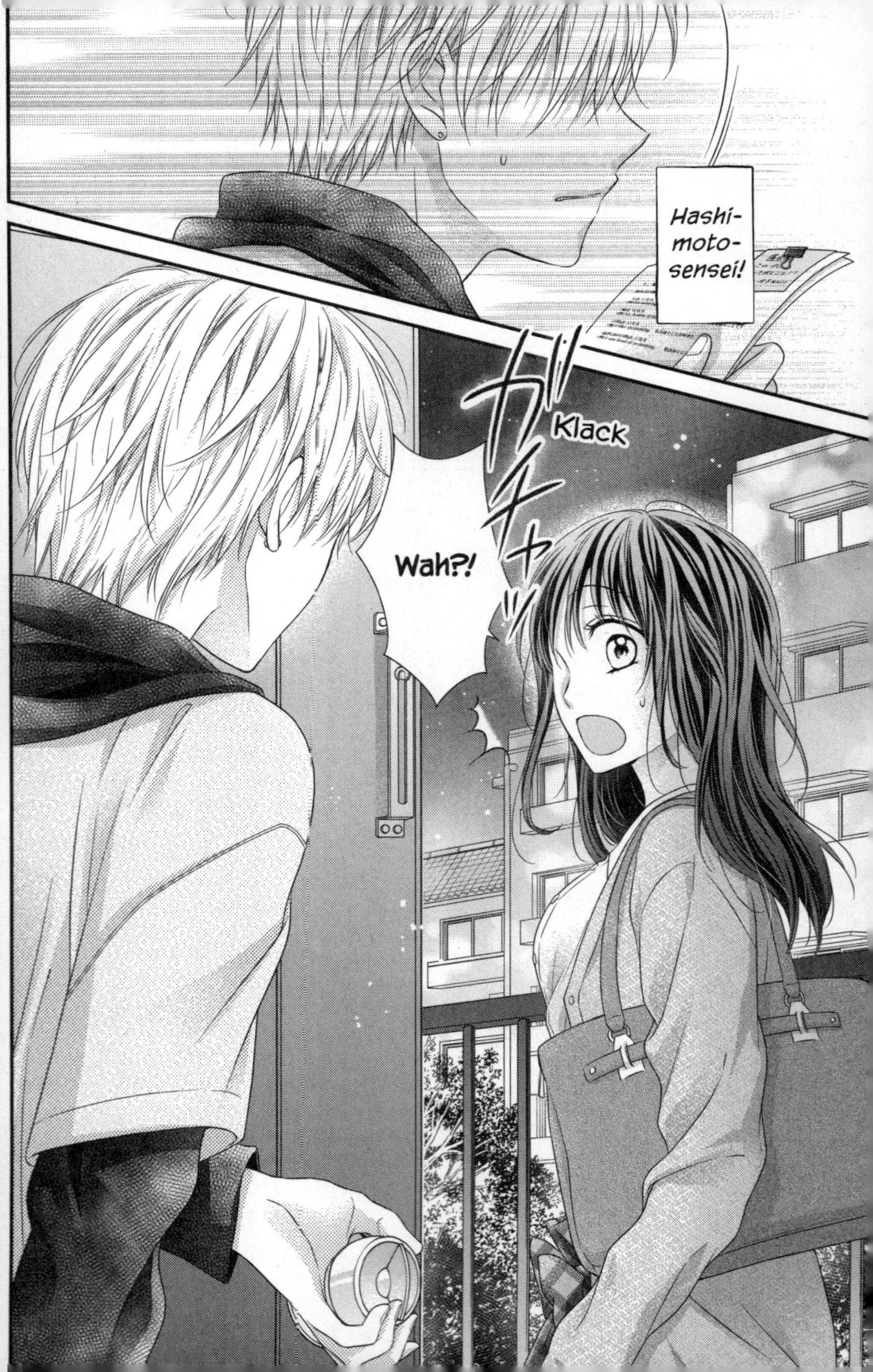
Hashi-
moto-
sensei!
ガチャッ
Klack
Wah?!

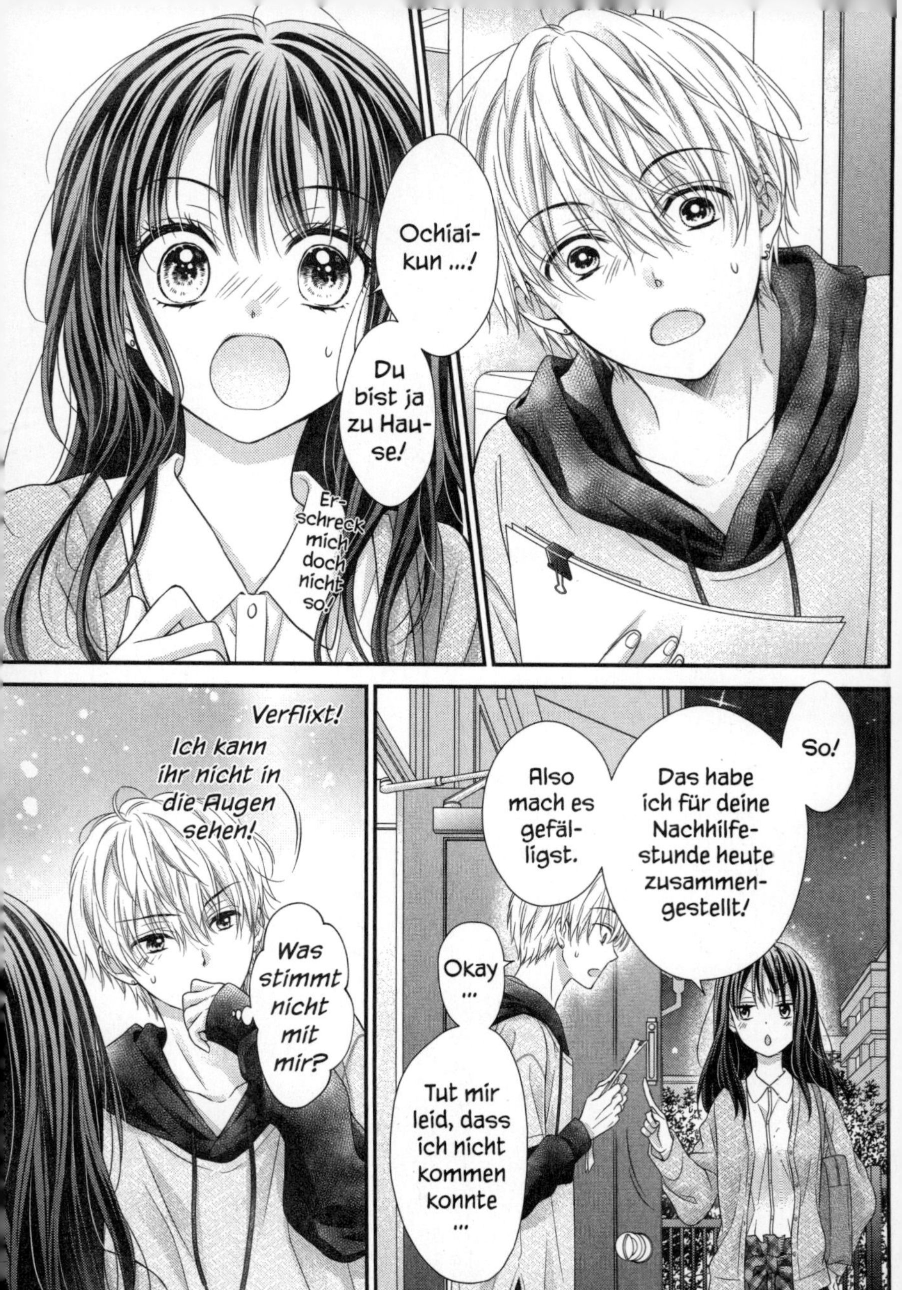

Ochiai-kun ...!
Du bist ja zu Hause!
Erschreck mich doch nicht so!
So!
Das habe ich für deine Nachhilfestunde heute zusammengestellt!
Also mach es gefälligst.
Okay ...
Tut mir leid, dass ich nicht kommen konnte ...
Verflixt! Ich kann ihr nicht in die Augen sehen!
Was stimmt nicht mit mir?

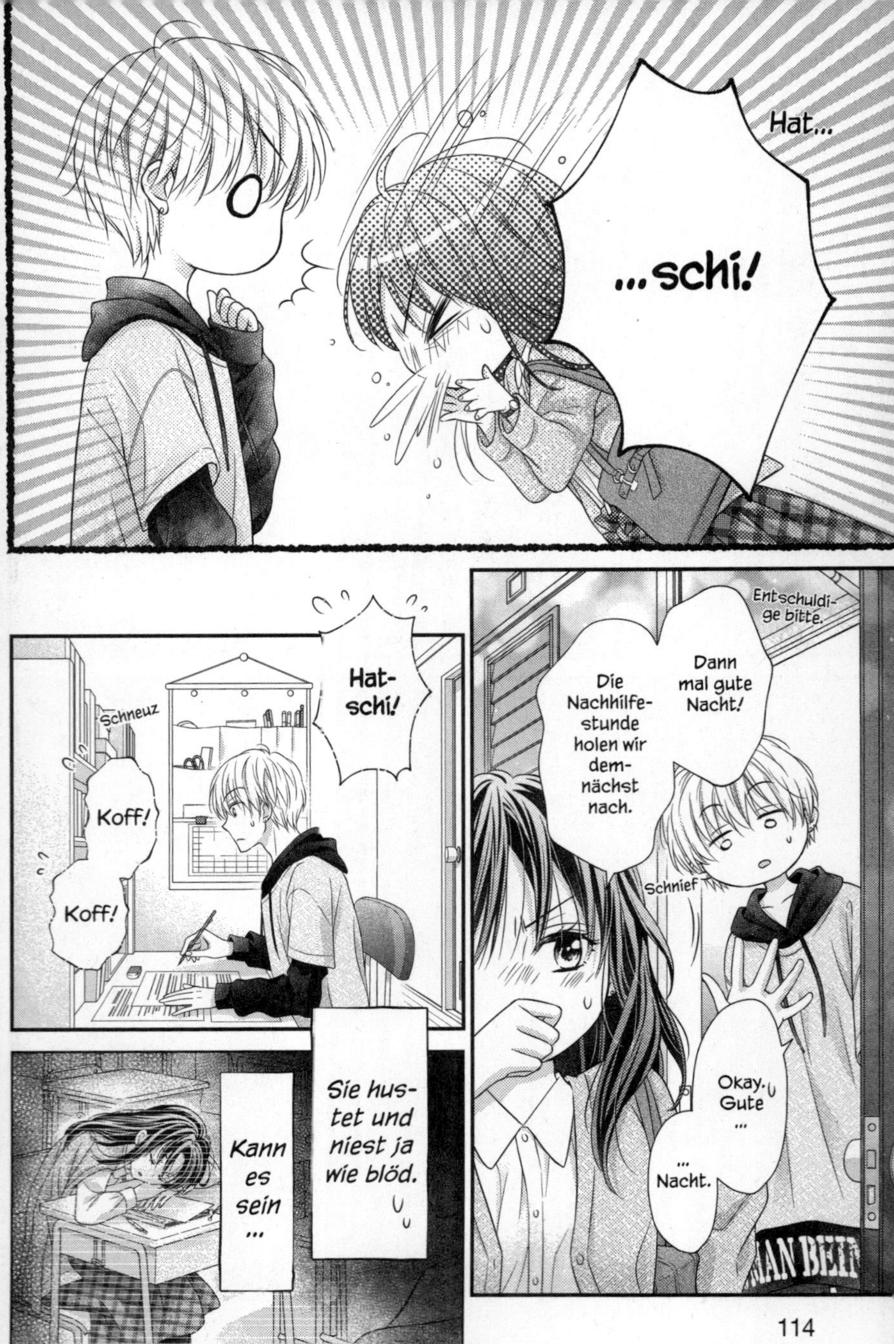
Hat...
...schi!
Entschuldige bitte.
Dann mal gute Nacht!
Die Nachhilfestunde holen wir demnächst nach.
Schnief
Okay. Gute ...
... Nacht.
Hat-schi!
Schneuz
Koff!
Koff!
Sie hustet und niest ja wie blöd.
Kann es sein ...

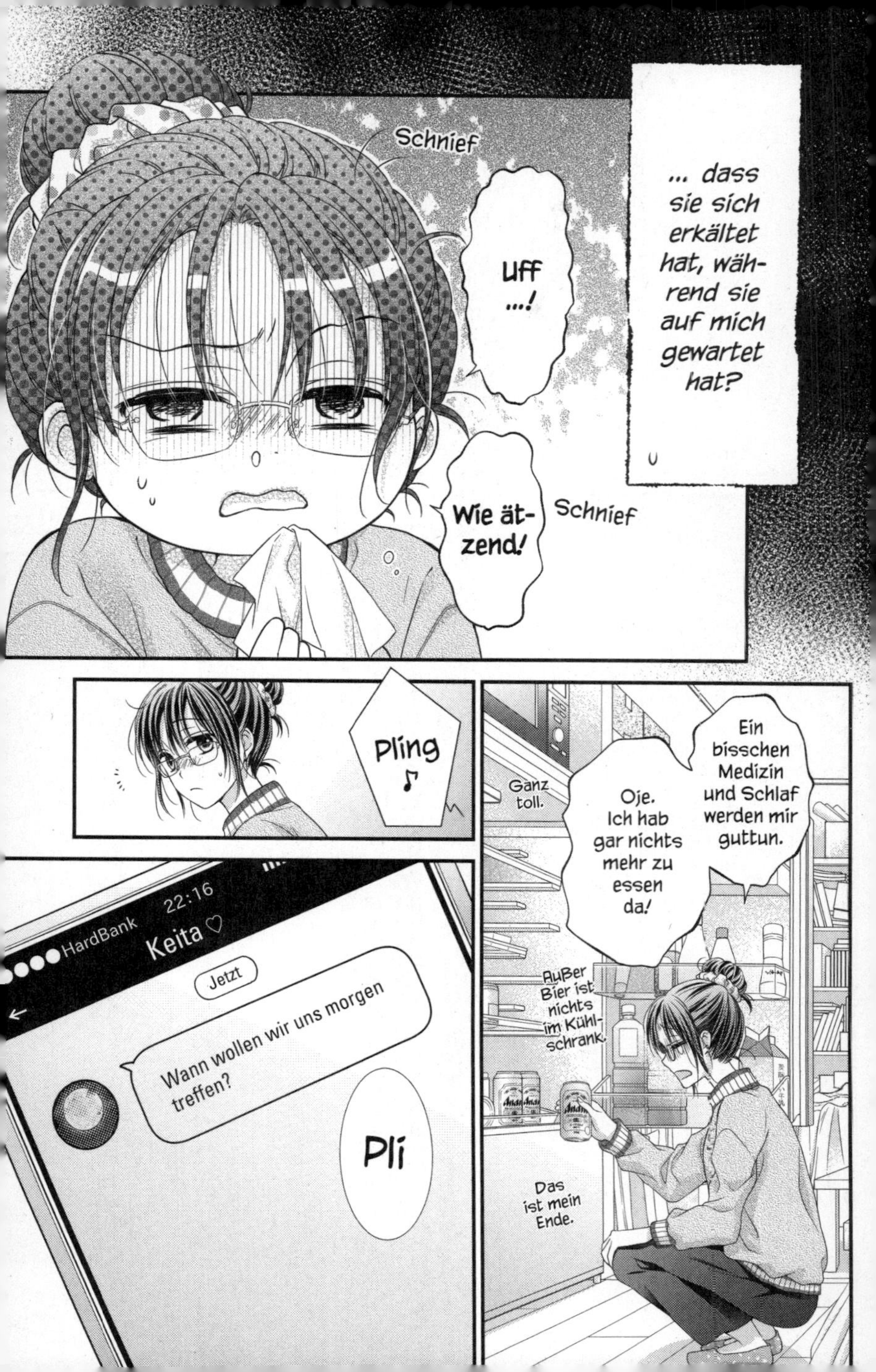

... dass sie sich erkältet hat, während sie auf mich gewartet hat?
Uff ...!
Schnief
Wie ätzend!
Schnief
Pling ♪
Ein bisschen Medizin und Schlaf werden mir guttun.
Oje. Ich hab gar nichts mehr zu essen da!
Ganz toll.
Außer Bier ist nichts im Kühlschrank.
Das ist mein Ende.
HardBank
22:16
Keita ♡
Jetzt
Wann wollen wir uns morgen treffen?
Pli

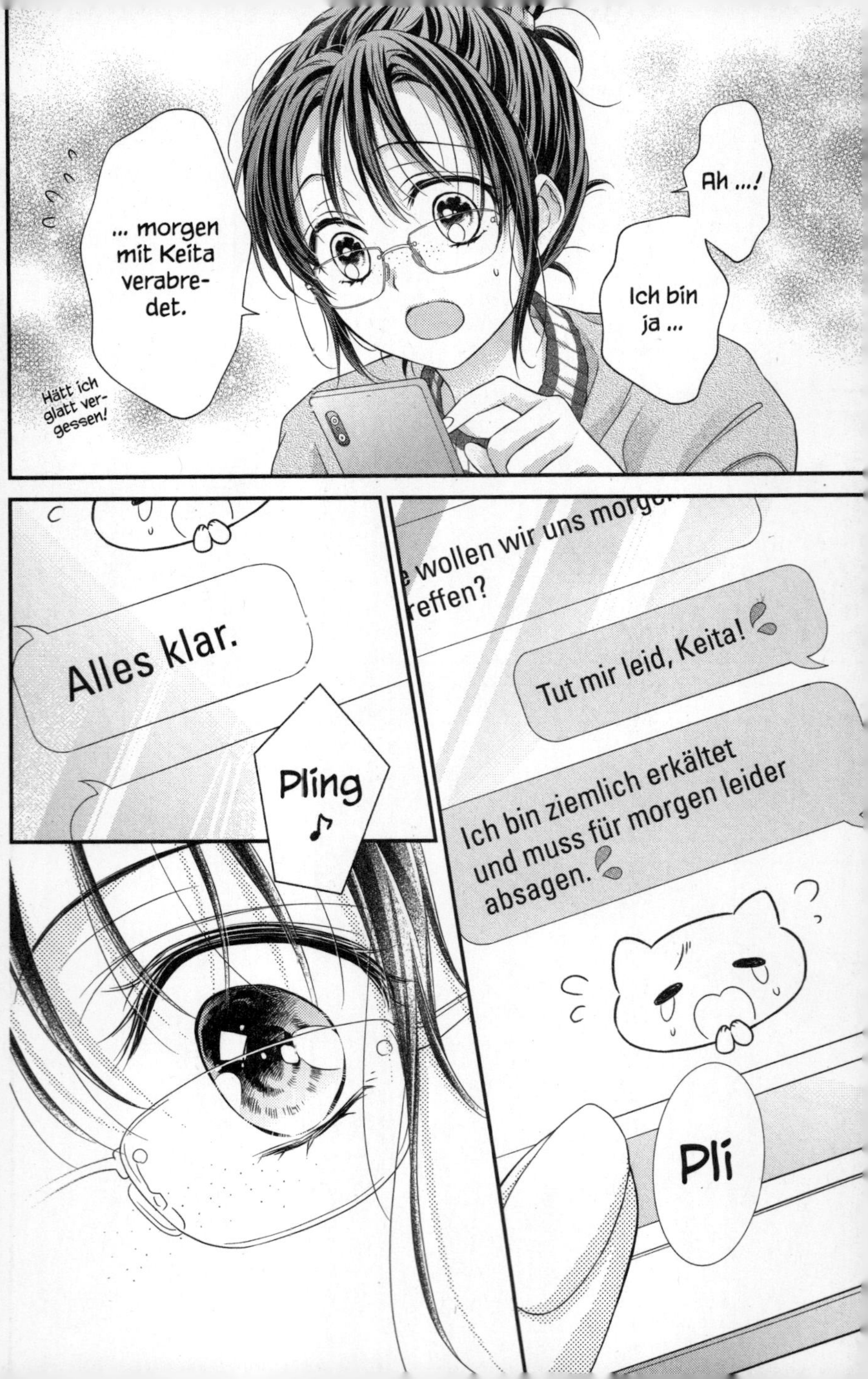
Ah ...!
Ich bin ja ...
... morgen mit Keita verabre-det.
Hätt ich glatt ver-gessen!
e wollen wir uns morgen
reffen?
Tut mir leid, Keita!
Ich bin ziemlich erkältet und muss für morgen leider absagen.
Pli
Alles klar.
Pling ♪

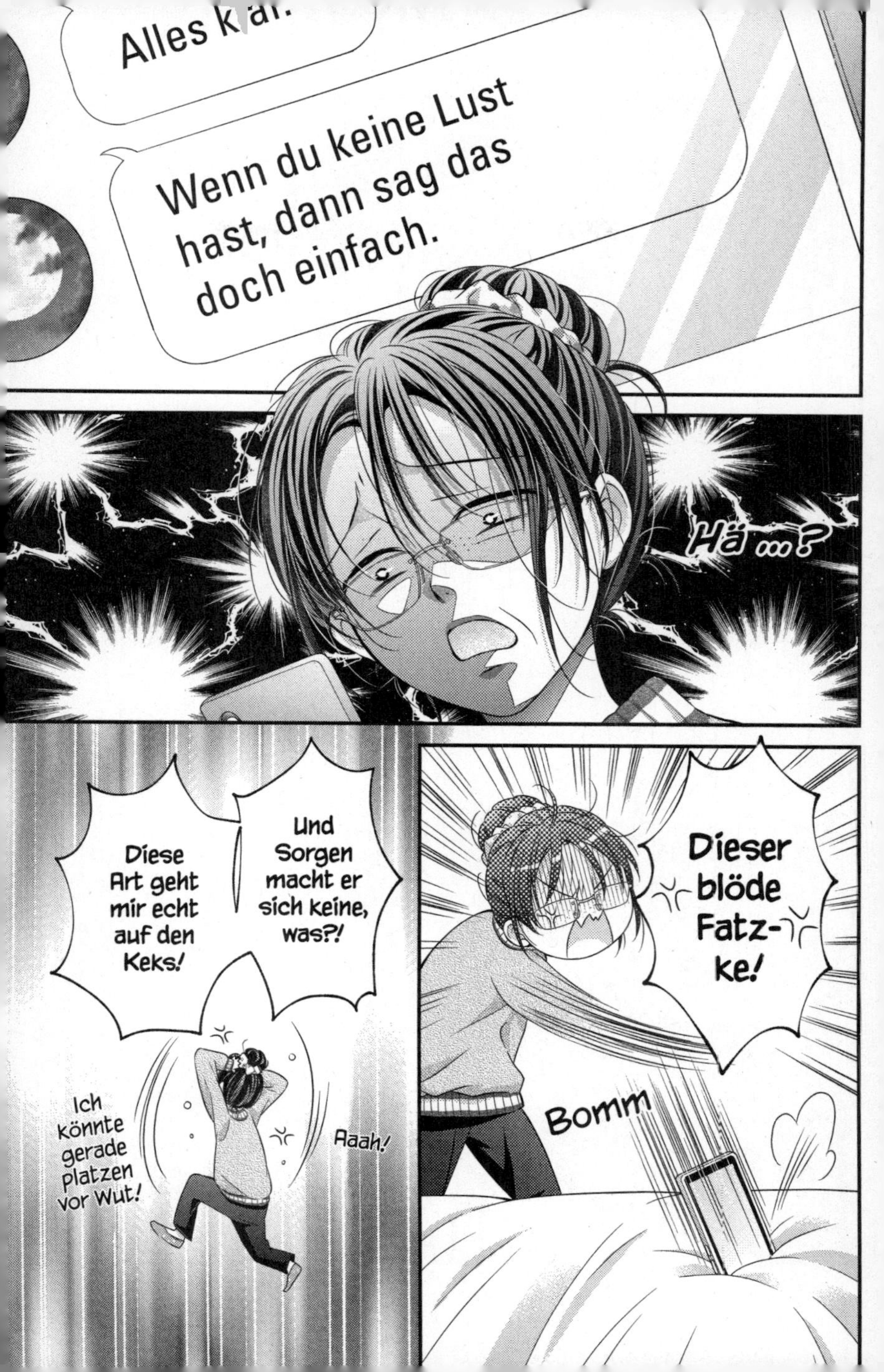
Alles k ar.
Wenn du keine Lust hast, dann sag das doch einfach.
Hä ...?
Dieser blöde Fatz-ke!
Bomm
Und Sorgen macht er sich keine, was?!
Diese Art geht mir echt auf den Keks!
Aaah!
Ich könnte gerade platzen vor Wut!

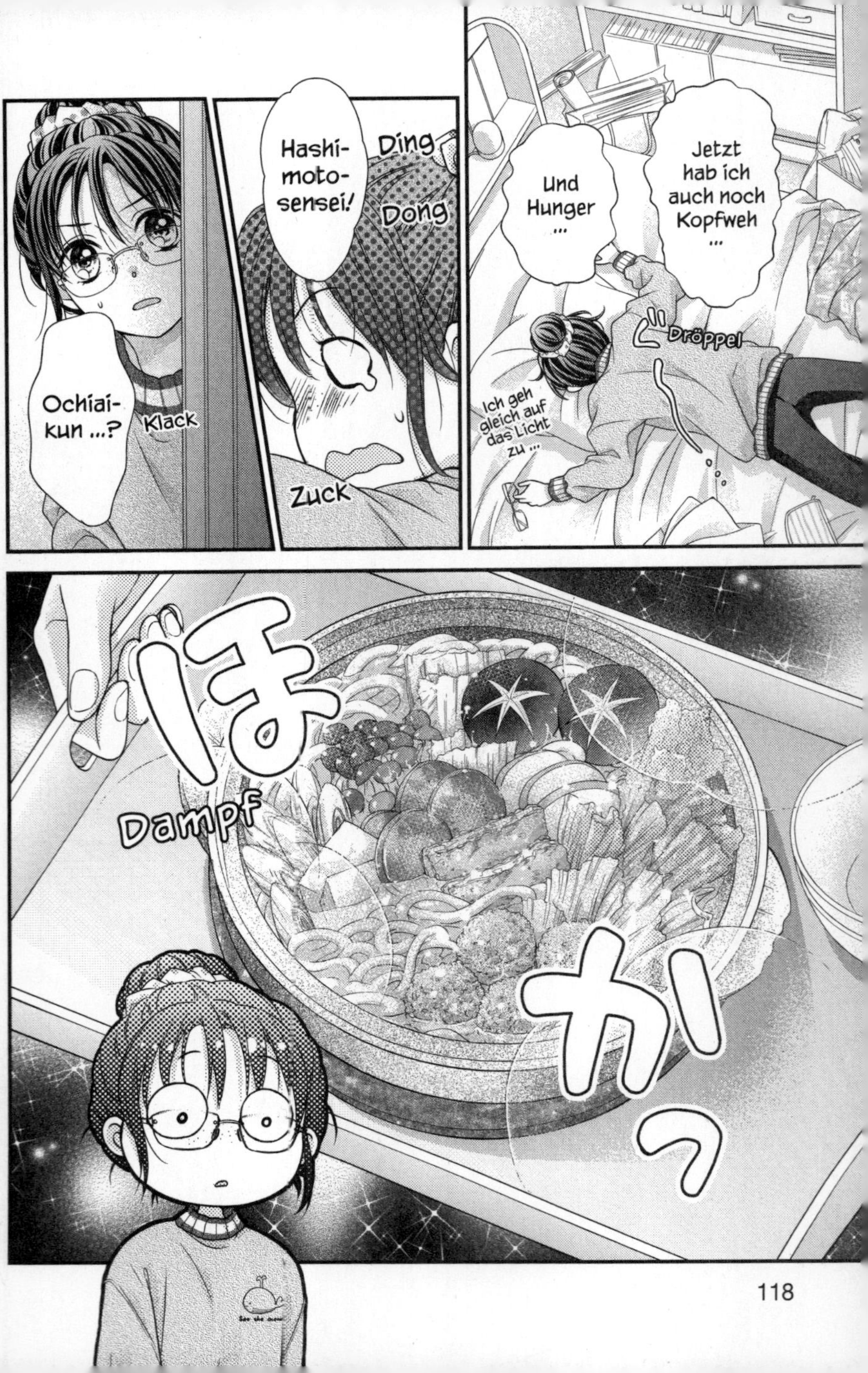

Jetzt hab ich auch noch Kopfweh ...
Und Hunger ...
Dröppel
Ich geh gleich auf das Licht zu ...
Ding
Dong
Hashimoto-sensei!
Zuck
Klack
Ochiai-kun ...?
ぽ
Dampf
かっ

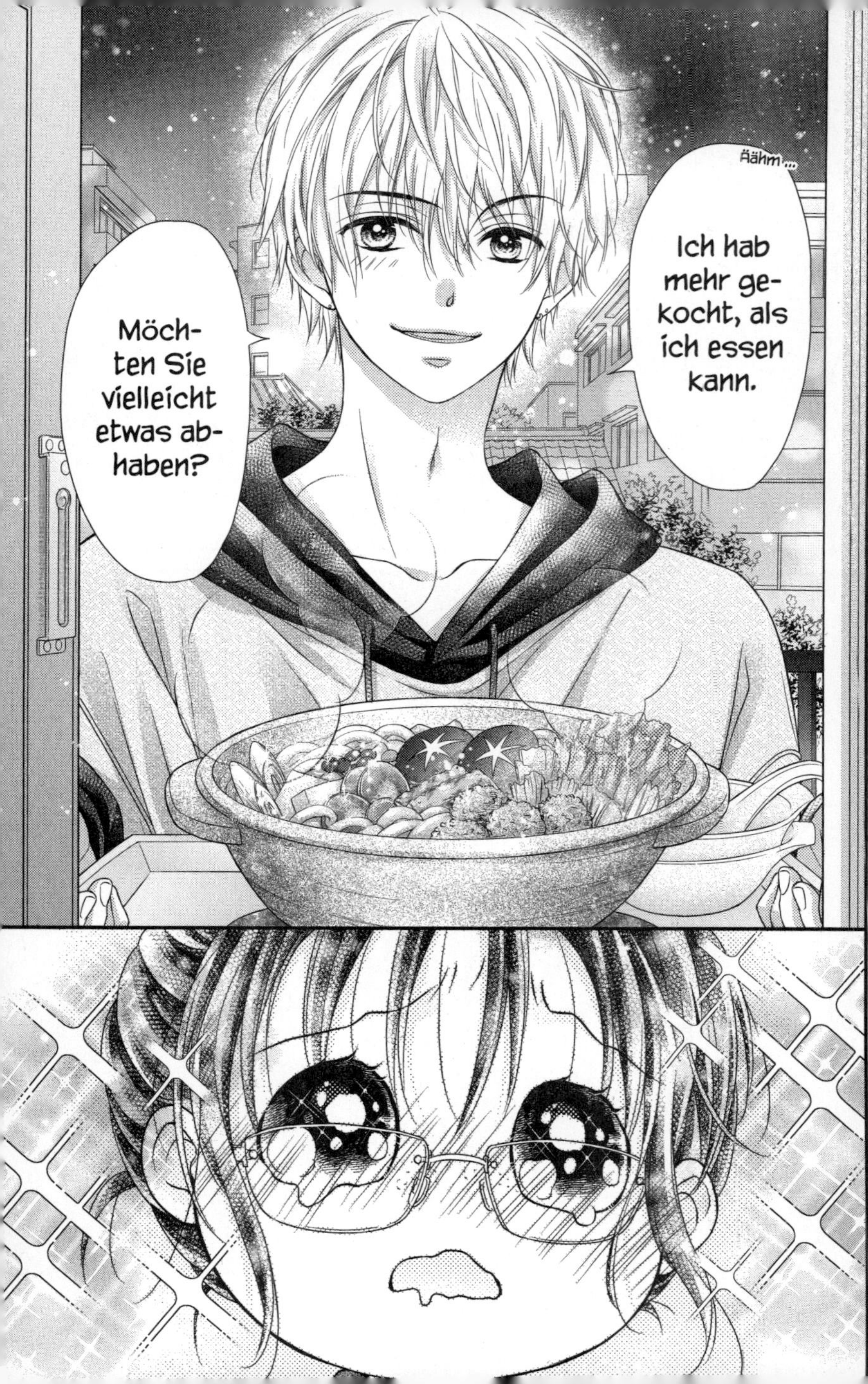
Äähm ...
Ich hab mehr gekocht, als ich essen kann.
Möchten Sie vielleicht etwas abhaben?

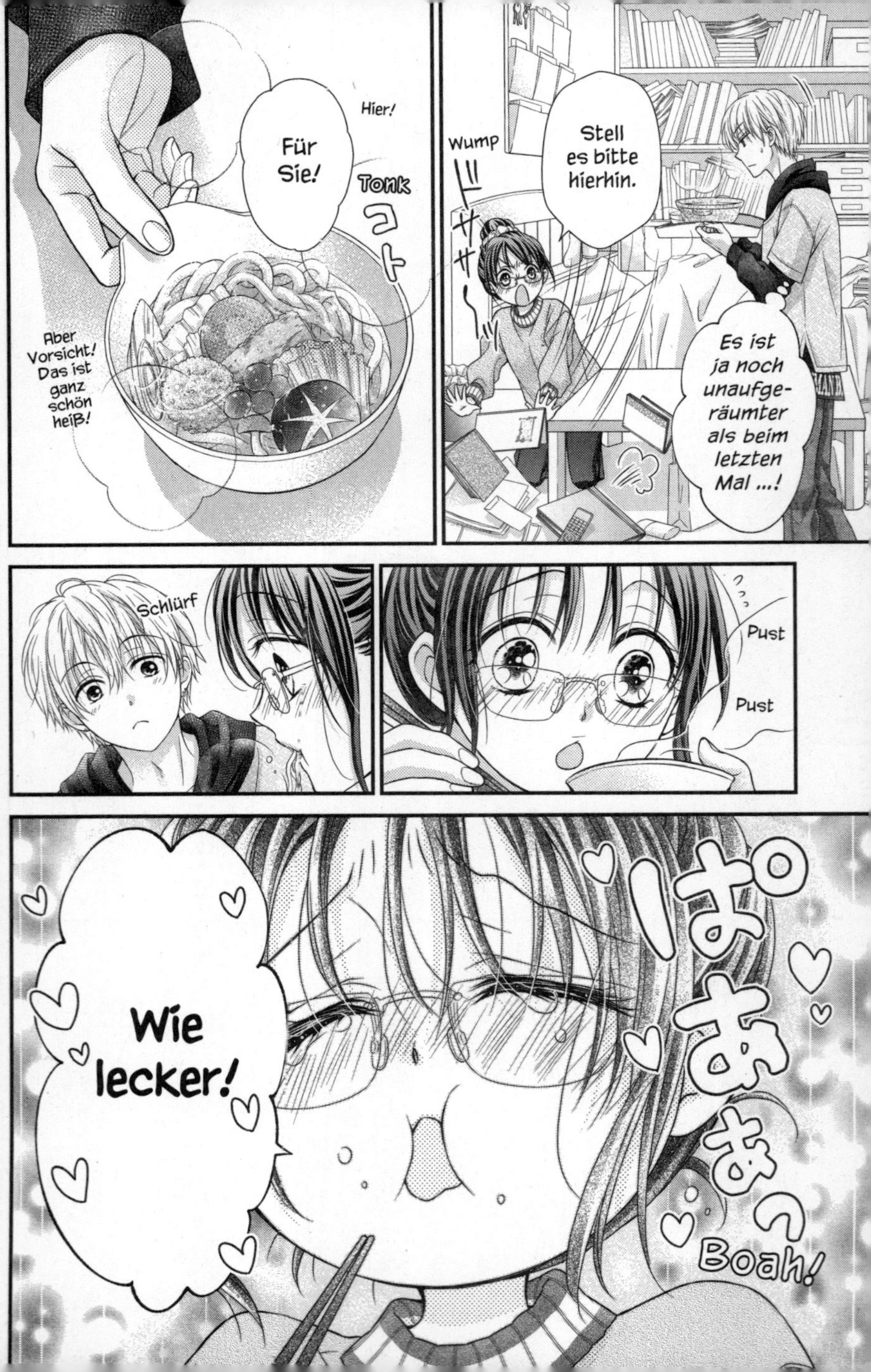
Stell es bitte hierhin.
Wump
Es ist ja noch unaufgeräumter als beim letzten Mal ...!
Für Sie!
Hier!
Tonk
コト
Aber Vorsicht! Das ist ganz schön heiß!
Pust
Pust
Schlürf
ぱあっ
Boah!
Wie lecker!

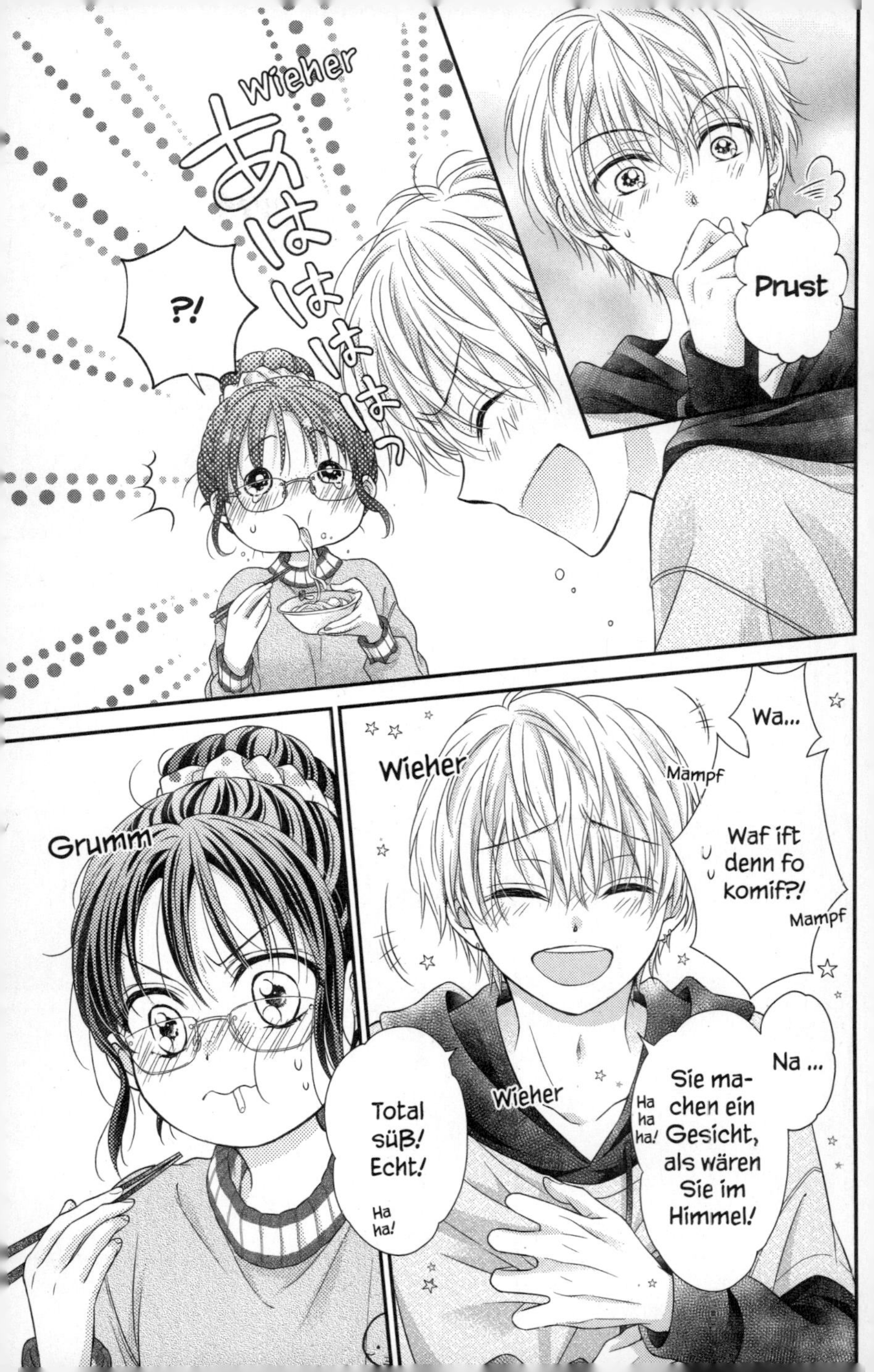
Prust
あははは っ
Wieher
?!
Wa...
Mampf
Waf ift denn fo komif?!
Mampf
Wieher
Na ...
Sie machen ein Gesicht, als wären Sie im Himmel!
Ha ha ha!
Wieher
Total süß! Echt!
Ha ha!
Grumm

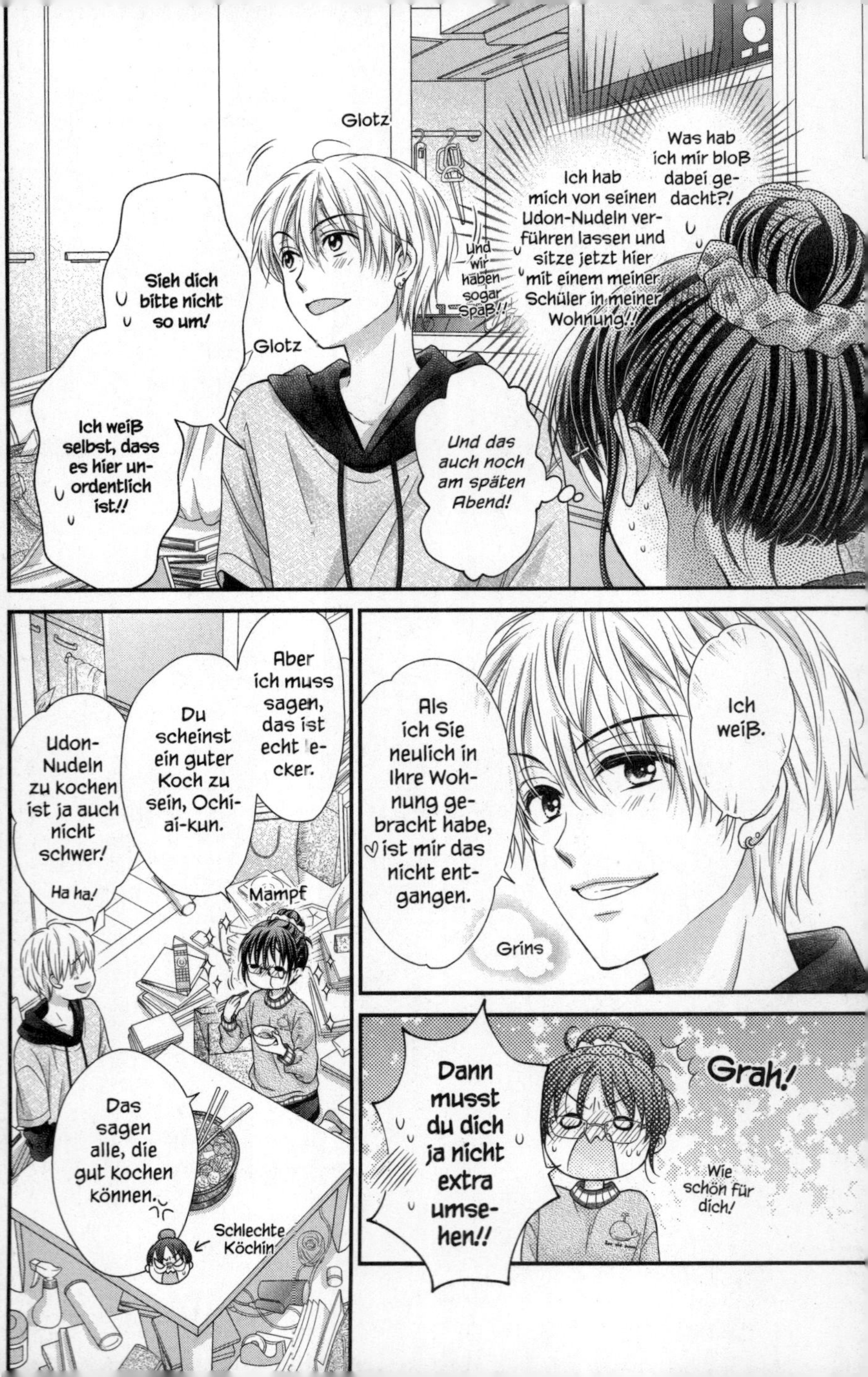

Glotz
Was hab ich mir bloß dabei gedacht?!
Ich hab mich von seinen Udon-Nudeln verführen lassen und sitze jetzt hier mit einem meiner Schüler in meiner Wohnung!!
Und wir haben sogar Spaß!!
Sieh dich bitte nicht so um!
Glotz
Und das auch noch am späten Abend!
Ich weiß selbst, dass es hier unordentlich ist!!
Ich weiß.
Als ich Sie neulich in Ihre Wohnung gebracht habe, ist mir das nicht entgangen.
Grins
Aber ich muss sagen, das ist echt lecker.
Du scheinst ein guter Koch zu sein, Ochiai-kun.
Udon-Nudeln zu kochen ist ja auch nicht schwer!
Ha ha!
Mampf
Das sagen alle, die gut kochen können.
Schlechte Köchin
Grah!
Dann musst du dich ja nicht extra umsehen!!
Wie schön für dich!

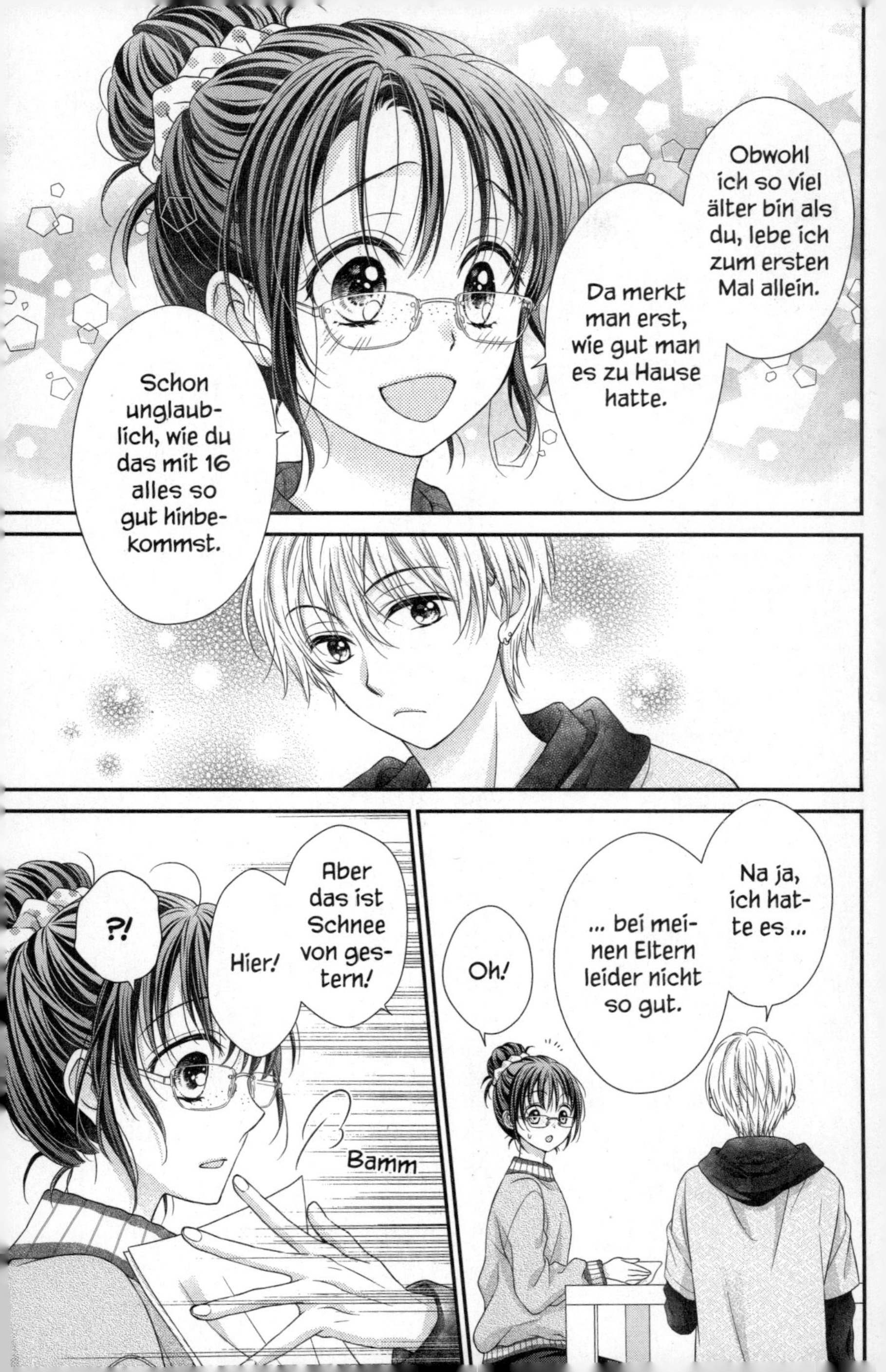
Obwohl ich so viel älter bin als du, lebe ich zum ersten Mal allein.
Da merkt man erst, wie gut man es zu Hause hatte.
Schon unglaublich, wie du das mit 16 alles so gut hinbekommst.
Na ja, ich hatte es ...
... bei meinen Eltern leider nicht so gut.
Oh!
Aber das ist Schnee von gestern!
Hier!
?!
Bamm

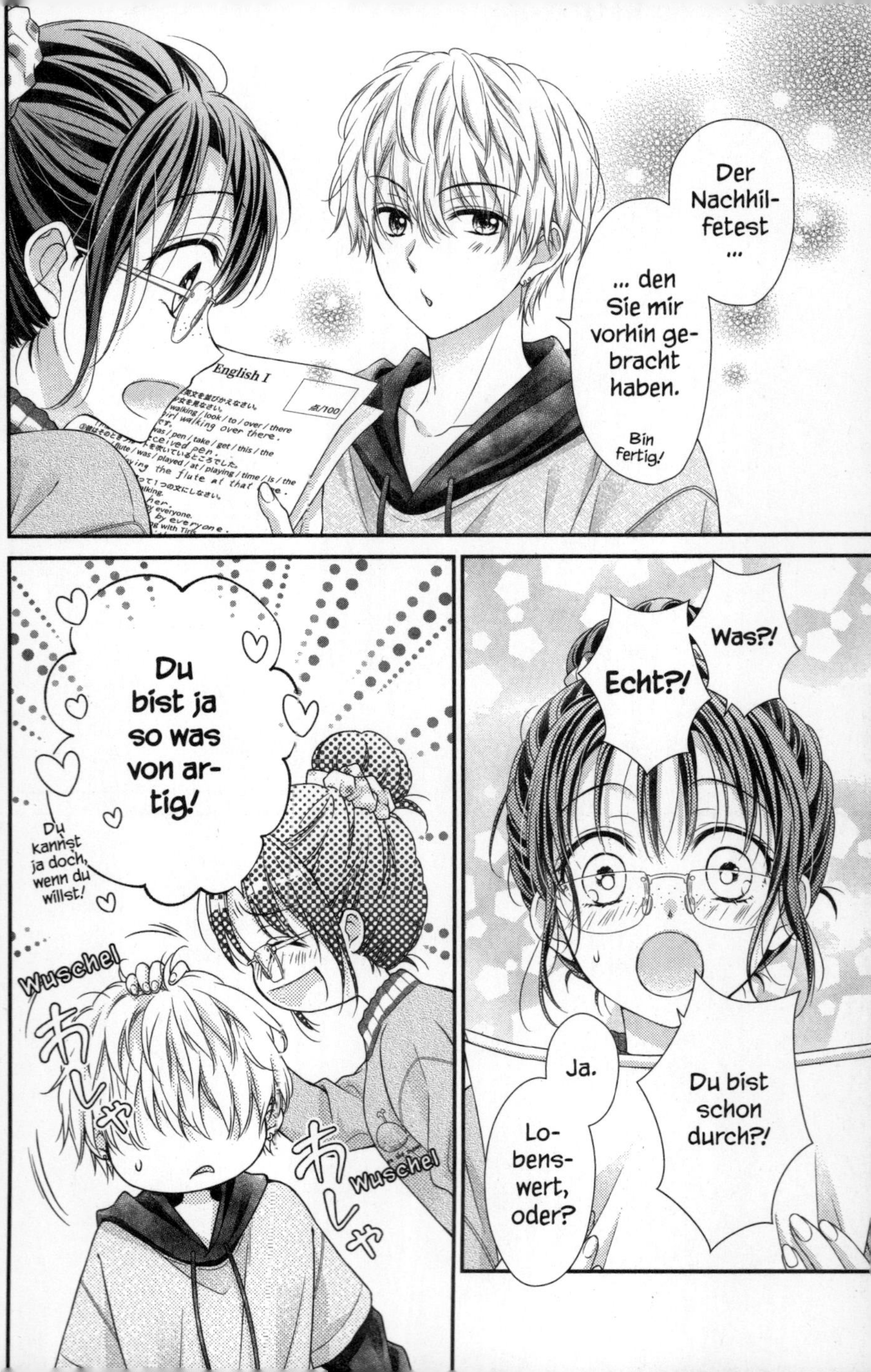
English I
点/100
Der Nachhilfetest ...
... den Sie mir vorhin gebracht haben.
Bin fertig!
Was?!
Echt?!
Du bist schon durch?!
Ja.
Lobenswert, oder?
Du bist ja so was von artig!
Du kannst ja doch, wenn du willst!
Wuschel
わしゃ
Wuschel
わしゃ

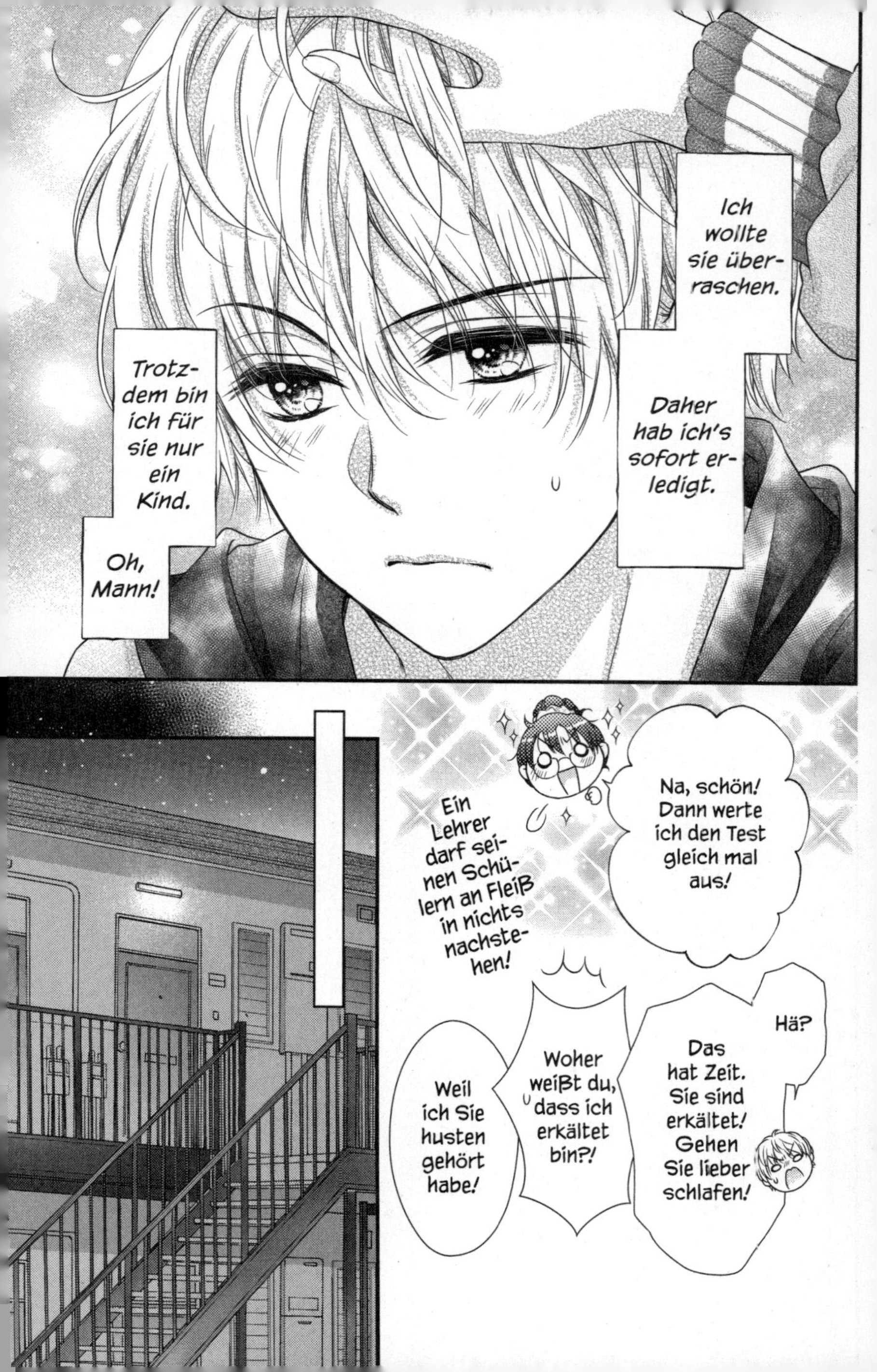
Ich wollte sie überraschen.
Daher hab ich's sofort erledigt.
Trotzdem bin ich für sie nur ein Kind.
Oh, Mann!
Na, schön! Dann werte ich den Test gleich mal aus!
Ein Lehrer darf seinen Schülern an Fleiß in nichts nachstehen!
Hä?
Das hat Zeit. Sie sind erkältet! Gehen Sie lieber schlafen!
Woher weißt du, dass ich erkältet bin?!
Weil ich Sie husten gehört habe!

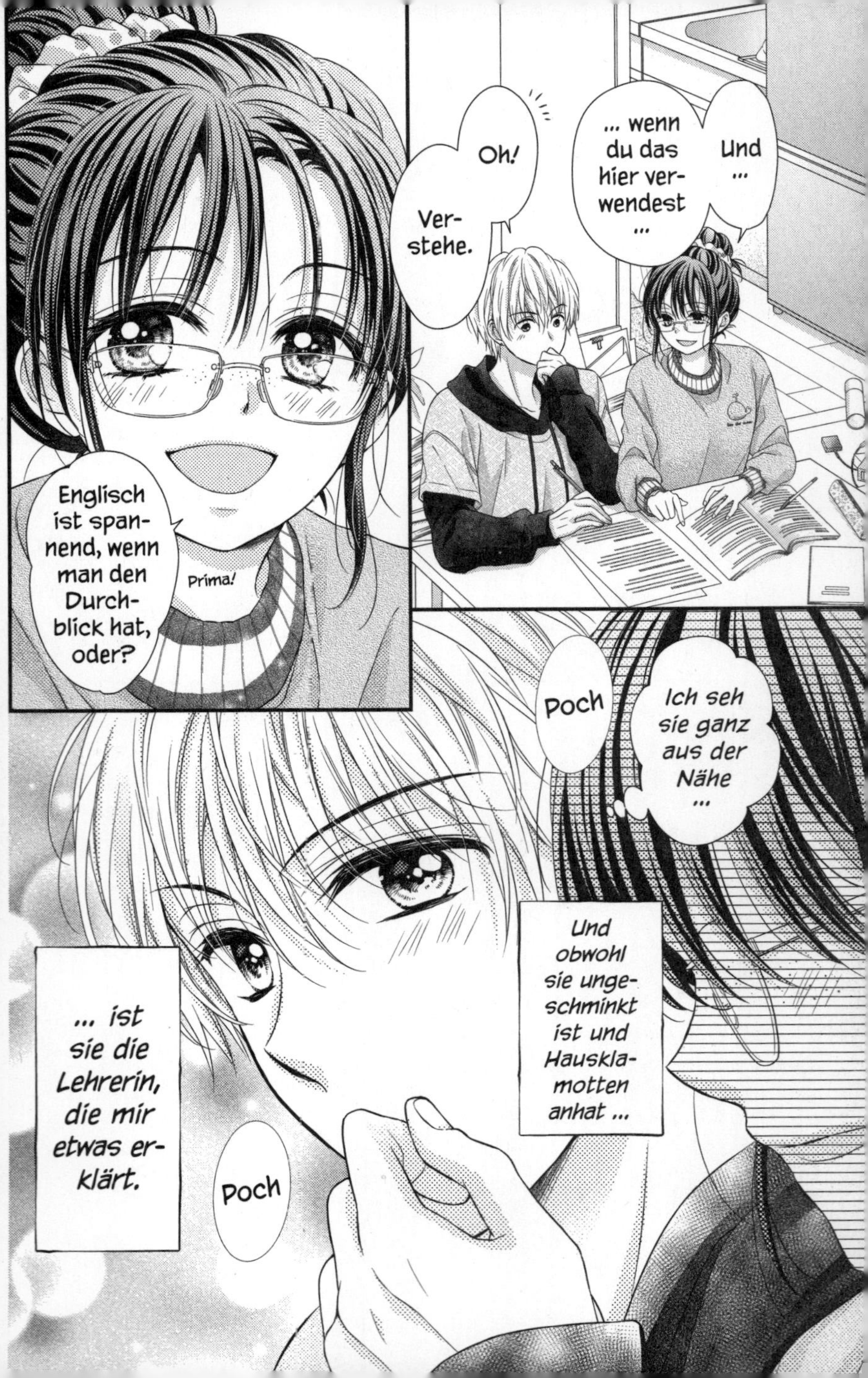
Und ...
... wenn du das hier verwendest ...
Oh!
Verstehe.
Englisch ist spannend, wenn man den Durchblick hat, oder?
Prima!
Poch
Ich seh sie ganz aus der Nähe ...
Und obwohl sie ungeschminkt ist und Hausklamotten anhat ...
Poch
... ist sie die Lehrerin, die mir etwas erklärt.

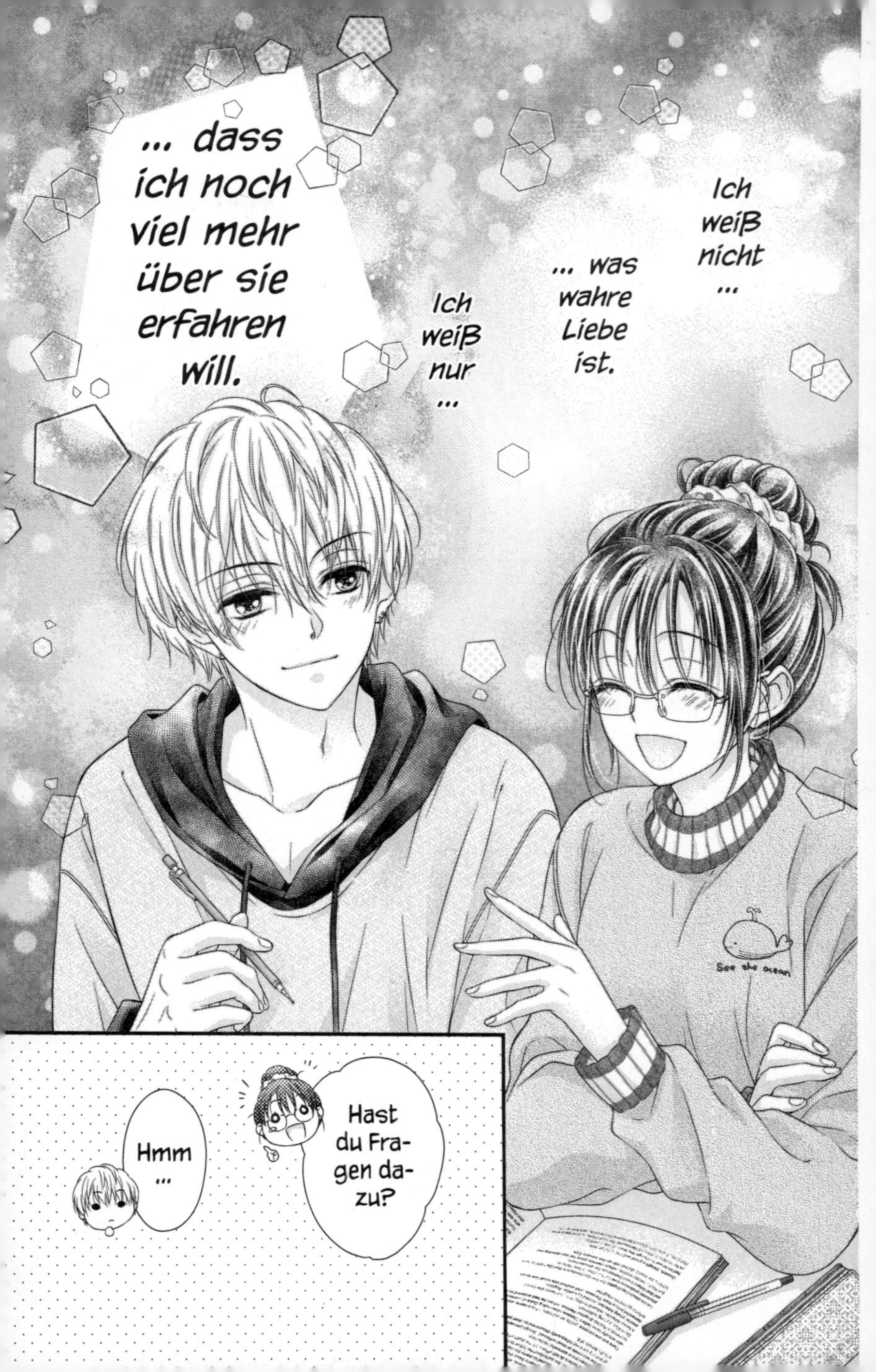

Ich weiß nicht ...
... was wahre Liebe ist.
Ich weiß nur ...
... dass ich noch viel mehr über sie erfahren will.
See the ocean
Hast du Fragen dazu?
Hmm ...

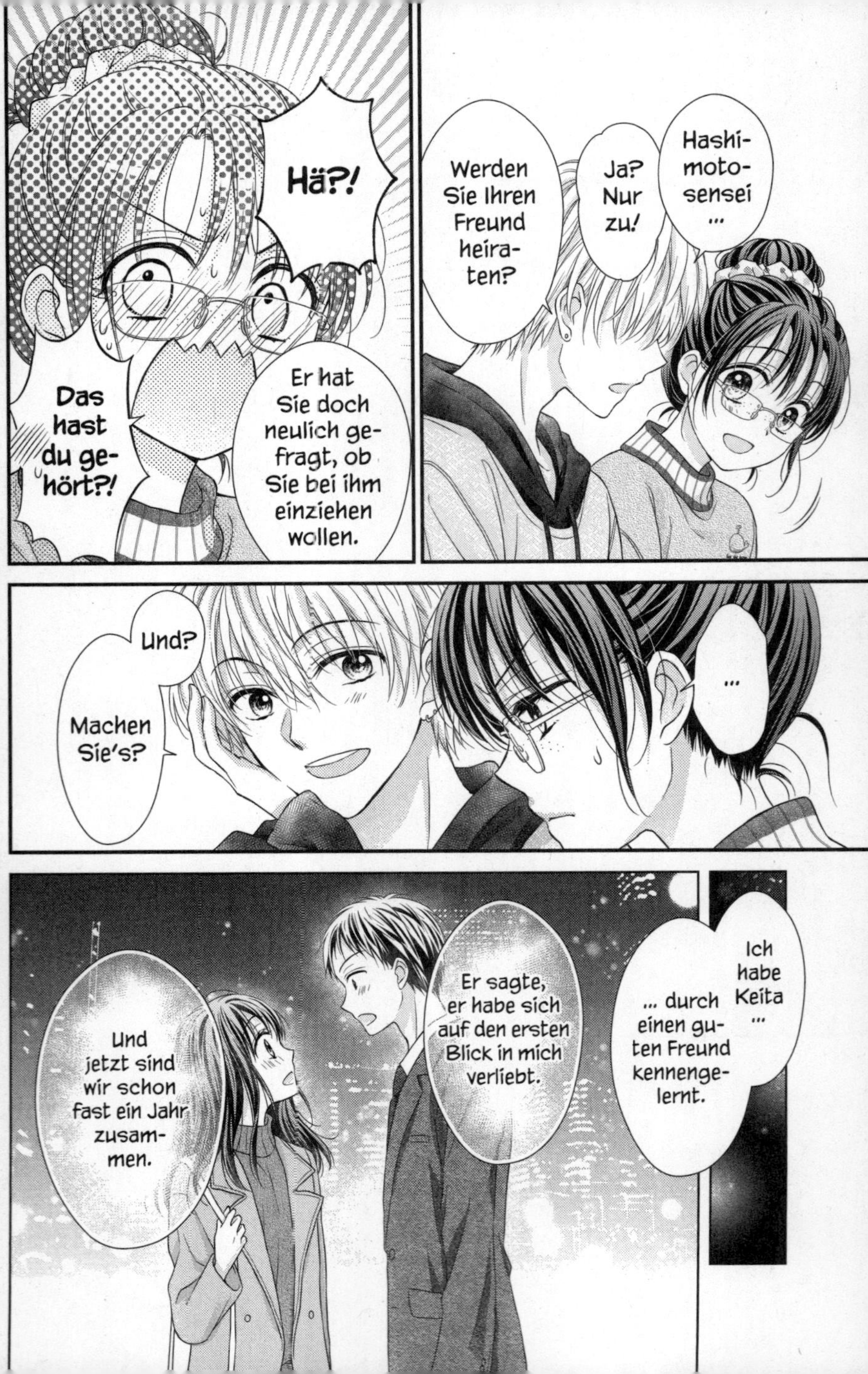

Hashimoto-sensei ...
Ja? Nur zu!
Werden Sie Ihren Freund heiraten?
Hä?!
Er hat Sie doch neulich gefragt, ob Sie bei ihm einziehen wollen.
Das hast du gehört?!
...
Und?
Machen Sie's?
Ich habe Keita ...
... durch einen guten Freund kennengelernt.
Er sagte, er habe sich auf den ersten Blick in mich verliebt.
Und jetzt sind wir schon fast ein Jahr zusammen.

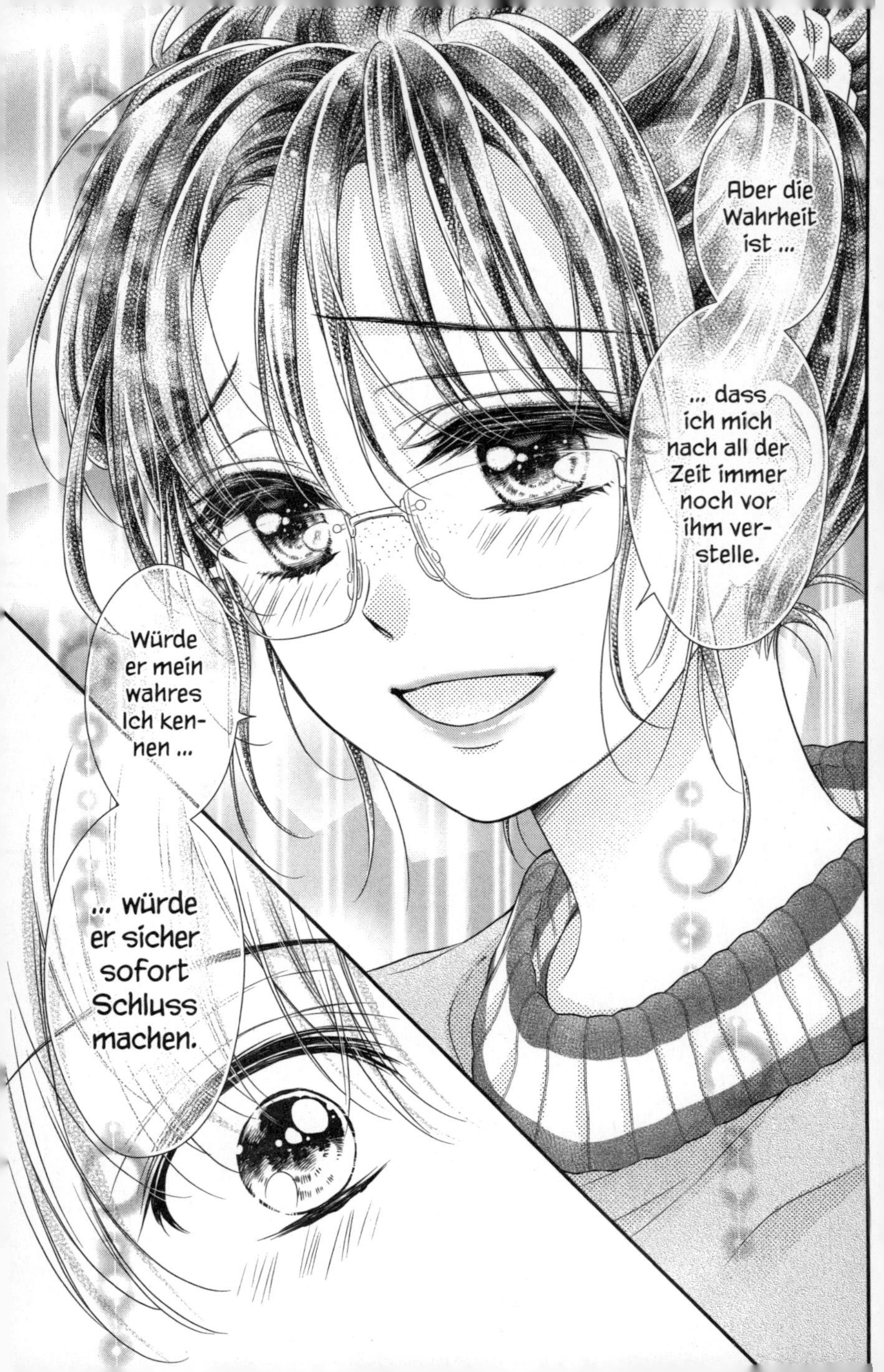
Aber die Wahrheit ist ...
... dass ich mich nach all der Zeit immer noch vor ihm ver-stelle.
Würde er mein wahres Ich ken-nen ...
... würde er sicher sofort Schluss machen.

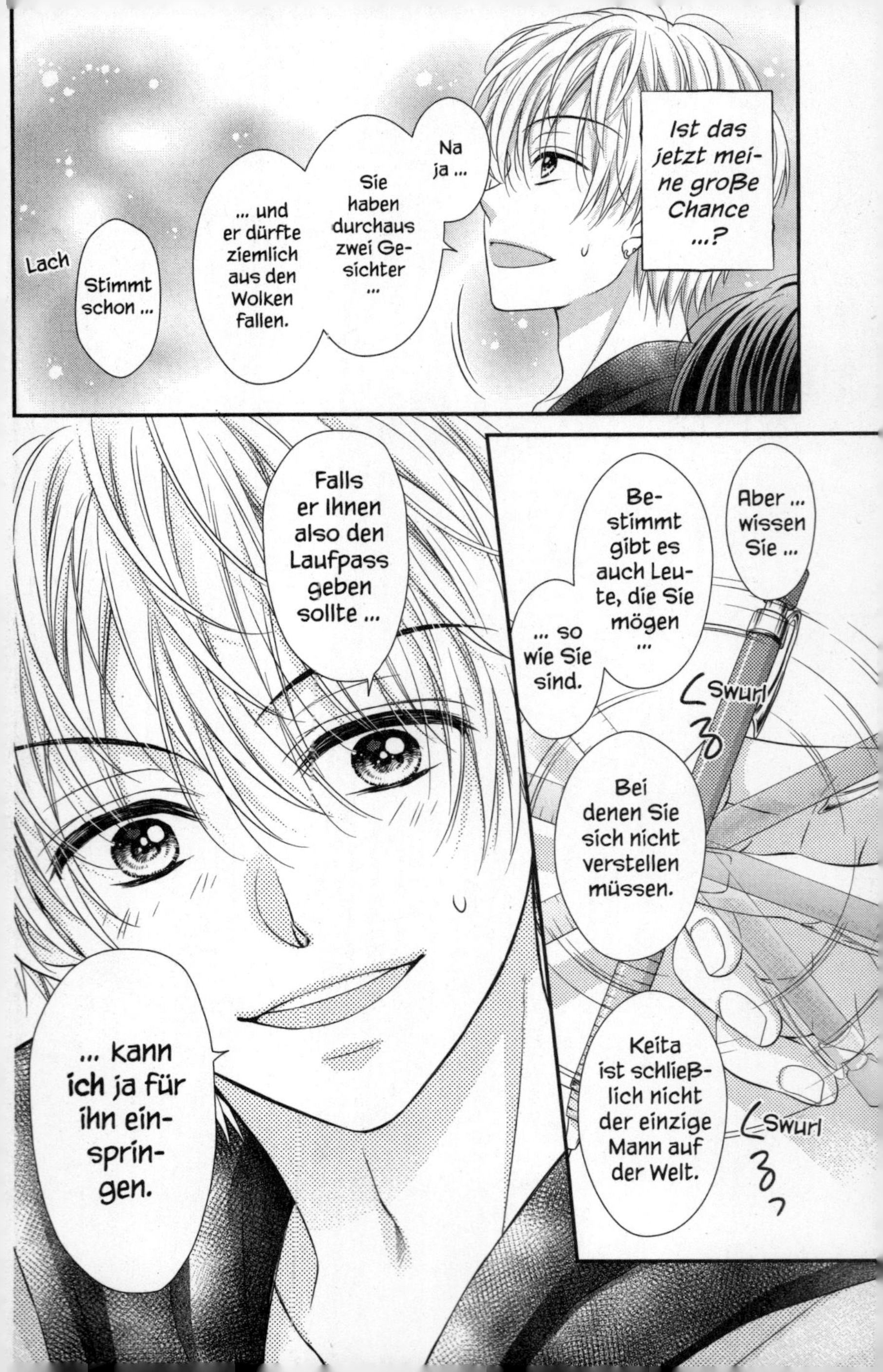
Ist das jetzt meine große Chance ...?
Na ja ...
Sie haben durchaus zwei Gesichter ...
... und er dürfte ziemlich aus den Wolken fallen.
Stimmt schon ...
Lach
Aber ... wissen Sie ...
Bestimmt gibt es auch Leute, die Sie mögen ...
... so wie Sie sind.
Swurl
Bei denen Sie sich nicht verstellen müssen.
Keita ist schließlich nicht der einzige Mann auf der Welt.
Swurl
Falls er Ihnen also den Laufpass geben sollte ...
... kann ich ja für ihn einspringen.

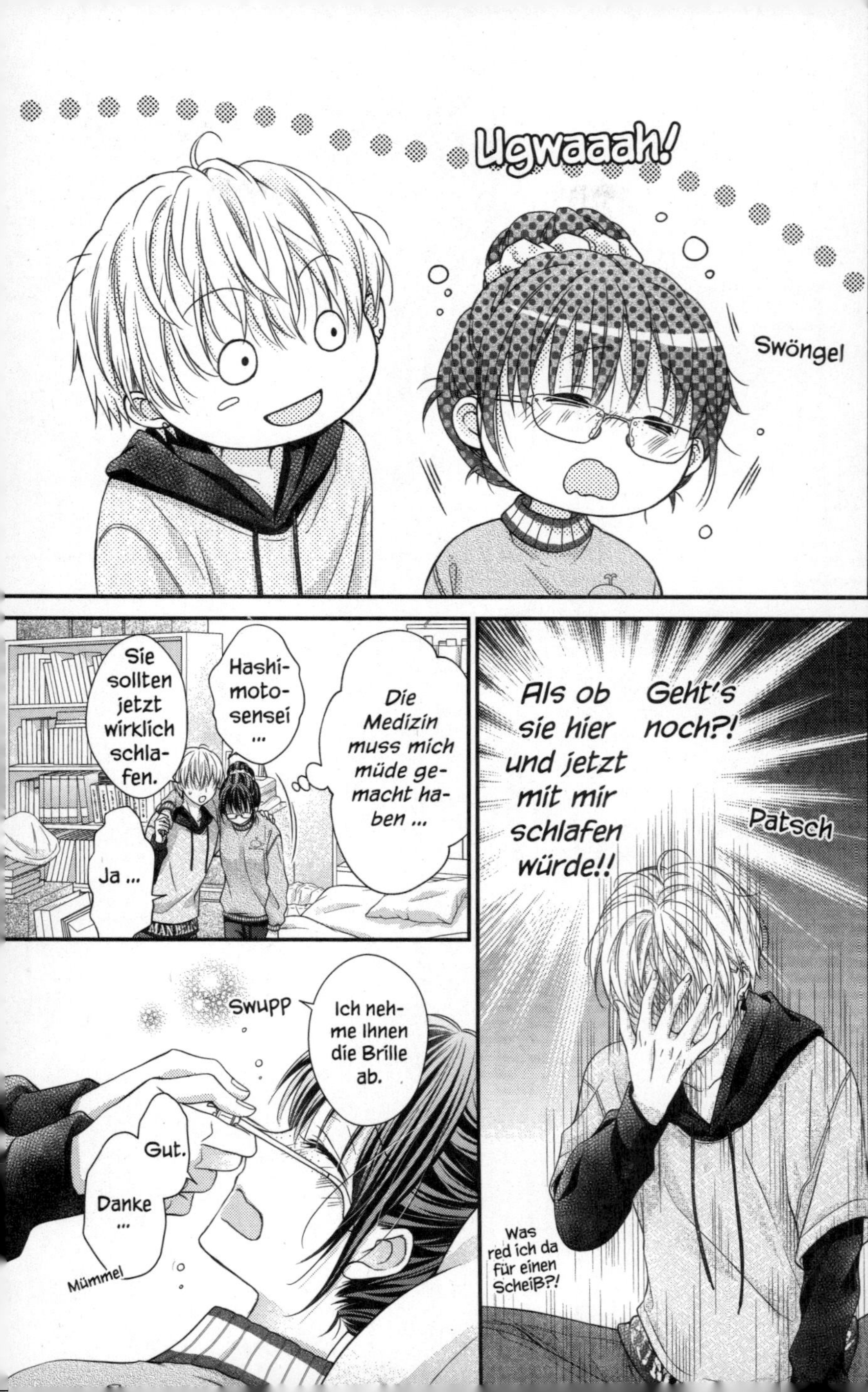
Ugwaaah!
Swöngel
Hashimotosensei ...
Sie sollten jetzt wirklich schlafen.
Die Medizin muss mich müde gemacht haben ...
Ja ...
Geht's noch?!
Als ob sie hier und jetzt mit mir schlafen würde!!
Patsch
Was red ich da für einen Scheiß?!
Swupp
Ich nehme Ihnen die Brille ab.
Gut.
Danke ...
Mümmel

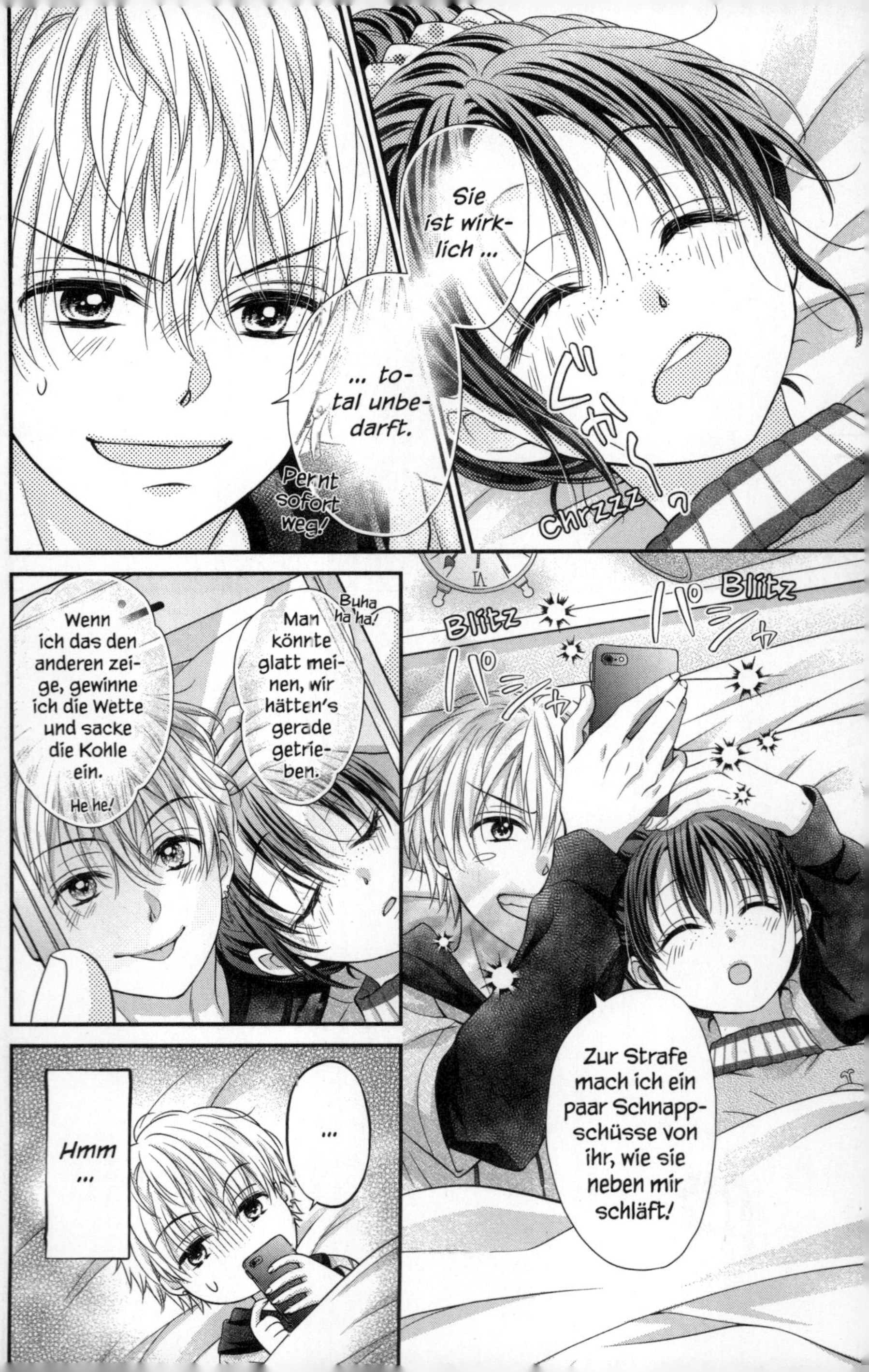

Sie ist wirklich ...
... total unbedarft.
Pennt sofort weg!
Chrzzz
Blitz
Blitz
Zur Strafe mach ich ein paar Schnappschüsse von ihr, wie sie neben mir schläft!
Buha ha ha!
Man könnte glatt meinen, wir hätten's gerade getrieben.
Wenn ich das den anderen zeige, gewinne ich die Wette und sacke die Kohle ein.
He he!
...
Hmm ...

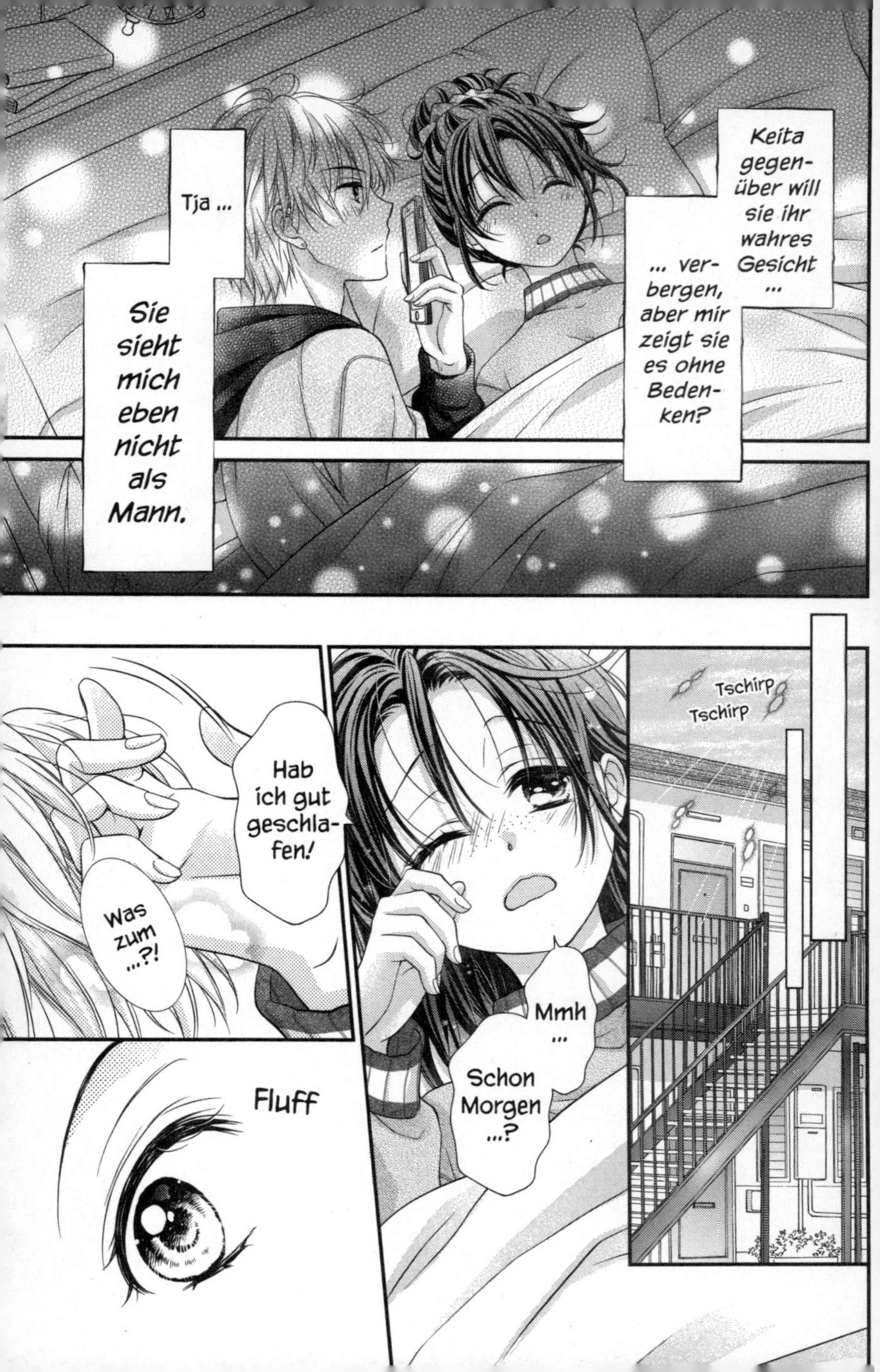
Keita gegenüber will sie ihr wahres Gesicht ...
... verbergen, aber mir zeigt sie es ohne Bedenken?
Tja ...
Sie sieht mich eben nicht als Mann.
Tschirp
Tschirp
Mmh ...
Schon Morgen ...?
Hab ich gut geschlafen!
Was zum ...?!
Fluff

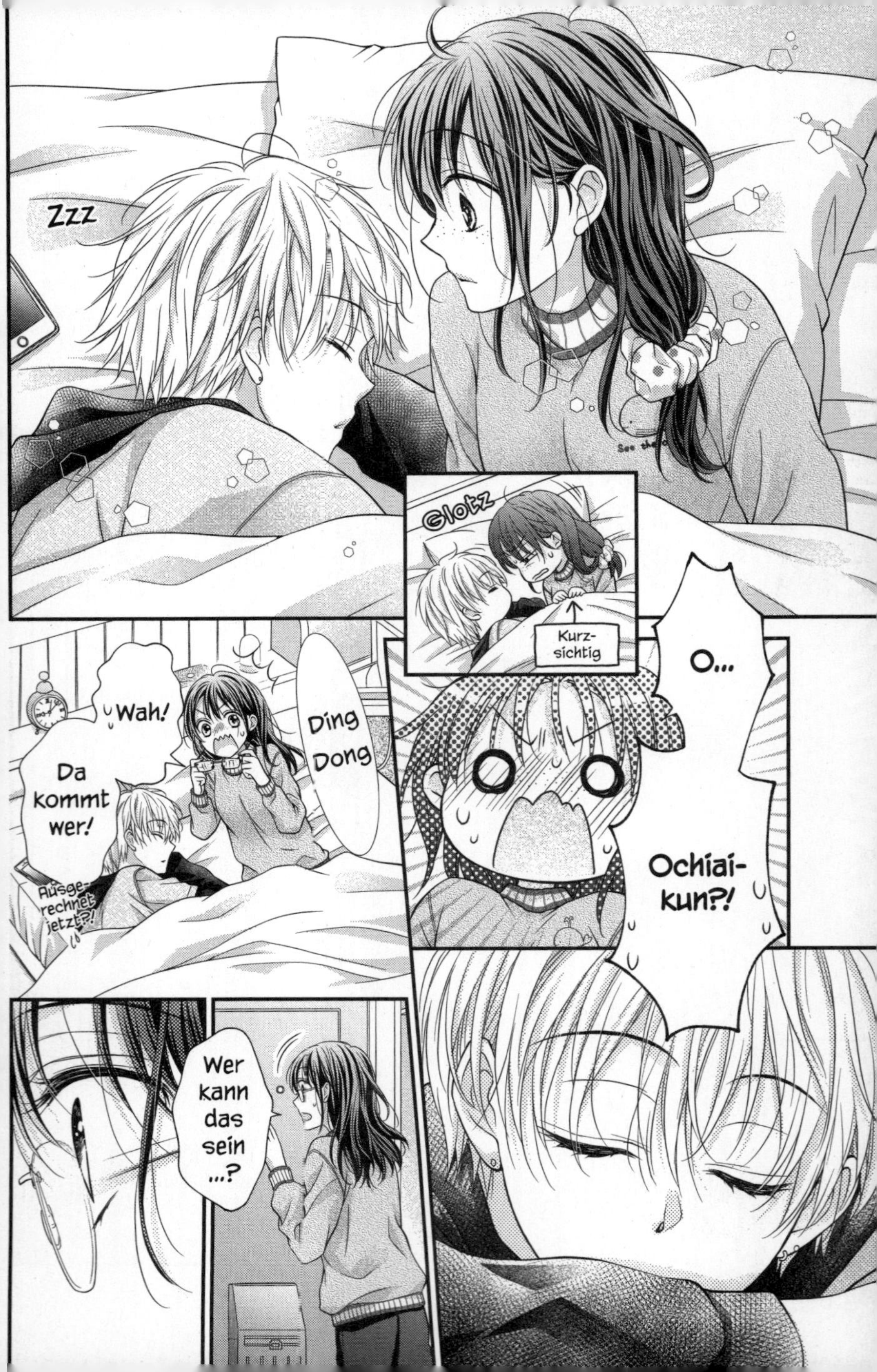
Zzz
Glotz
Kurz-sichtig
O...
Ochiai-kun?!
Ding Dong
Wah!
Da kommt wer!
Ausge-rechnet jetzt?!
Wer kann das sein ...?

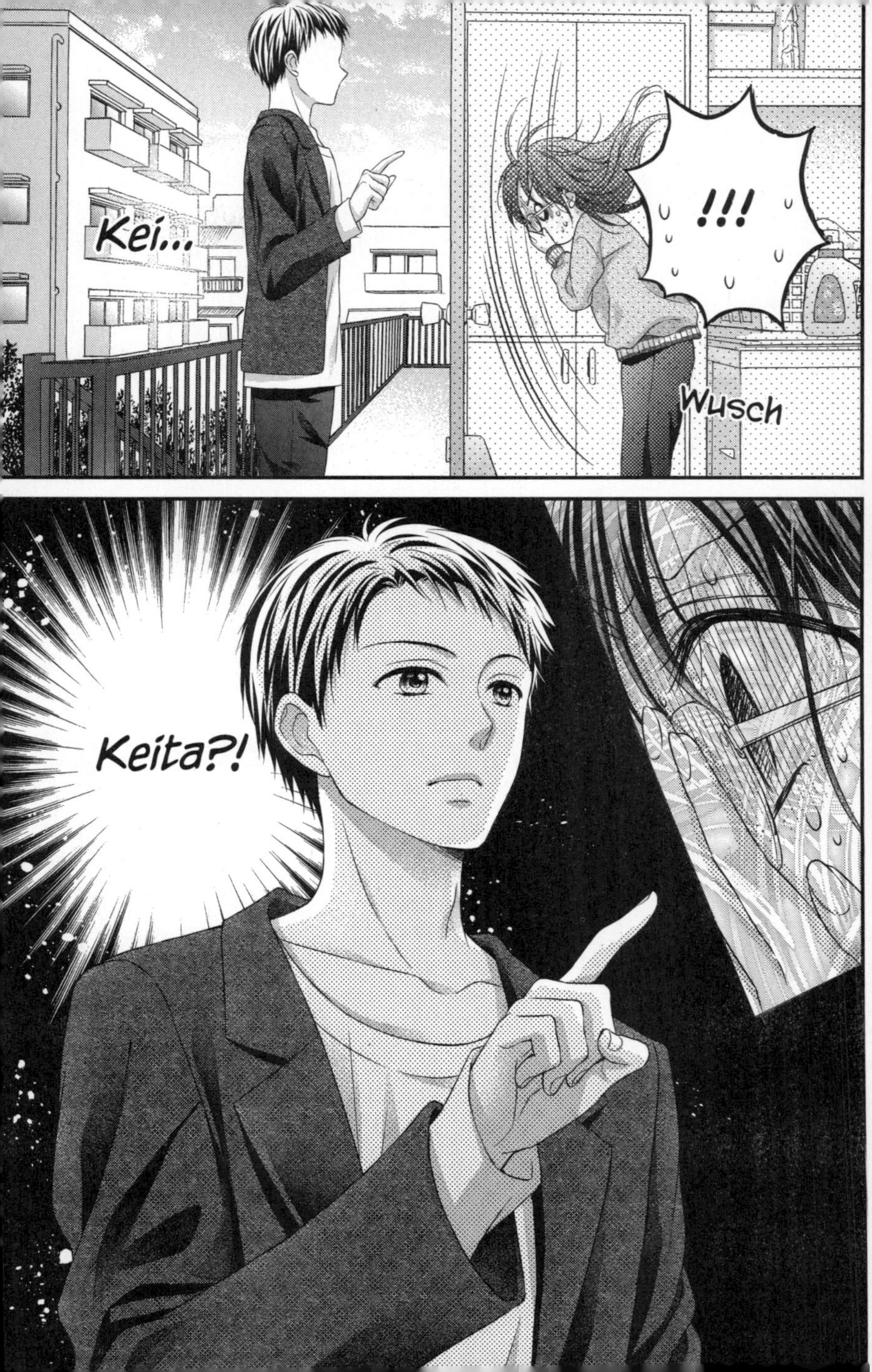
!!!
Wusch
Kei...
Keita?!

Jetzt melde ich mich also noch ein letztes Mal zu Wort! Ich würde mich sehr freuen, wenn wir uns im zweiten Band wiedersehen, aber da *Sho-ComiX* nur alle zwei Monate erscheint, müsst ihr euch leider noch etwas gedulden. (><)³ Ich hoffe, dass ihr so lange warten könnt! ›› Falls ihr normalerweise keine Manga-Magazine kauft, möchte ich euch *Sho-ComiX* wirklich ans Herz legen. Alle darin enthaltenen Geschichten sind echt spannend und aufregend!

Besonderer Dank!

Ganz besonderer Dank gilt meinen talentierten Assistent:innen, meinem langjährigen Redakteur, Takahashi, der die Veröffentlichung ermöglicht hat, dem neuen Redakteur Terada, der genial zeichnen kann, dem Grafiker Kuroki, der gesamten Redaktion, allen Mitarbeitern der Verkaufs- und Marketingabteilungen, meiner Familie und meinen Freunden sowie natürlich euch allen meinen Leser:innen!! Vielen lieben Dank!!

Ich freue mich über eure Post!
101-8001 Tokyo-to, Chiyoda-ku, Hitotsubashi 2-3-1, Shogakukan, Redaktion *Sho-Comi*, Kayoru

Twitter: → @kayorun
Instagram: → kayorun0424

Schreibt mir gerne, wie euch der Manga gefallen ›› hat! Wenn ihr den Titel und mich in eurer Nachricht erwähnt, finde ich sie ganz bestimmt beim nächsten Egosurfing, ha ha ha!
Also dann, bis zum nächsten Mal! Kayoru

Die schonungslose Wahrheit

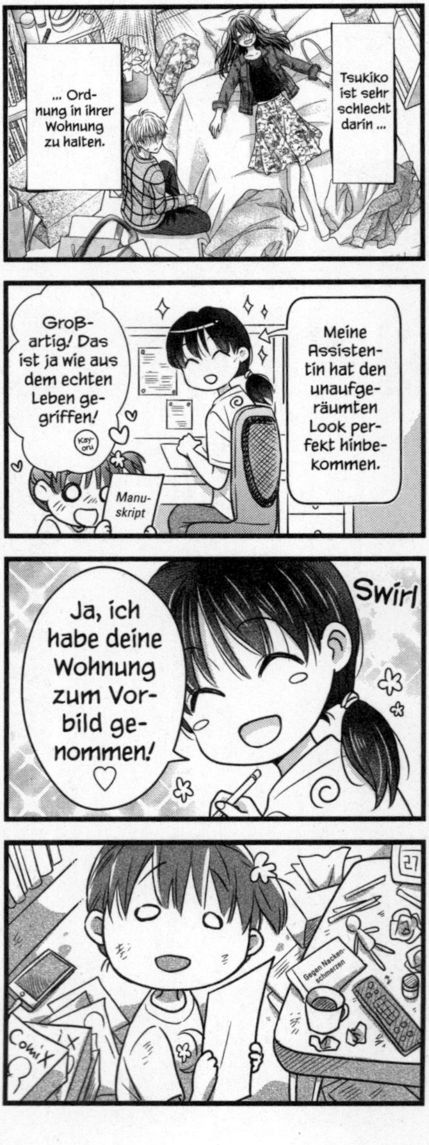

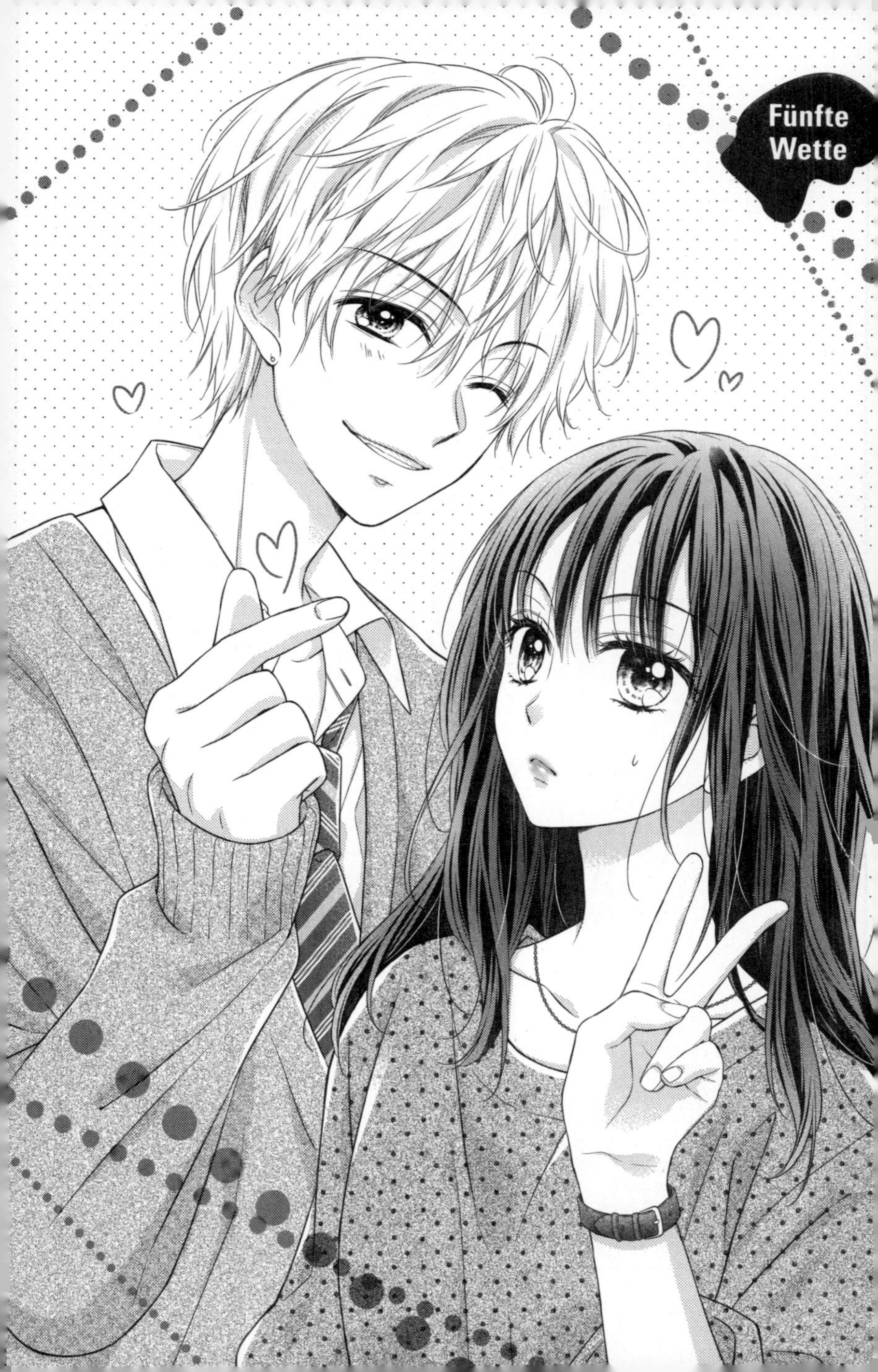
Fünfte
Wette

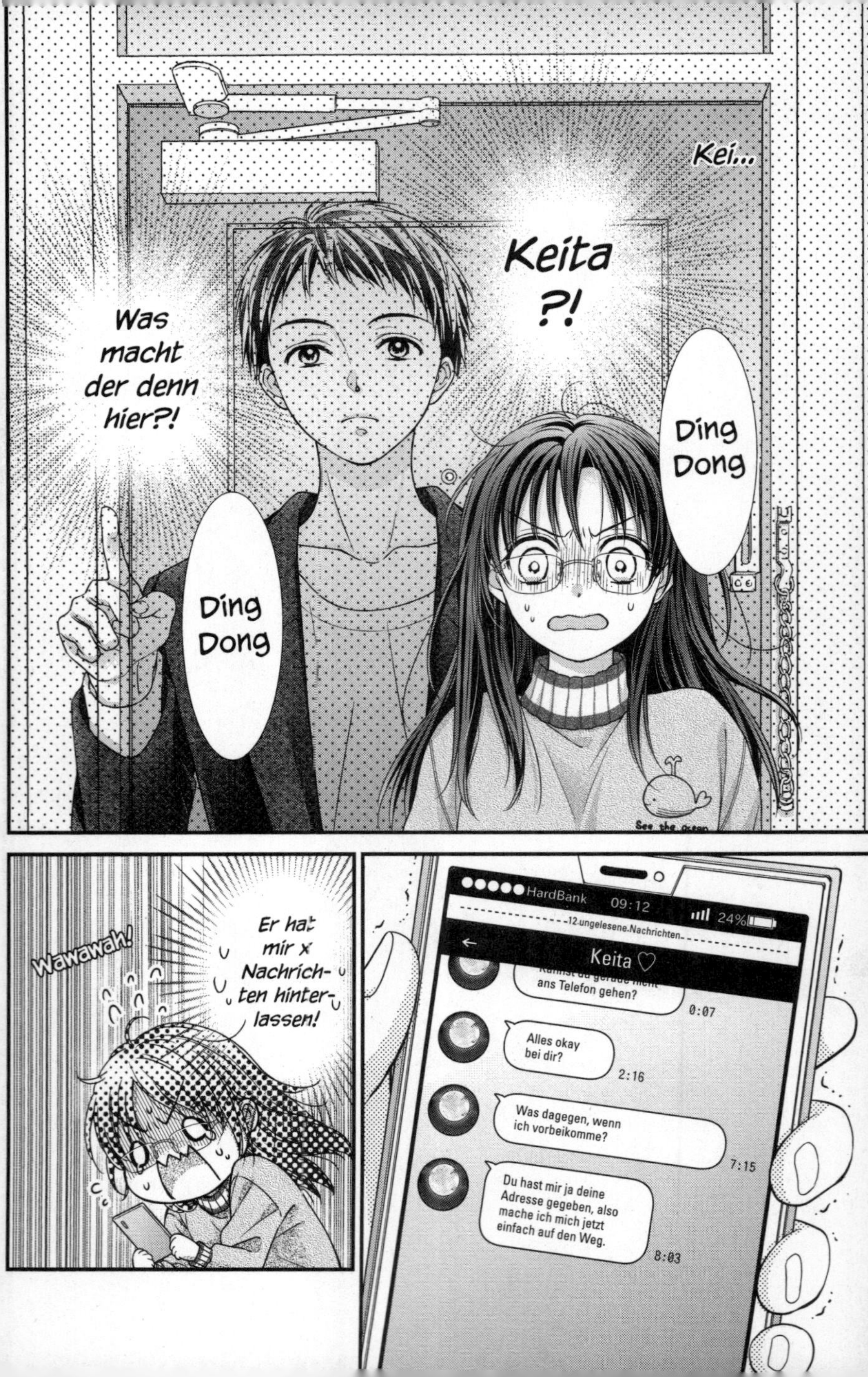

Kei...
Keita ?!
Ding Dong
Was macht der denn hier?!
Ding Dong
HardBank 09:12 24%
12 ungelesene Nachrichten
Keita ♡
ans Telefon gehen?
0:07
Alles okay bei dir?
2:16
Was dagegen, wenn ich vorbeikomme?
7:15
Du hast mir ja deine Adresse gegeben, also mache ich mich jetzt einfach auf den Weg.
8:03
Er hat mir x Nachrichten hinterlassen!
Wawawah!
See the ocean

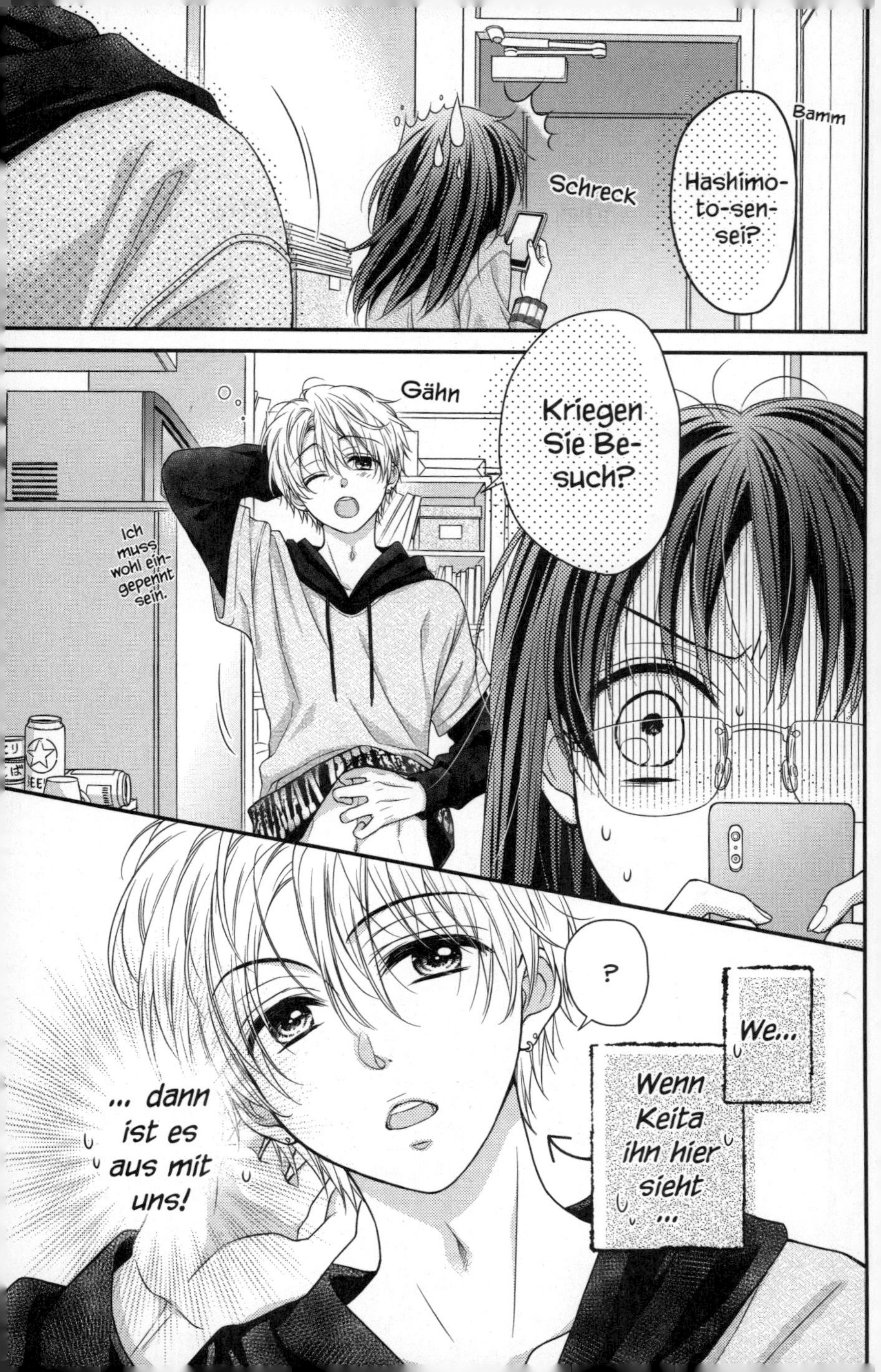
Bamm
Hashimoto-sensei?
Schreck
Kriegen Sie Besuch?
Gähn
Ich muss wohl eingepennt sein.
?
We...
Wenn Keita ihn hier sieht ...
... dann ist es aus mit uns!

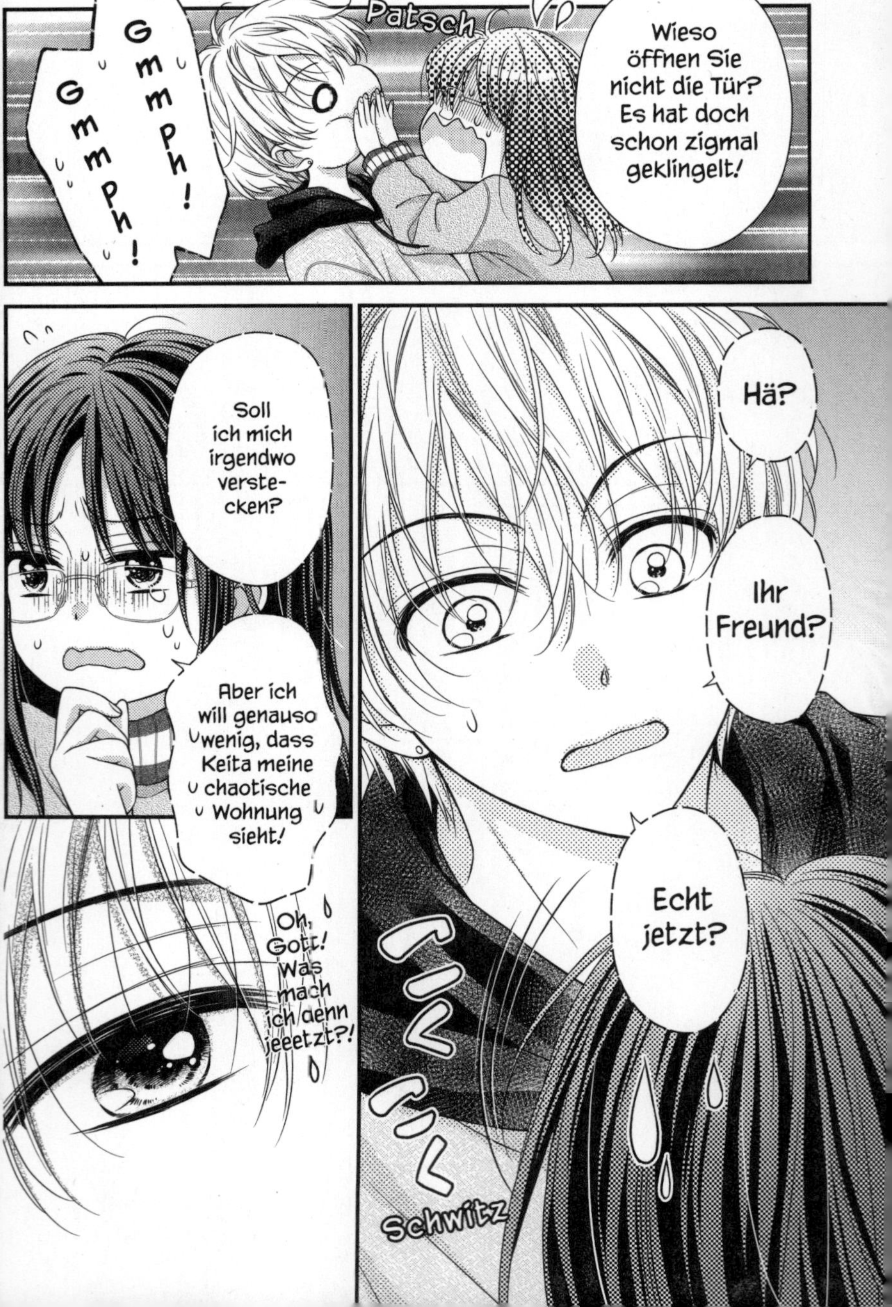
Wieso öffnen Sie nicht die Tür? Es hat doch schon zigmal geklingelt!
Patsch
Gmmph!
Gmmph!
Hä?
Ihr Freund?
Echt jetzt?
Schwitz
Soll ich mich irgendwo verste-cken?
Aber ich will genauso wenig, dass Keita meine chaotische Wohnung sieht!
Oh, Gott! Was mach ich denn jeeetzt?!

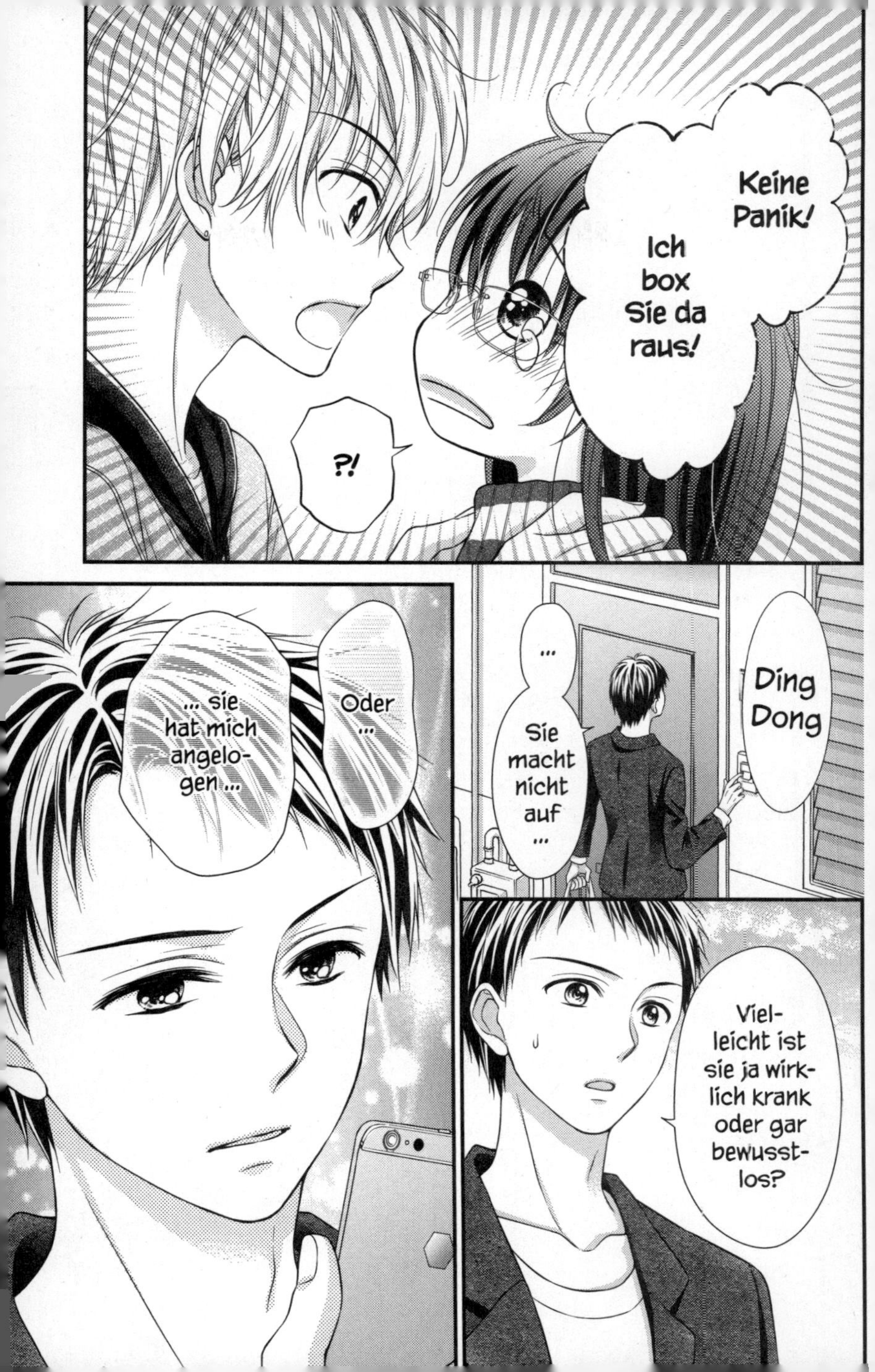
Keine Panik!
Ich box Sie da raus!
?!
Ding Dong
...
Sie macht nicht auf ...
Oder ...
... sie hat mich angelogen ...
Vielleicht ist sie ja wirklich krank oder gar bewusstlos?

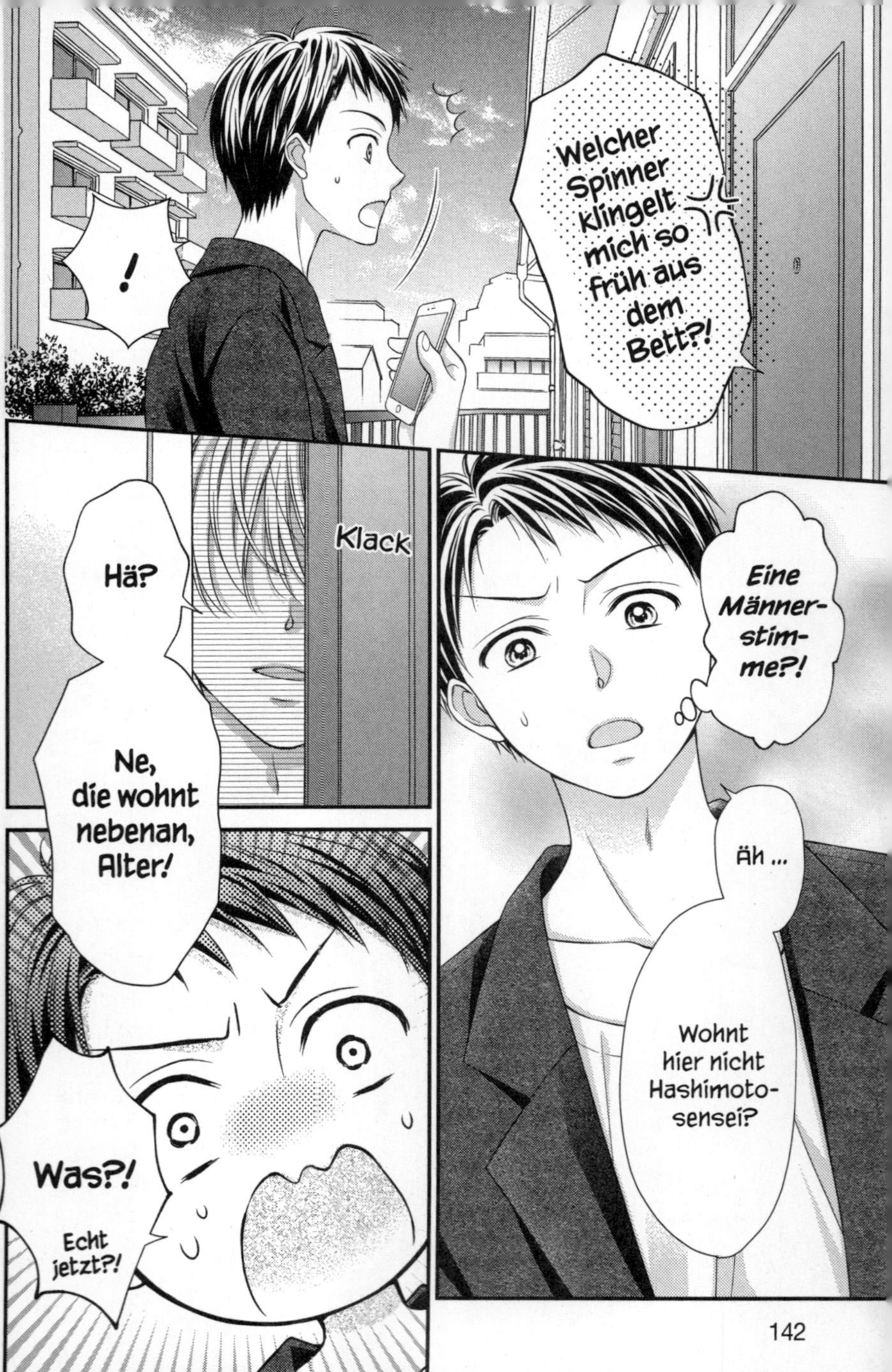
Welcher Spinner klingelt mich so früh aus dem Bett?!
!
Eine Männer-stimme?!
Äh ...
Wohnt hier nicht Hashimoto-sensei?
Klack
Hä?
Ne, die wohnt nebenan, Alter!
Was?!
Echt jetzt?!

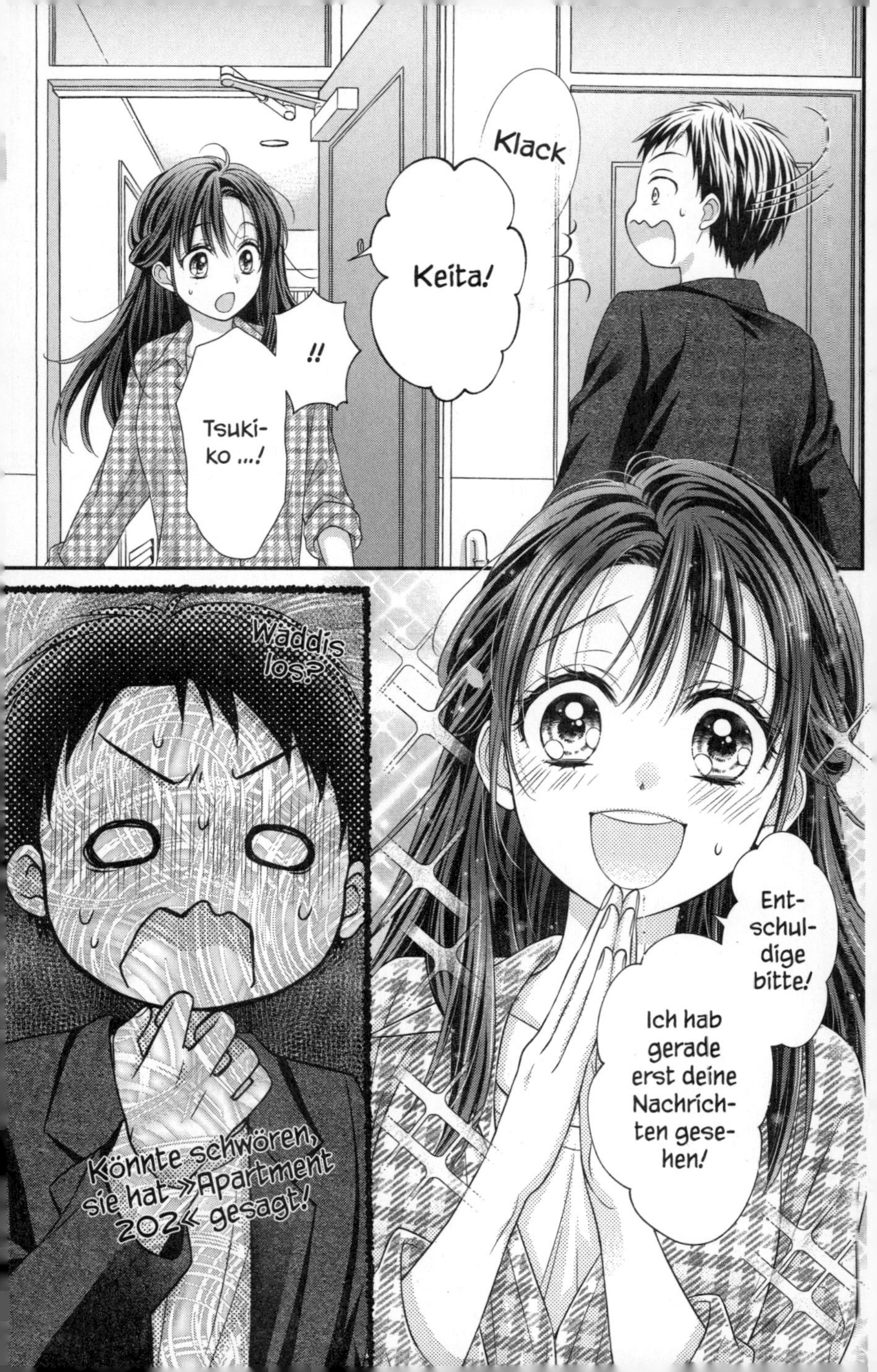
Klack
Keita!
!!
Tsuki-
ko …!
Ent-
schul-
dige
bitte!
Ich hab
gerade
erst deine
Nachrich-
ten gese-
hen!
Waddis
los?
Könnte schwören,
sie hat »Apartment
202« gesagt!

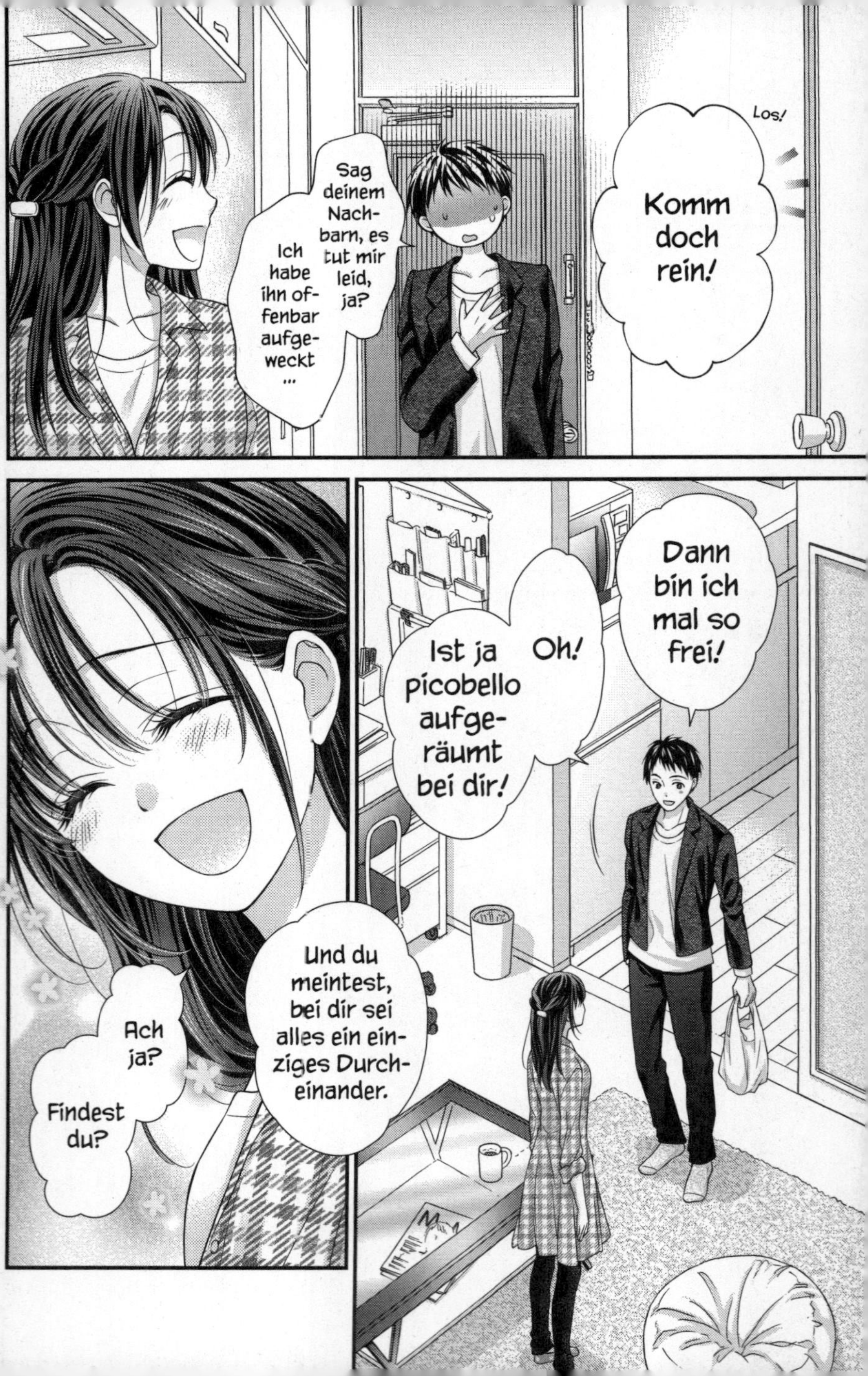

Los!
Komm doch rein!
Sag deinem Nachbarn, es tut mir leid, ja?
Ich habe ihn offenbar aufgeweckt ...
Dann bin ich mal so frei!
Oh!
Ist ja picobello aufgeräumt bei dir!
Und du meintest, bei dir sei alles ein einziges Durcheinander.
Ach ja?
Findest du?

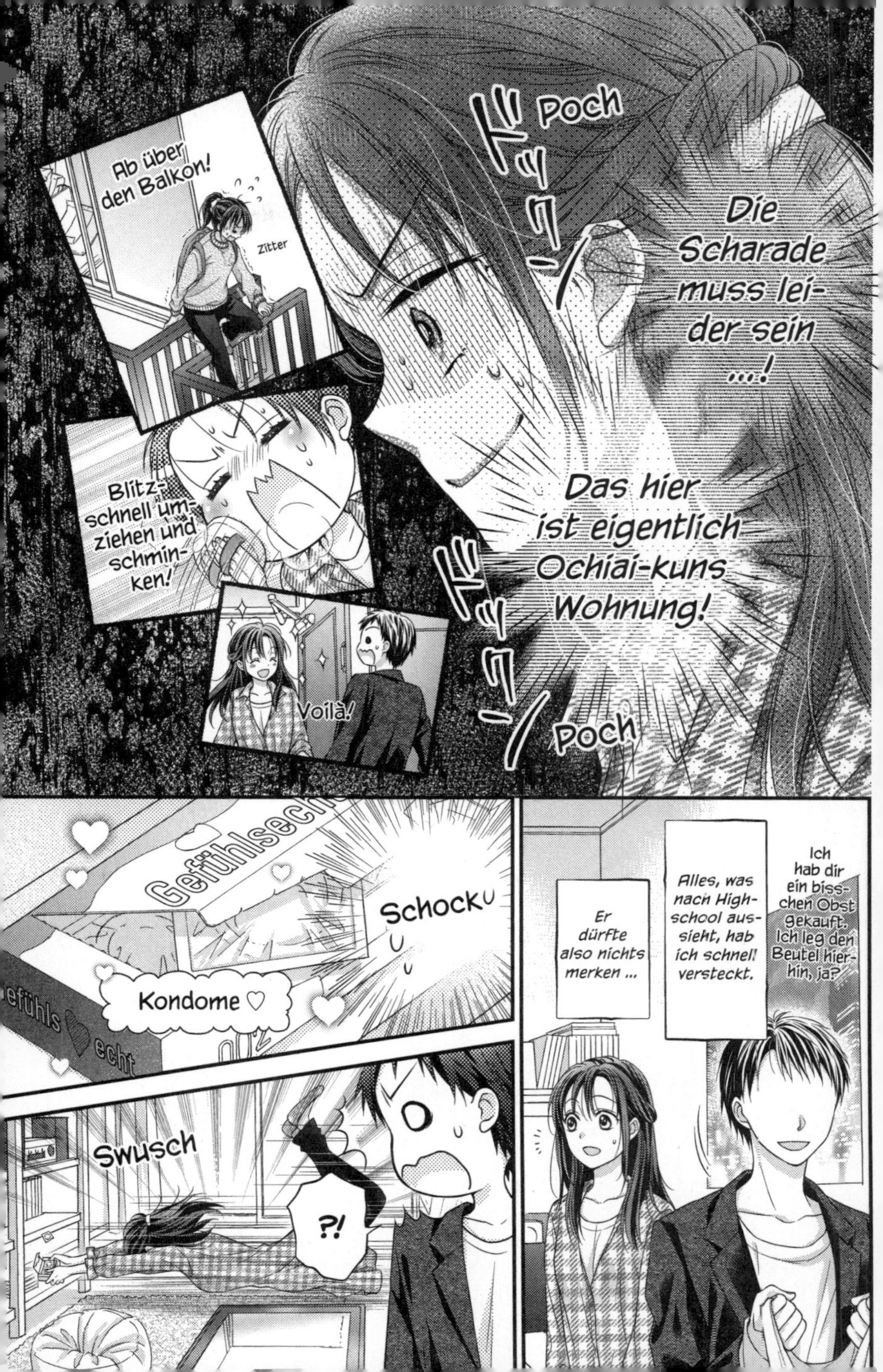
Poch
Die Scharade muss leider sein …!
Das hier ist eigentlich Ochiai-kuns Wohnung!
Ab über den Balkon!
Zitter
Blitzschnell umziehen und schminken!
Voilà!
Poch
Ich hab dir ein bisschen Obst gekauft. Ich leg den Beutel hierhin, ja?
Alles, was nach Highschool aussieht, hab ich schnell versteckt.
Er dürfte also nichts merken …
Schock
Gefühlsecht
Kondome ♡
?!
Swusch

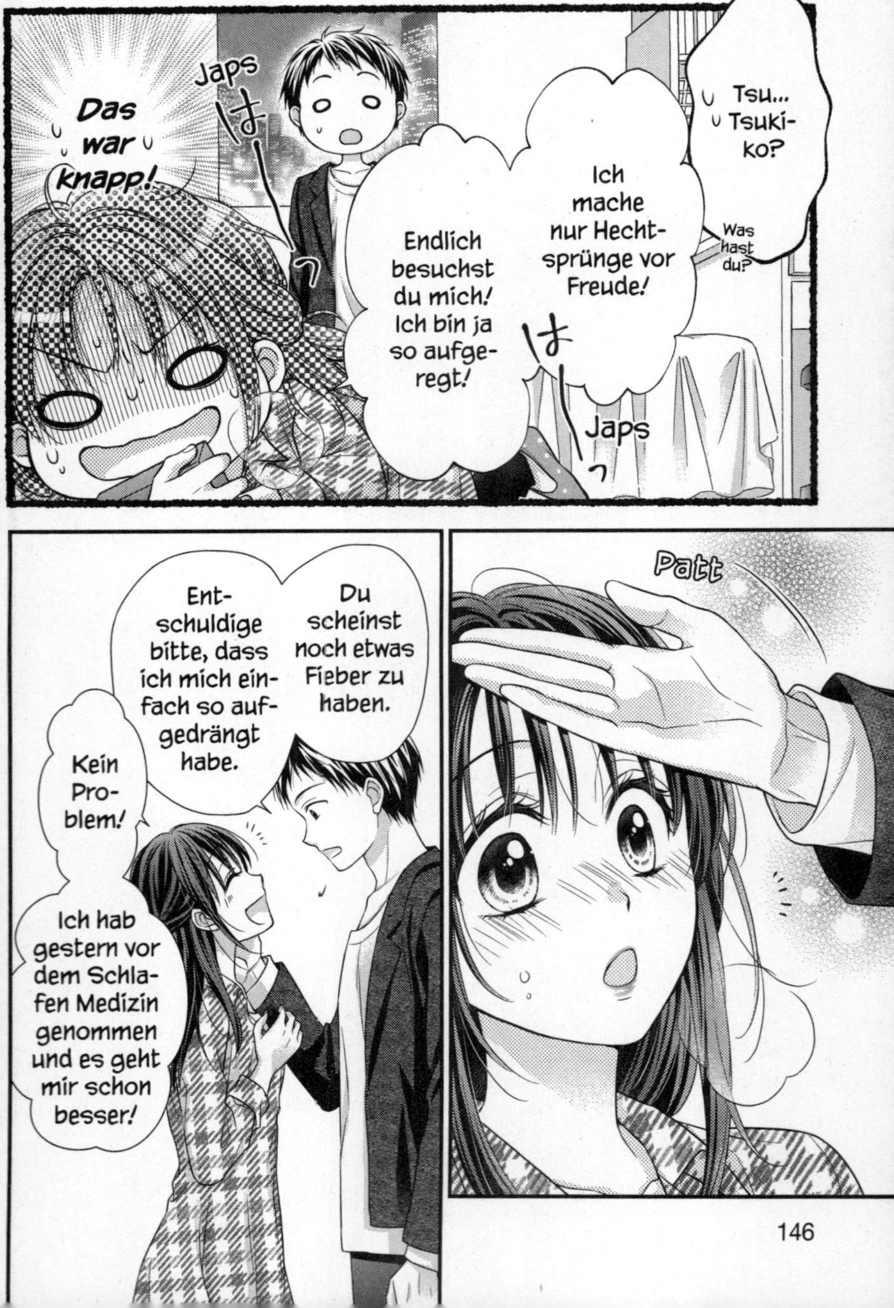
Tsu... Tsukiko?
Was hast du?
Das war knapp!
Japs
Ich mache nur Hechtsprünge vor Freude!
Endlich besuchst du mich! Ich bin ja so aufgeregt!
Japs
Patt
Du scheinst noch etwas Fieber zu haben.
Entschuldige bitte, dass ich mich einfach so aufgedrängt habe.
Kein Problem!
Ich hab gestern vor dem Schlafen Medizin genommen und es geht mir schon besser!

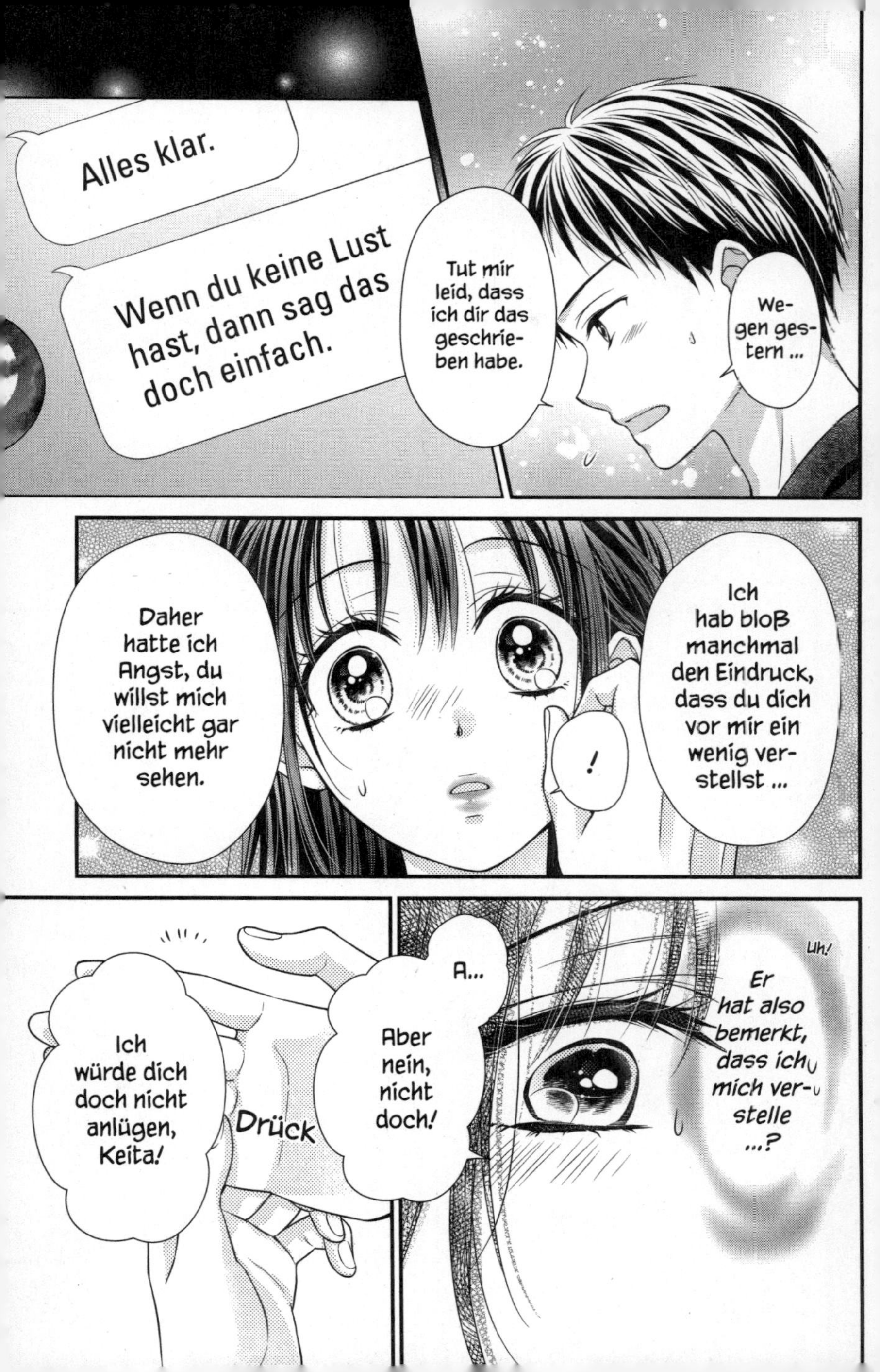
Alles klar.
Wenn du keine Lust hast, dann sag das doch einfach.
We-gen ges-tern ...
Tut mir leid, dass ich dir das geschrie-ben habe.
Ich hab bloß manchmal den Eindruck, dass du dich vor mir ein wenig ver-stellst ...
!
Daher hatte ich Angst, du willst mich vielleicht gar nicht mehr sehen.
Uh!
Er hat also bemerkt, dass ich mich ver-stelle ...?
A...
Aber nein, nicht doch!
Drück
Ich würde dich doch nicht anlügen, Keita!

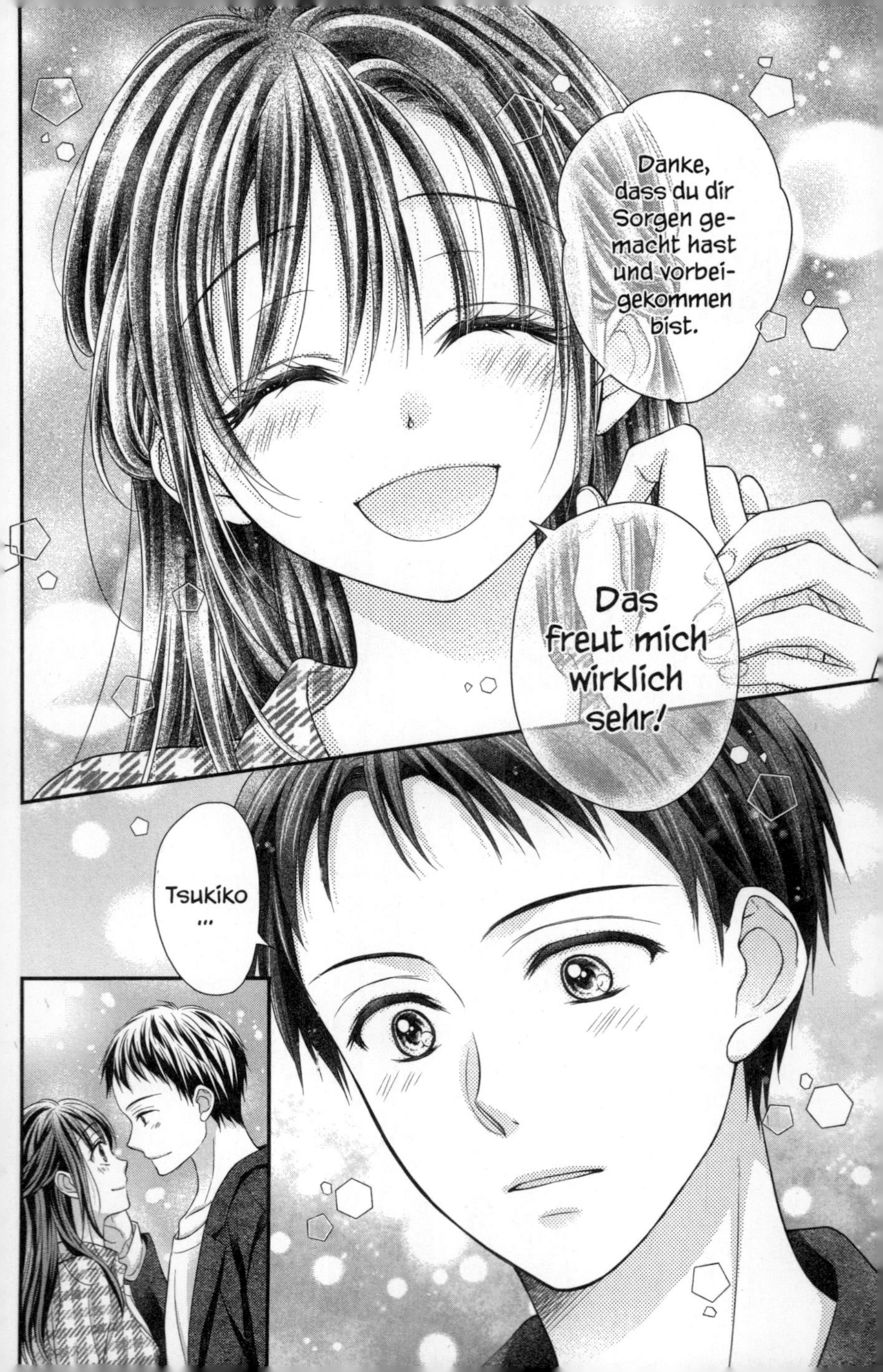

Danke, dass du dir Sorgen gemacht hast und vorbeigekommen bist.
Das freut mich wirklich sehr!
Tsukiko ...

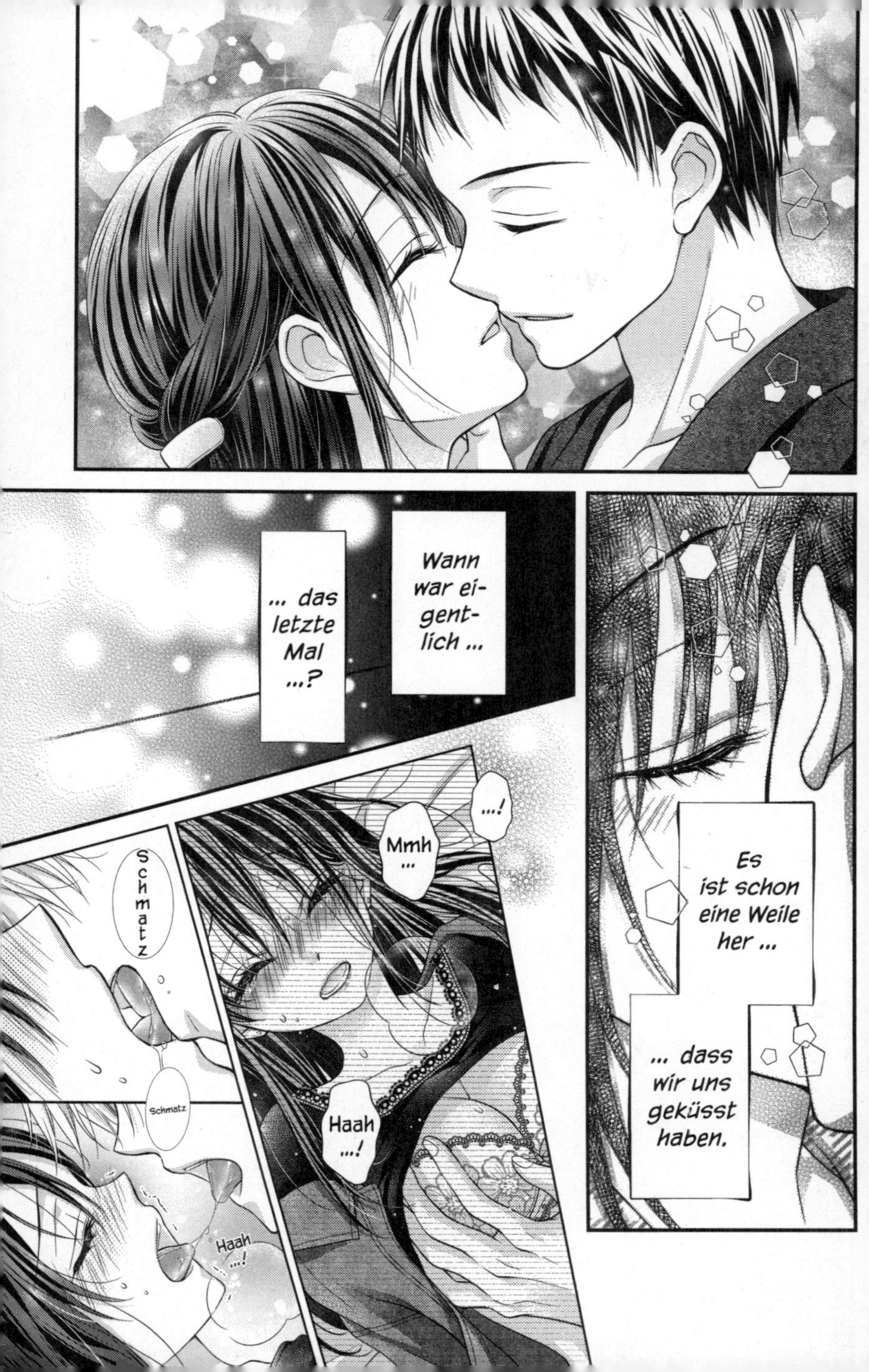
Wann war eigentlich ...
... das letzte Mal ...?
Es ist schon eine Weile her ...
... dass wir uns geküsst haben.
...!
Mmh ...
Haah ...!
Schmatz
Schmatz
Haah ...!

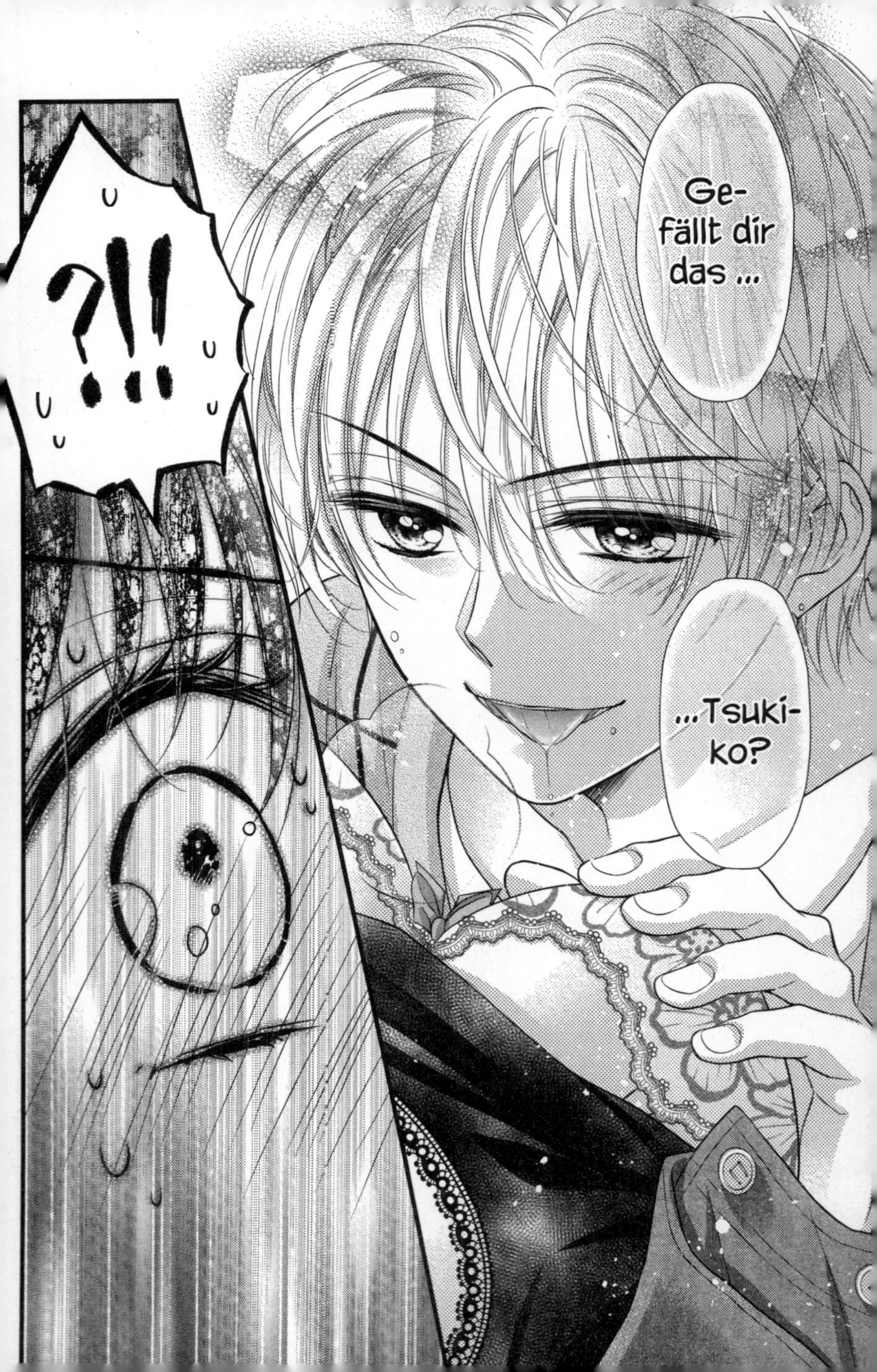
Ge-
fällt dir
das ...
... Tsuki-
ko?
?!!

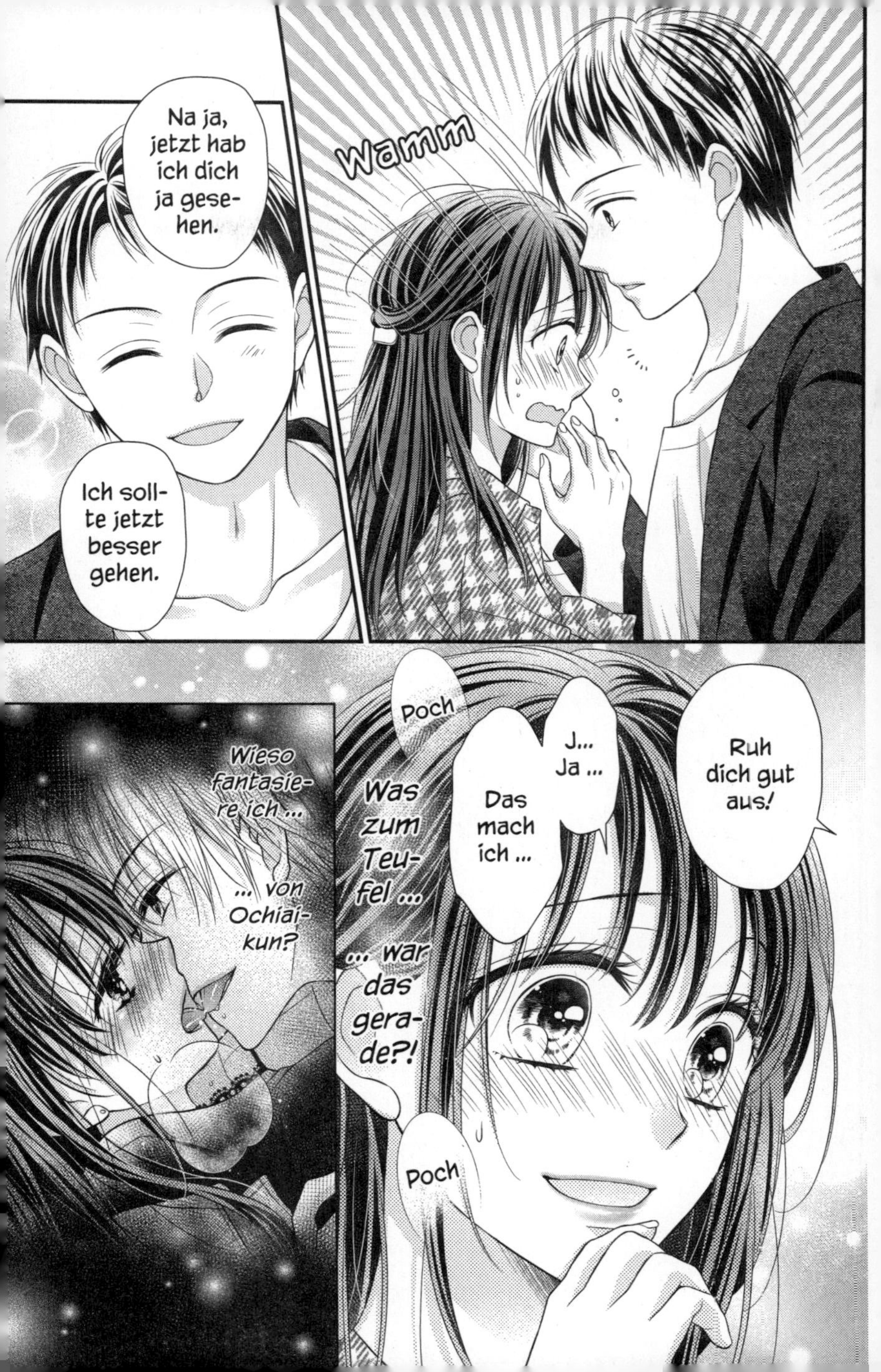
Wamm
Na ja, jetzt hab ich dich ja gesehen.
Ich sollte jetzt besser gehen.
Ruh dich gut aus!
J... Ja ...
Das mach ich ...
Poch
Was zum Teufel ...
... war das gerade?!
Poch
Wieso fantasiere ich ...
... von Ochiai-kun?

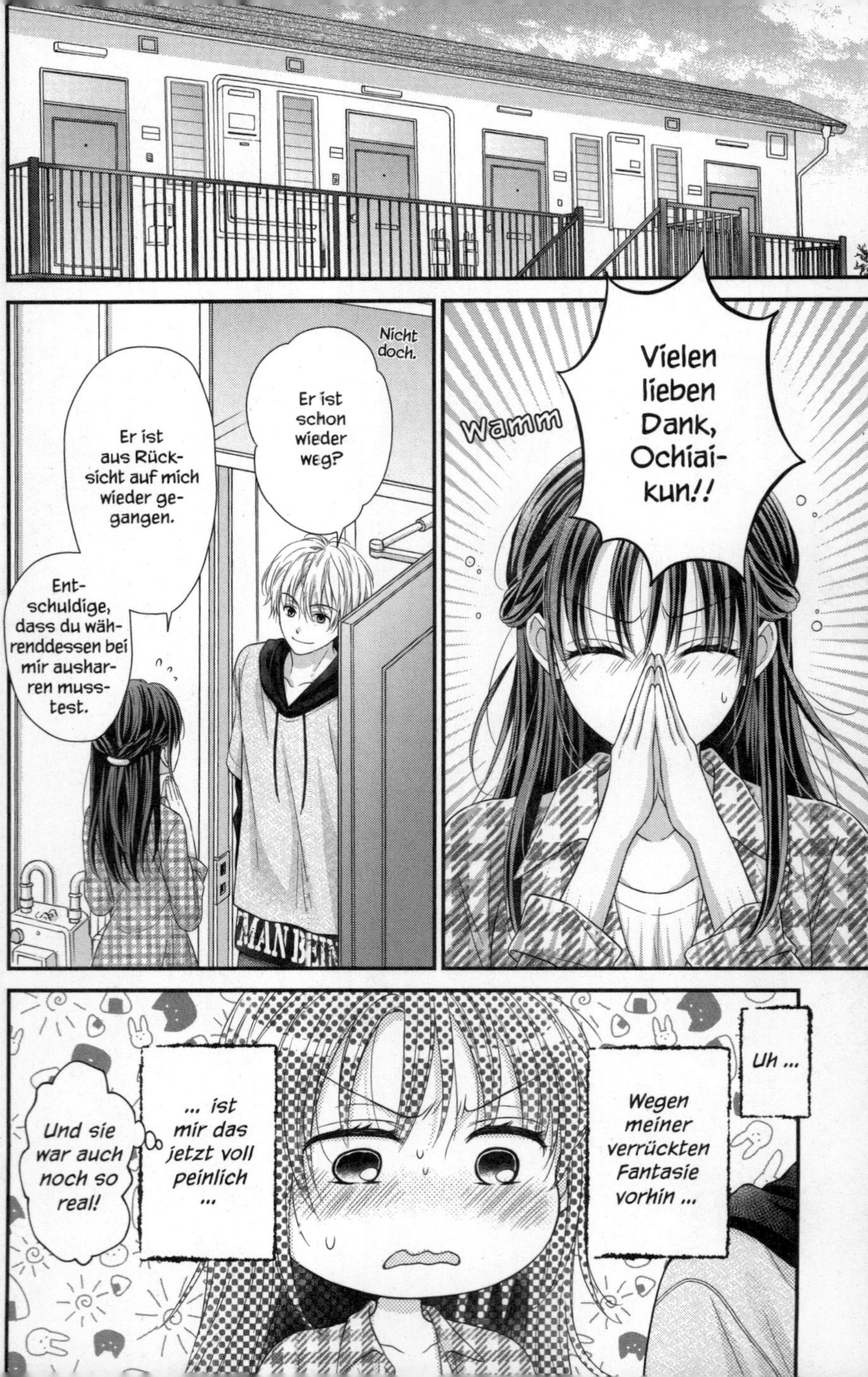
Vielen lieben Dank, Ochiai-kun!!
Wamm
Er ist schon wieder weg?
Nicht doch.
Er ist aus Rücksicht auf mich wieder gegangen.
Entschuldige, dass du währenddessen bei mir ausharren musstest.
Uh ...
Wegen meiner verrückten Fantasie vorhin ...
... ist mir das jetzt voll peinlich ...
Und sie war auch noch so real!

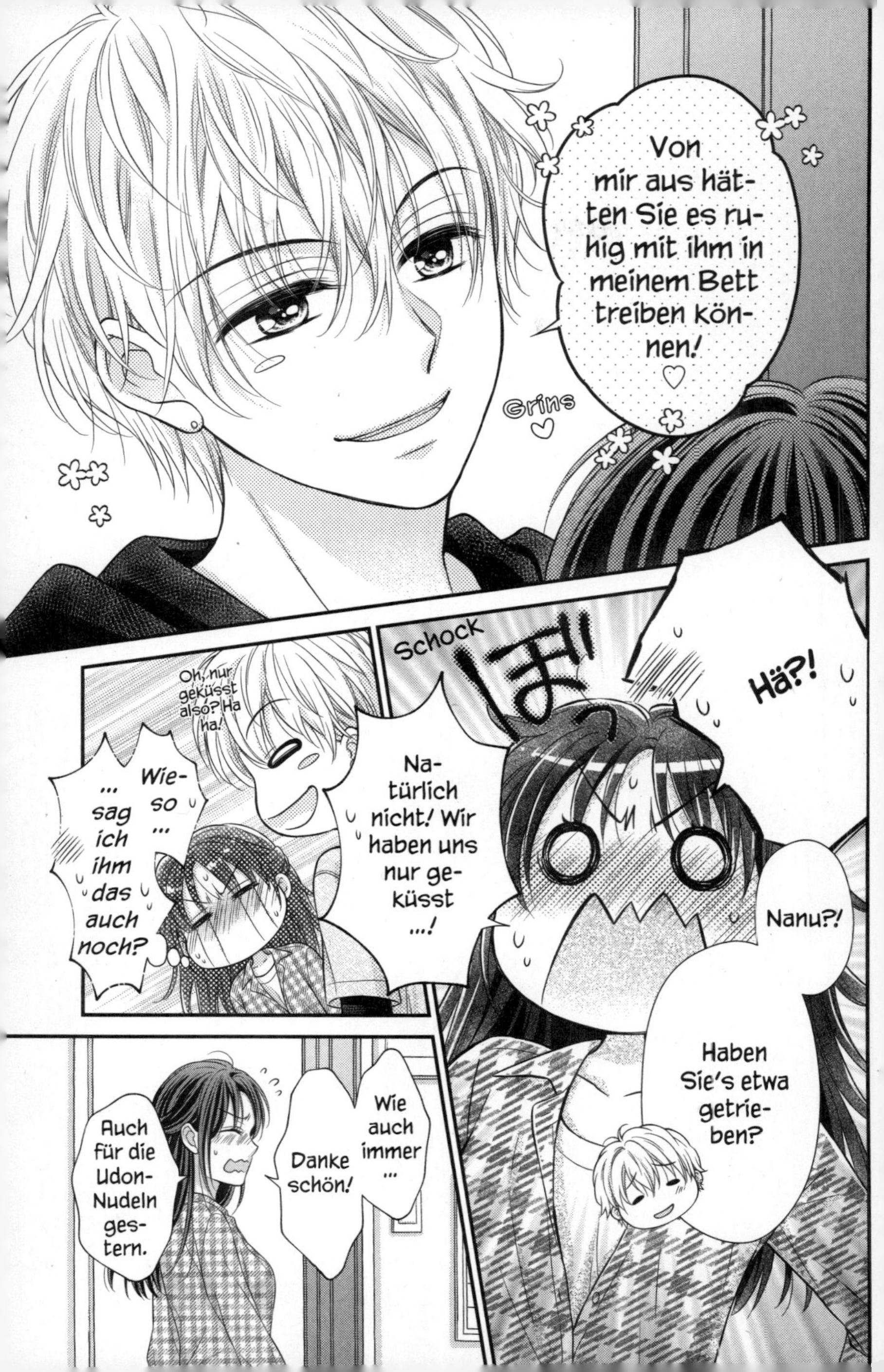

Von mir aus hätten Sie es ruhig mit ihm in meinem Bett treiben können! ♡
Grins ♡
Hä?!
Schock
ぼっ
Nanu?!
Haben Sie's etwa getrieben?
Natürlich nicht! Wir haben uns nur geküsst ...!
Oh, nur geküsst also? Ha ha!
Wieso ...
... sag ich ihm das auch noch?
Wie auch immer ...
Danke schön!
Auch für die Udon-Nudeln gestern.

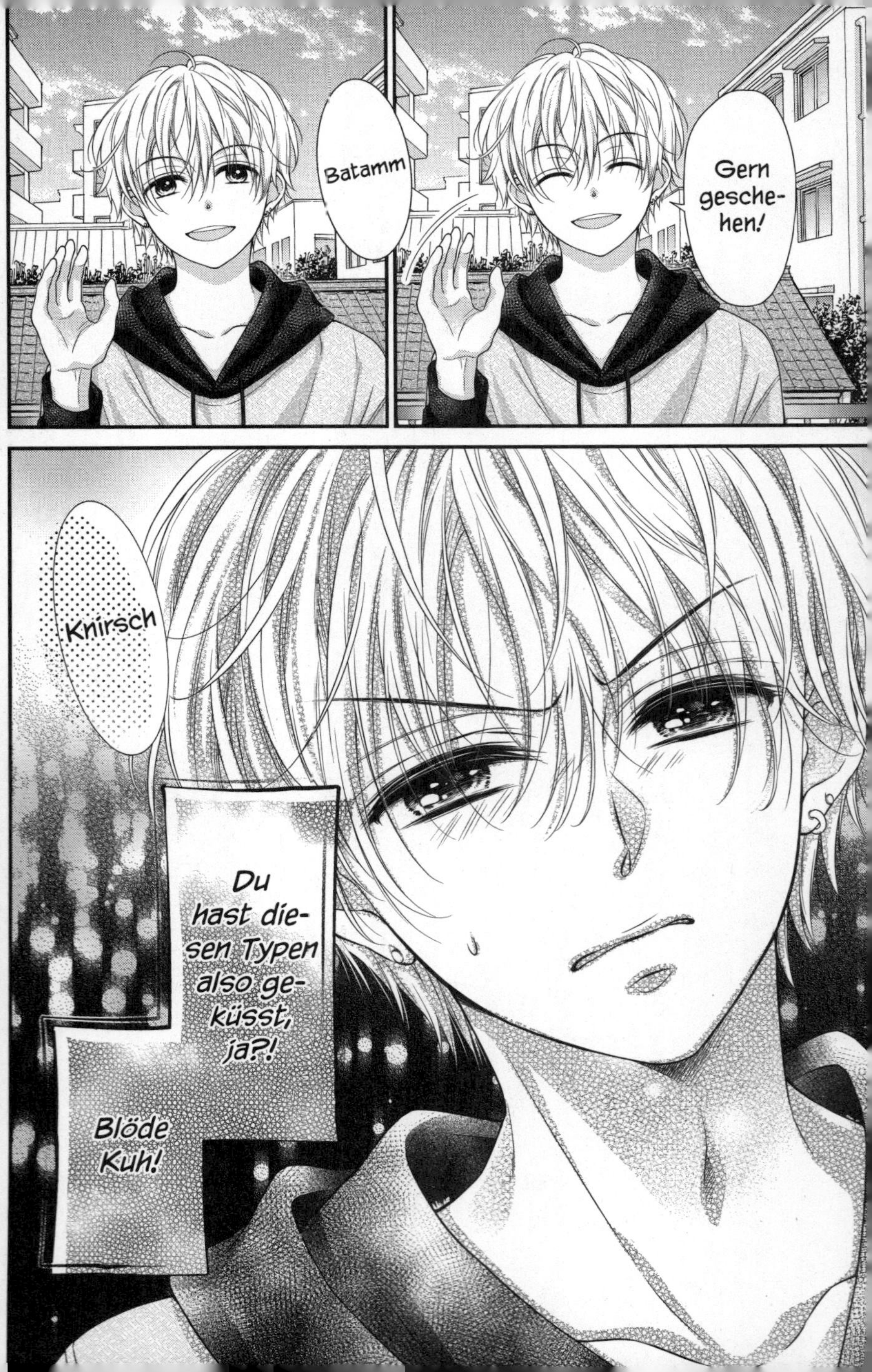
Gern gesche-hen!
Batamm
Knirsch
Du hast die-sen Typen also ge-küsst, ja?!
Blöde Kuh!

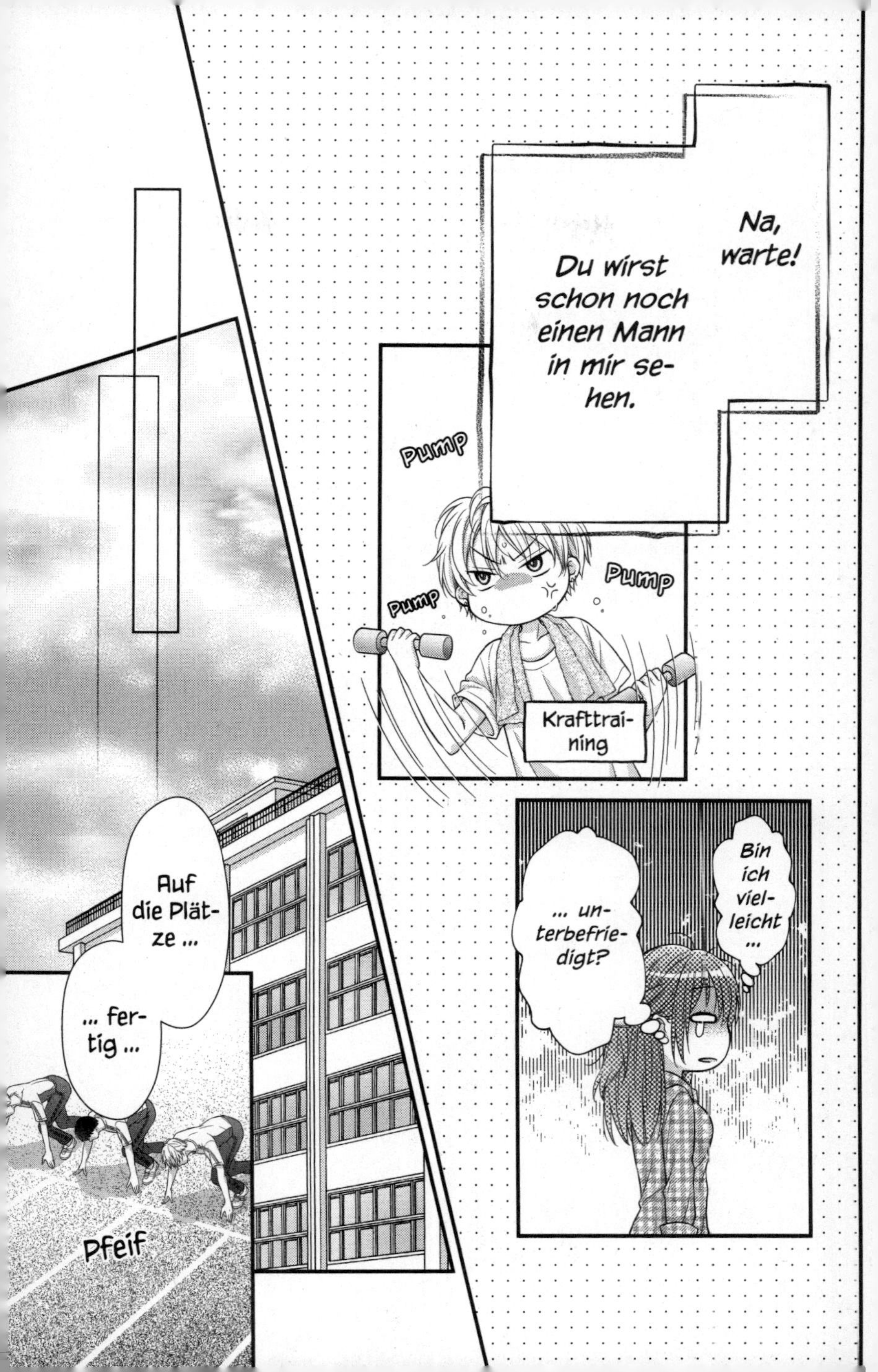
Na, warte!
Du wirst schon noch einen Mann in mir se-hen.
Pump
Pump
Pump
Krafttrai-ning
Bin ich viel-leicht ...
... un-terbefrie-digt?
Auf die Plät-ze ...
... fer-tig ...
Pfeif

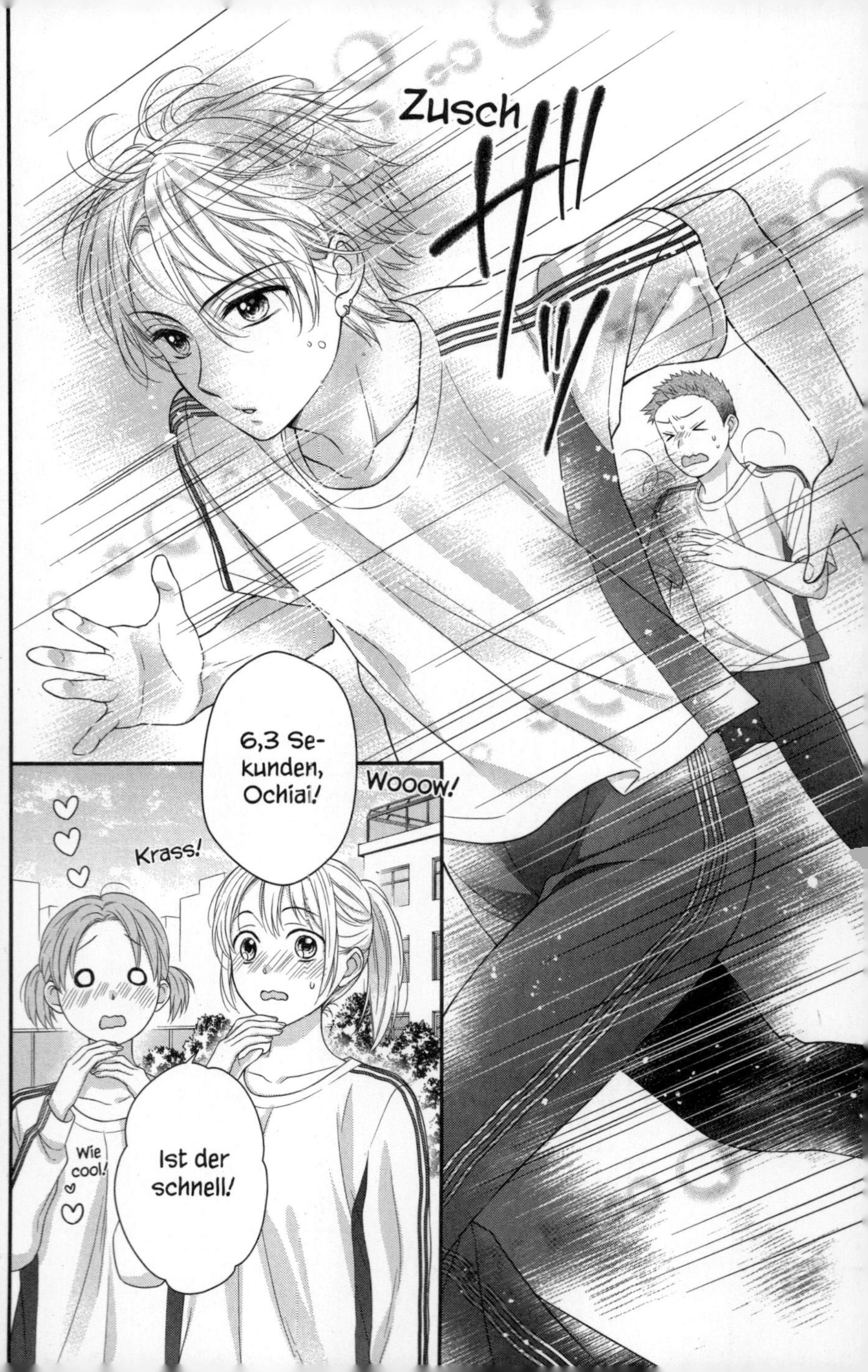
Zusch
Wooow!
6,3 Sekunden, Ochiai!
Krass!
Ist der schnell!
Wie cool!

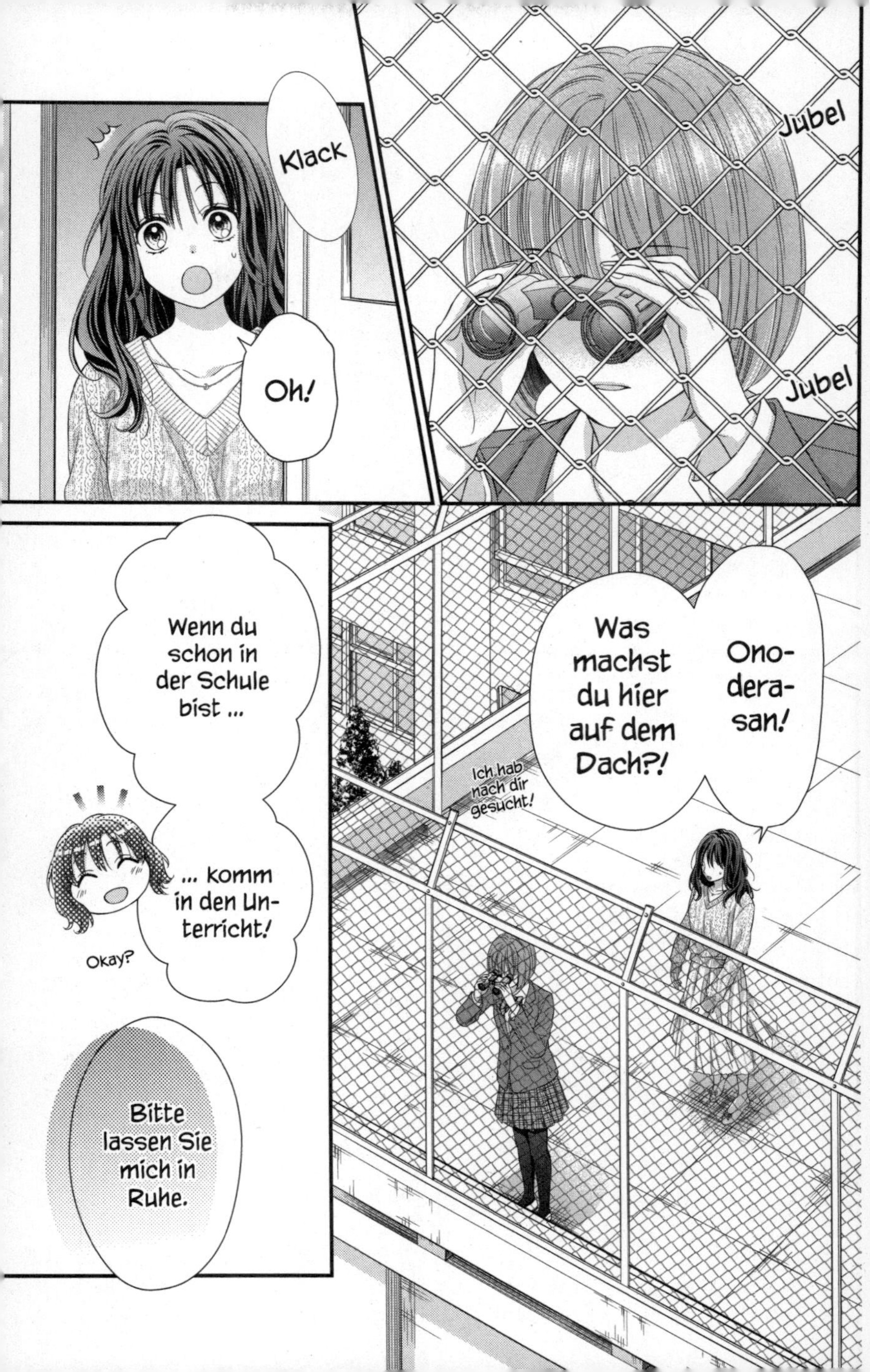
Jubel
Jubel
Klack
Oh!
Onodera-san!
Was machst du hier auf dem Dach?!
Ich hab nach dir gesucht!
Wenn du schon in der Schule bist ...
... komm in den Unterricht!
Okay?
Bitte lassen Sie mich in Ruhe.

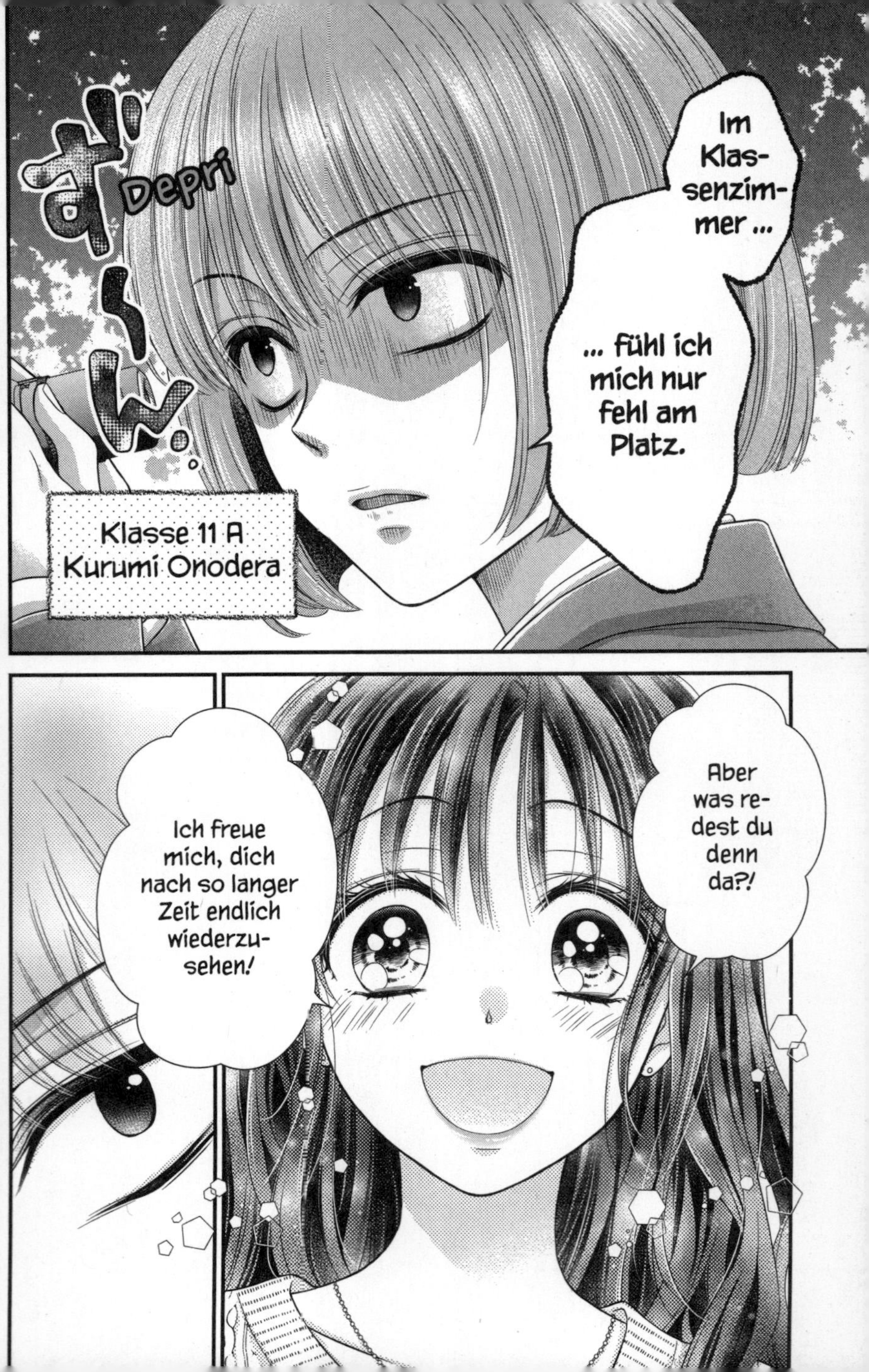
Im Klassenzimmer ...
... fühl ich mich nur fehl am Platz.
Depri
Klasse 11 A
Kurumi Onodera
Aber was redest du denn da?!
Ich freue mich, dich nach so langer Zeit endlich wiederzusehen!

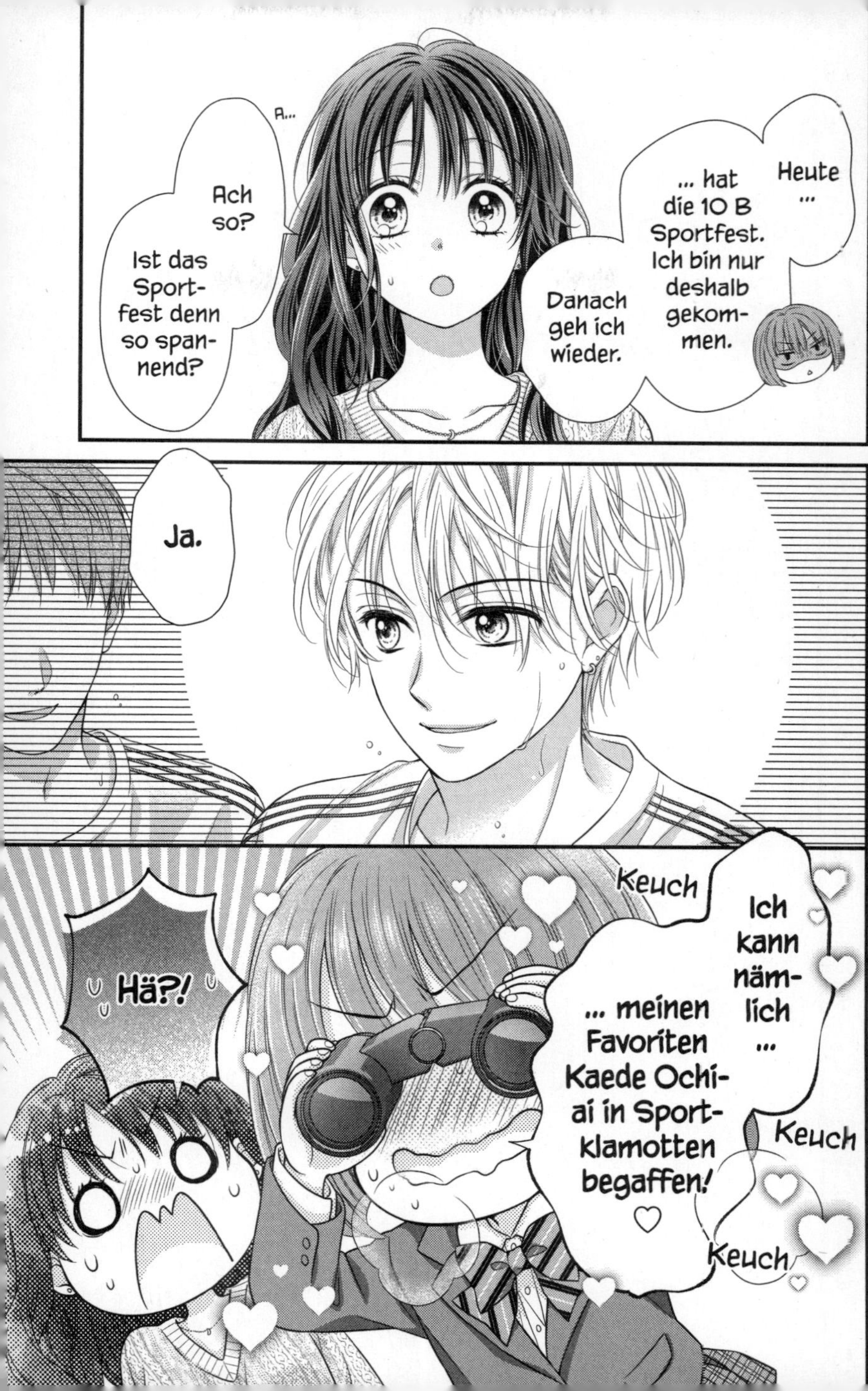
Heute ...
... hat die 10 B Sportfest. Ich bin nur deshalb gekommen.
Danach geh ich wieder.
A...
Ach so?
Ist das Sportfest denn so spannend?
Ja.
Keuch
Ich kann nämlich ...
... meinen Favoriten Kaede Ochiai in Sportklamotten begaffen!
Keuch
Keuch
Hä?!

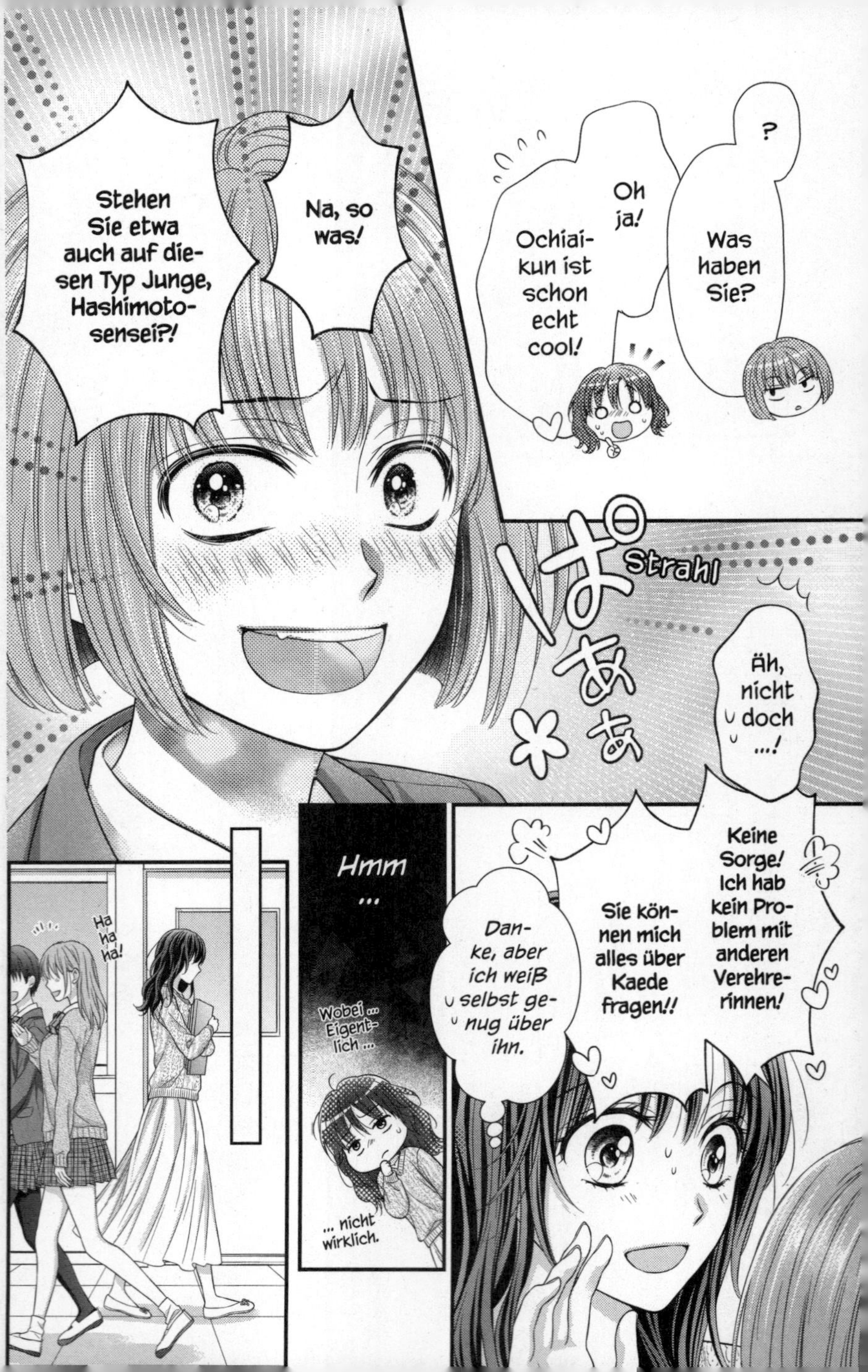
?
Was haben Sie?
Oh ja!
Ochiai-kun ist schon echt cool!
Na, so was!
Stehen Sie etwa auch auf diesen Typ Junge, Hashimoto-sensei?!
Strahl
Äh, nicht doch ...!
Keine Sorge! Ich hab kein Problem mit anderen Verehrerinnen!
Sie können mich alles über Kaede fragen!!
Danke, aber ich weiß selbst genug über ihn.
Hmm ...
Wobei ... Eigentlich ...
... nicht wirklich.
Ha ha ha!

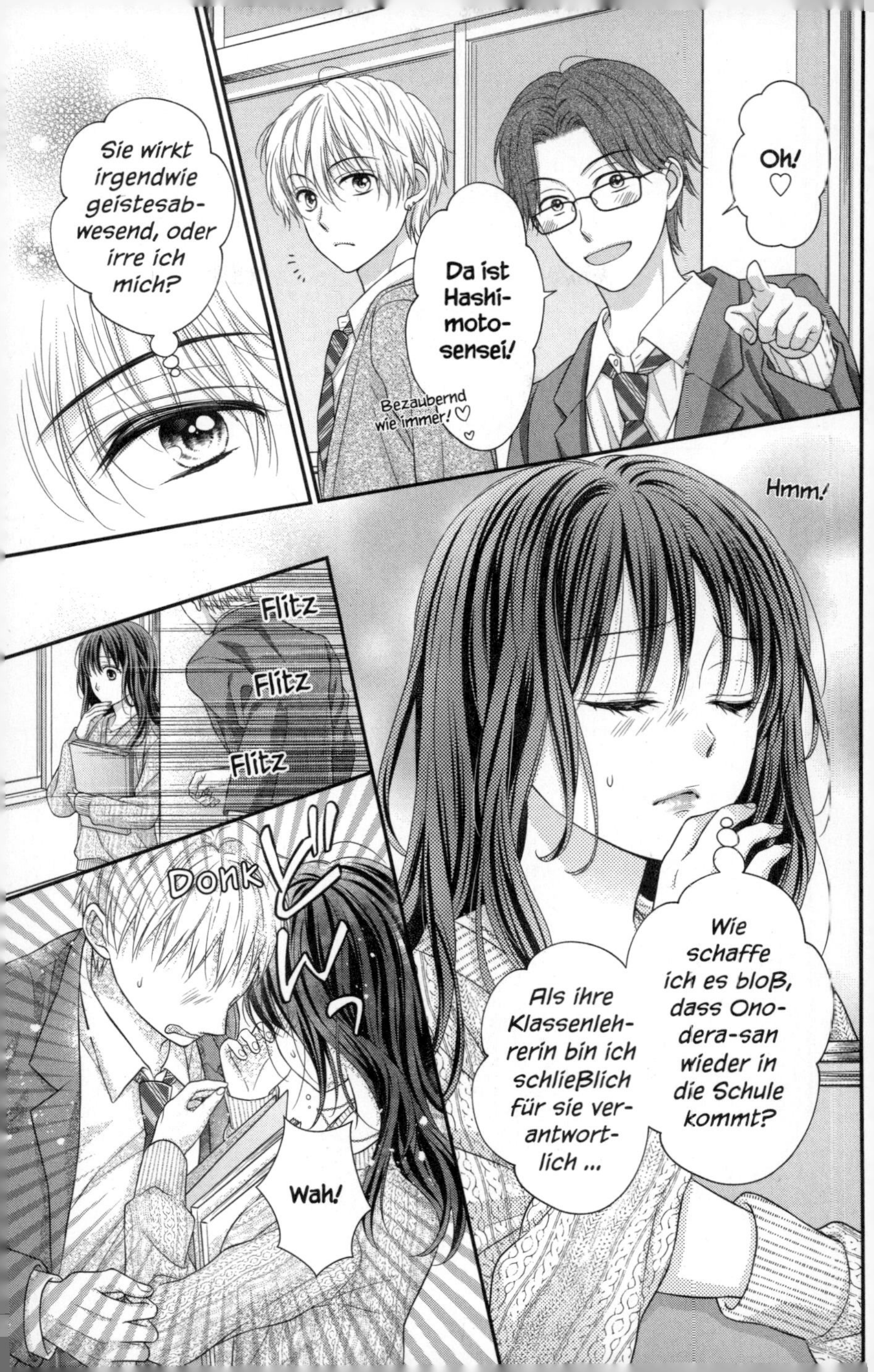

Oh! ♡
Da ist Hashimoto-sensei!
Bezaubernd wie immer! ♡
Sie wirkt irgendwie geistesabwesend, oder irre ich mich?
Hmm!
Wie schaffe ich es bloß, dass Onodera-san wieder in die Schule kommt?
Als ihre Klassenlehrerin bin ich schließlich für sie verantwortlich ...
Flitz
Flitz
Flitz
Donk
Wah!

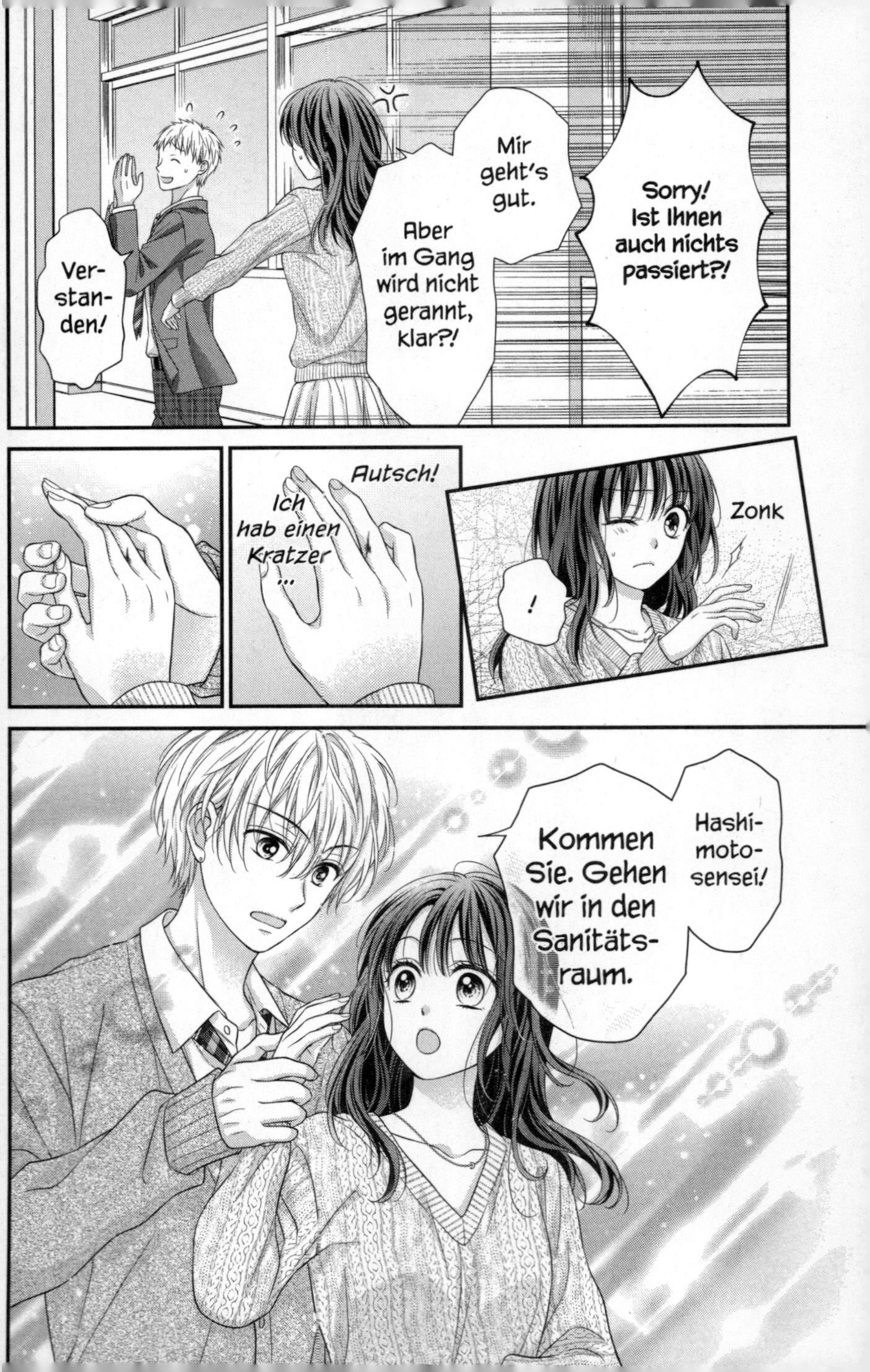
Sorry! Ist Ihnen auch nichts passiert?!
Mir geht's gut.
Aber im Gang wird nicht gerannt, klar?!
Ver-stan-den!
Zonk
!
Autsch!
Ich hab einen Kratzer ...
Hashi-moto-sensei!
Kommen Sie. Gehen wir in den Sanitäts-raum.

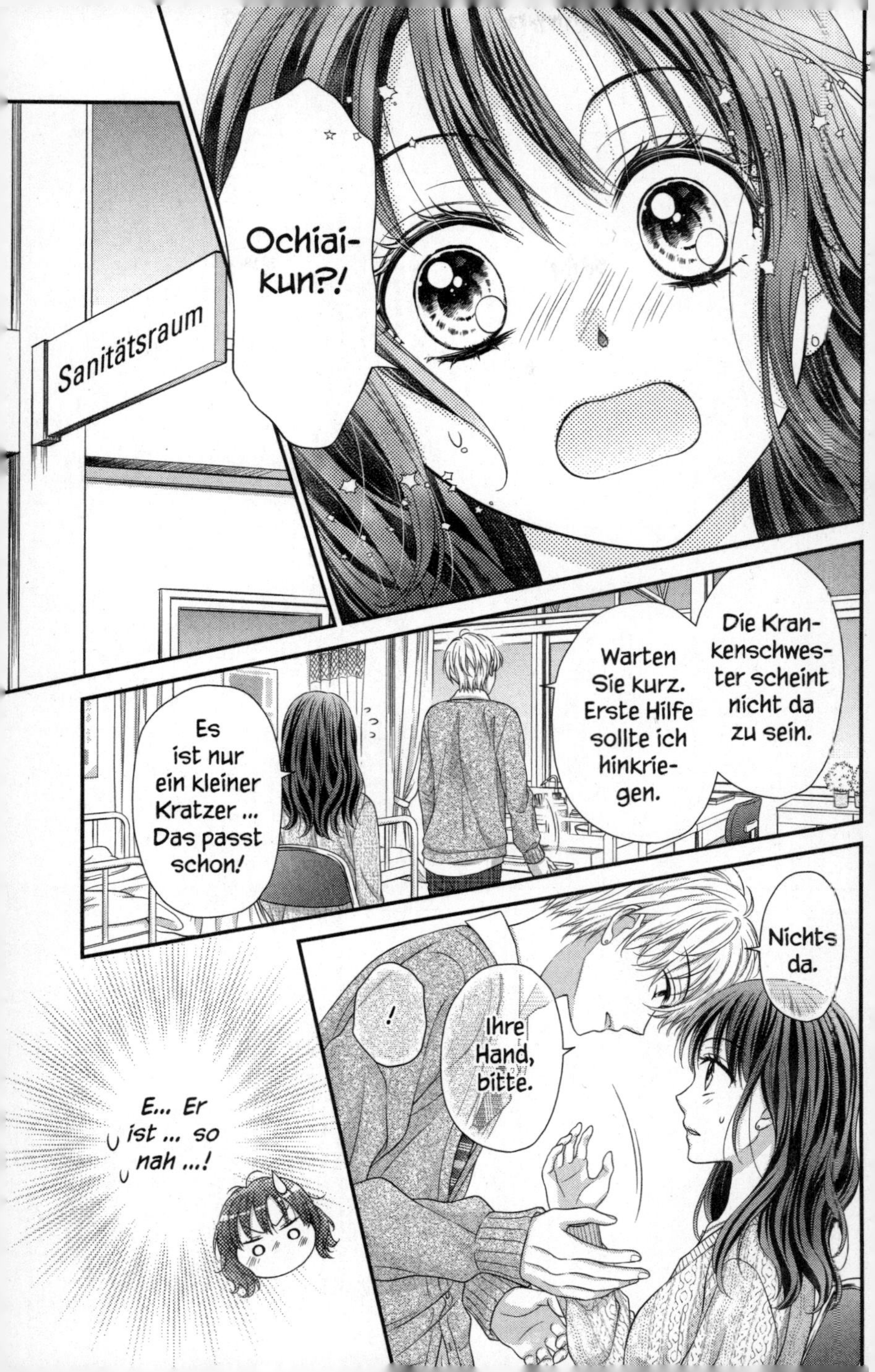
Ochiai-kun?!
Sanitätsraum
Die Krankenschwester scheint nicht da zu sein.
Warten Sie kurz. Erste Hilfe sollte ich hinkriegen.
Es ist nur ein kleiner Kratzer ... Das passt schon!
Nichts da.
Ihre Hand, bitte.
!
E... Er ist ... so nah ...!

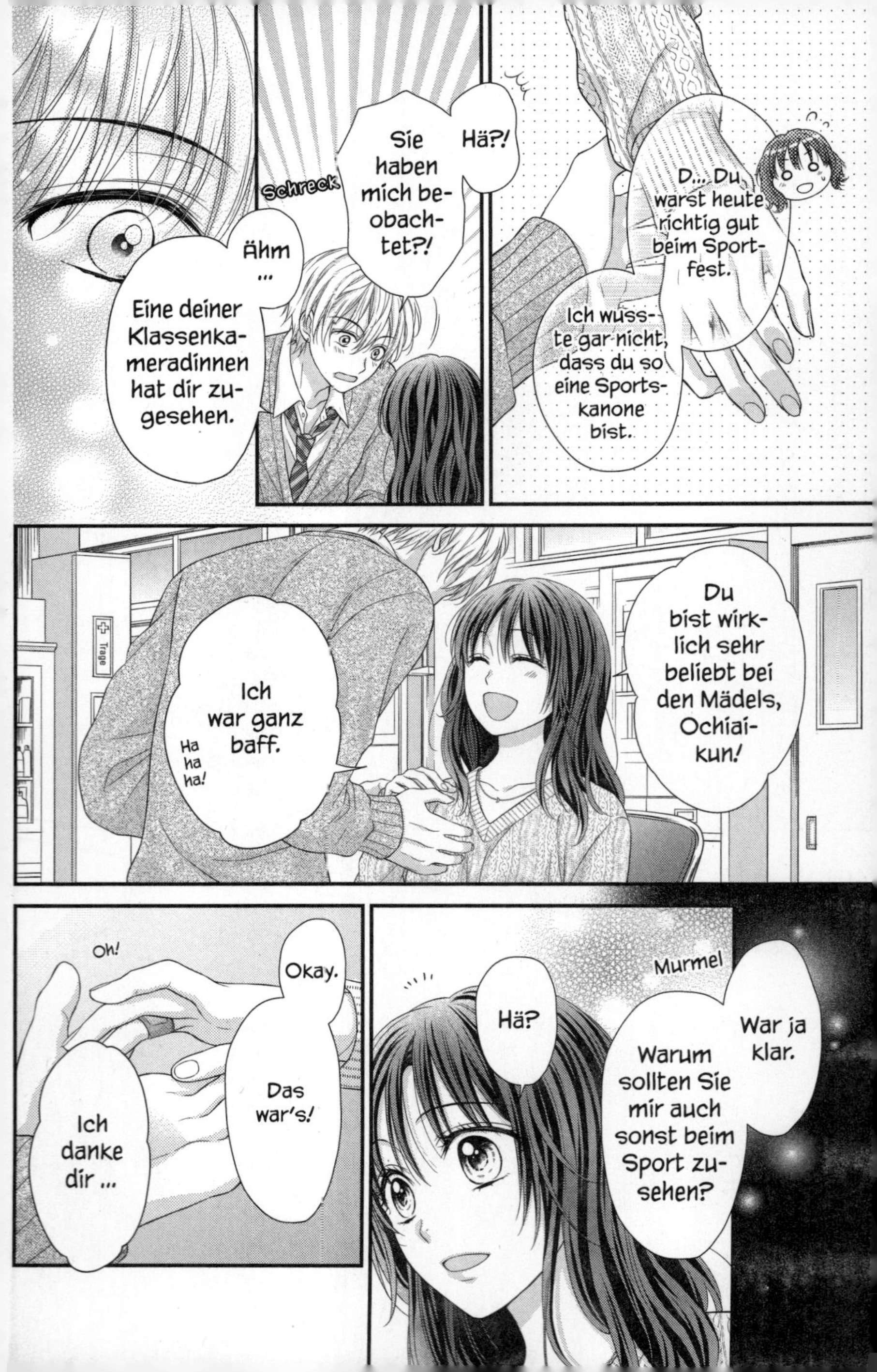
D... Du warst heute richtig gut beim Sportfest.
Ich wusste gar nicht, dass du so eine Sportskanone bist.
Hä?!
Sie haben mich beobachtet?!
Schreck
Ähm ...
Eine deiner Klassenkameradinnen hat dir zugesehen.
Du bist wirklich sehr beliebt bei den Mädels, Ochiai-kun!
Ich war ganz baff.
Ha ha ha!
Trage
Murmel
War ja klar.
Warum sollten Sie mir auch sonst beim Sport zusehen?
Hä?
Okay.
Das war's!
Oh!
Ich danke dir ...

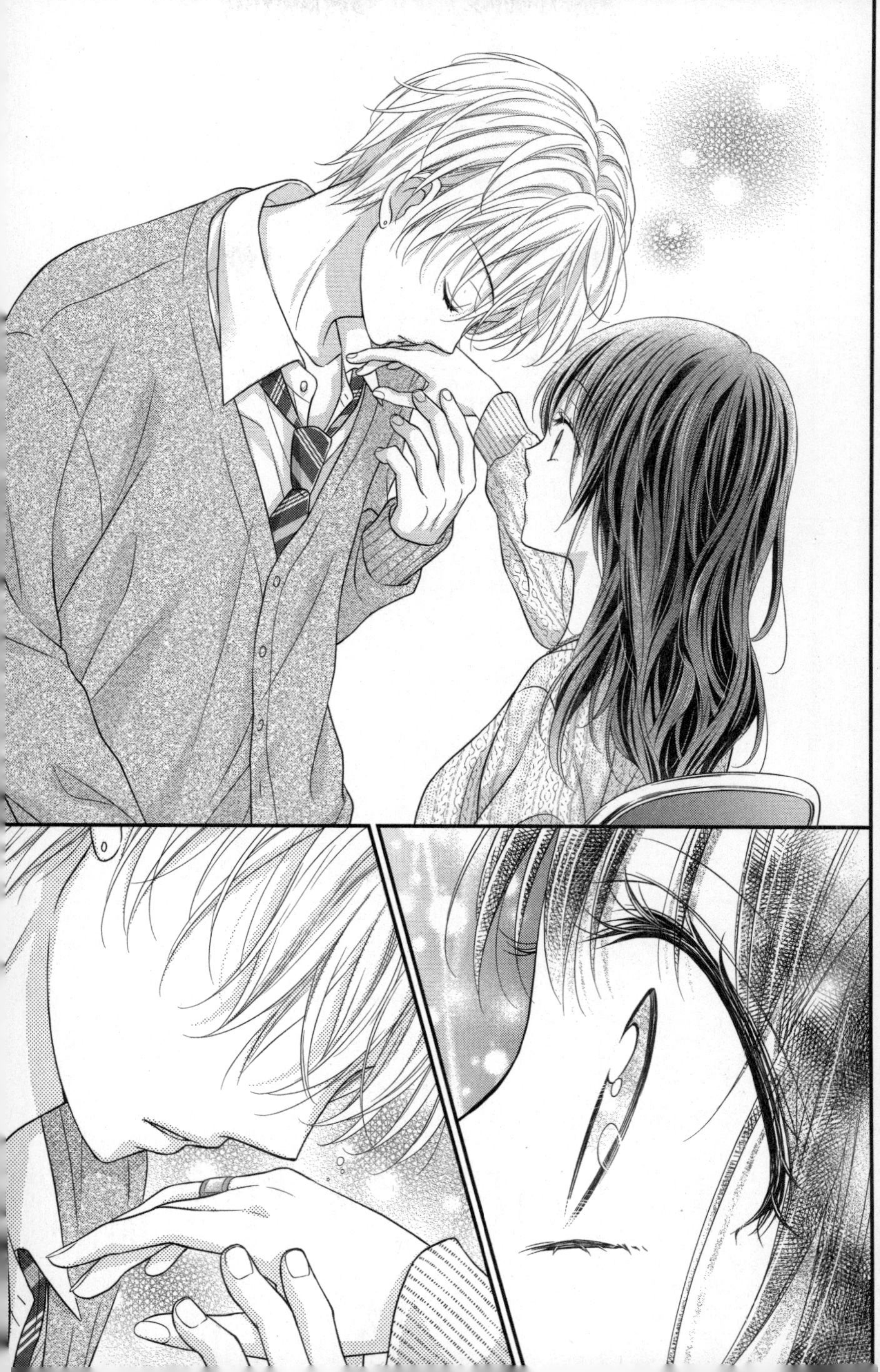

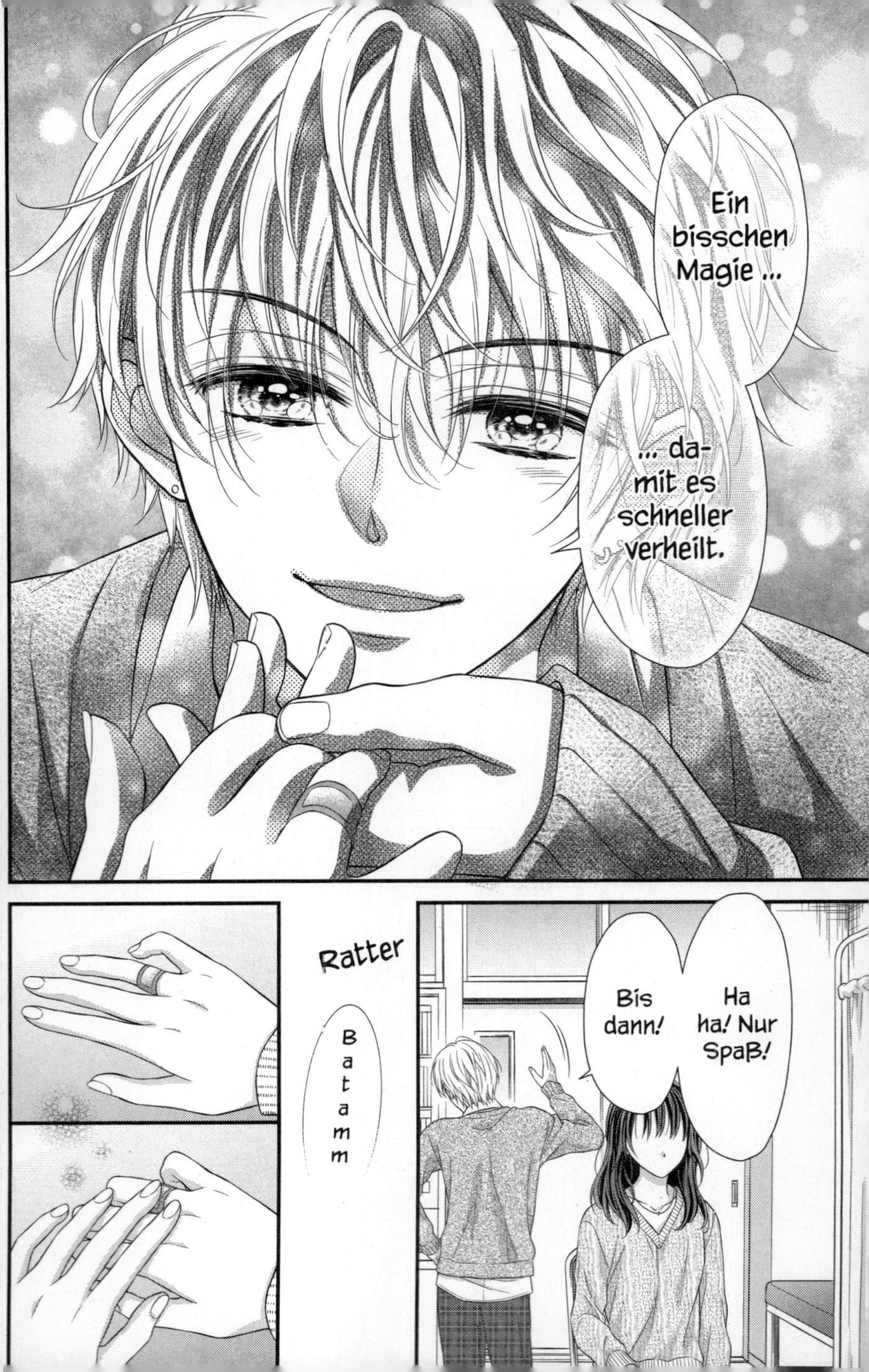
Ein bisschen Magie ...
... damit es schneller verheilt.
Ratter
Ha ha! Nur Spaß!
Bis dann!
Batamm

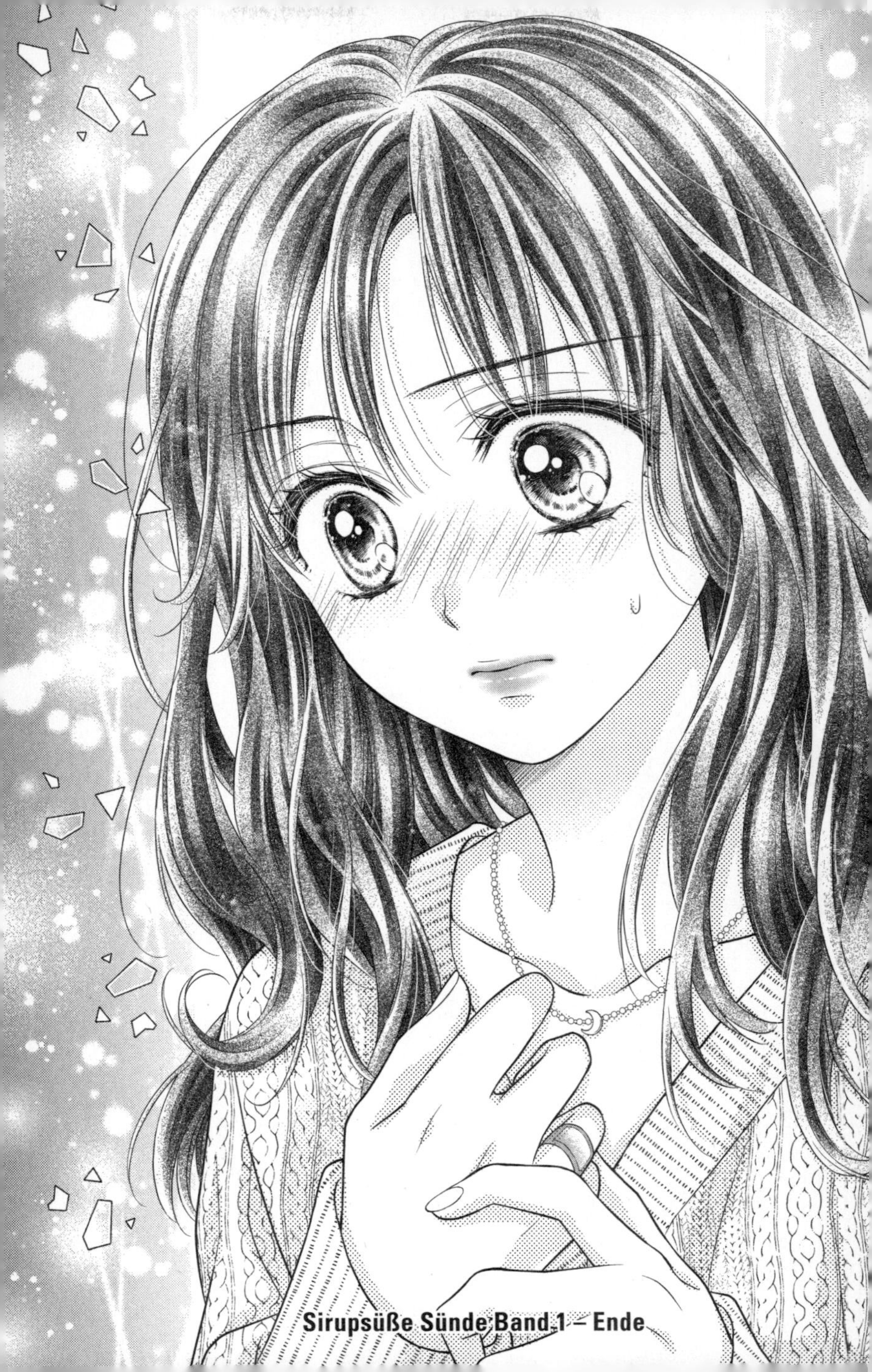
Sirupsüße Sünde Band 1 – Ende

Profil der Autorin

Kayoru wurde am 24. April im Sternzeichen Stier geboren. Ihre Heimat ist die Präfektur Kyoto und ihre Blutgruppe ist 0. Ihr Debüt gab sie 2008 in der Juni-Ausgabe der *Sho-Comi* mit der Kurzgeschichte *Es ist ein Geheimnis?! Der Vorsitzende des Disziplinarausschusses**. Derzeit zeichnet sie sehr engagiert für das Magazin *Sho-ComiX*!

Kayoru feiert mit ihrer neuen Serie *Sirupsüße Sünde* ihr 10-jähriges Jubiläum bei TOKYOPOP. Ihr Deutschland-Debüt war der Einzelband *Du + Ich = Wir* im Dezember 2011. Die Werke *Verrückt nach Erdbeere* und *Küss mich richtig, my Lady* erhielten später jeweils eine der begehrten ShoCo Cards. 2018 beehrte Kayoru uns mit ihrem Besuch auf der AnimagiC, einer der größten Manga- und Anime-Conventions in Deutschland. Dort konnten sich ihre treuen Fans Autogramme sichern.

*enthalten im Einzelband *Leuchtend wie Yukis Liebe*

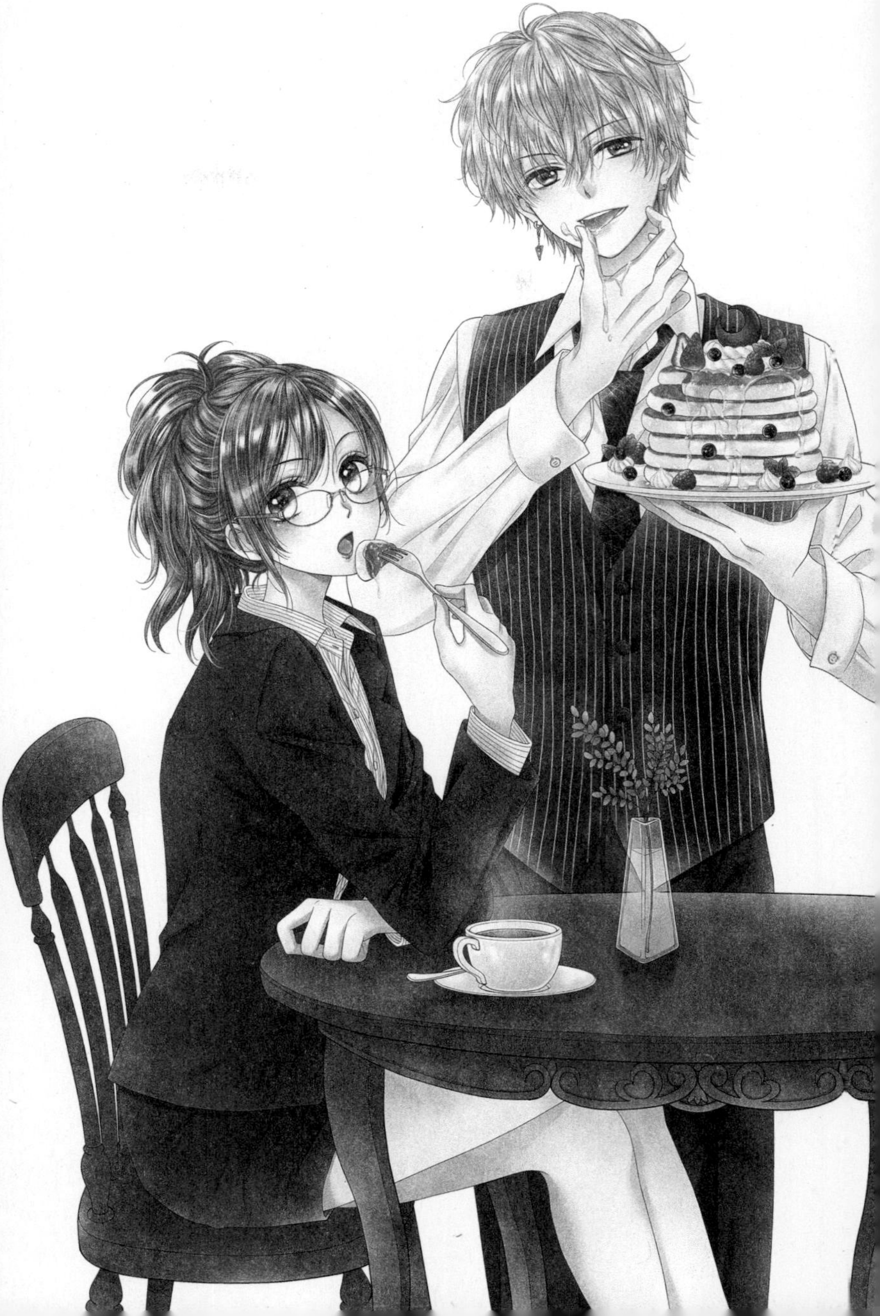

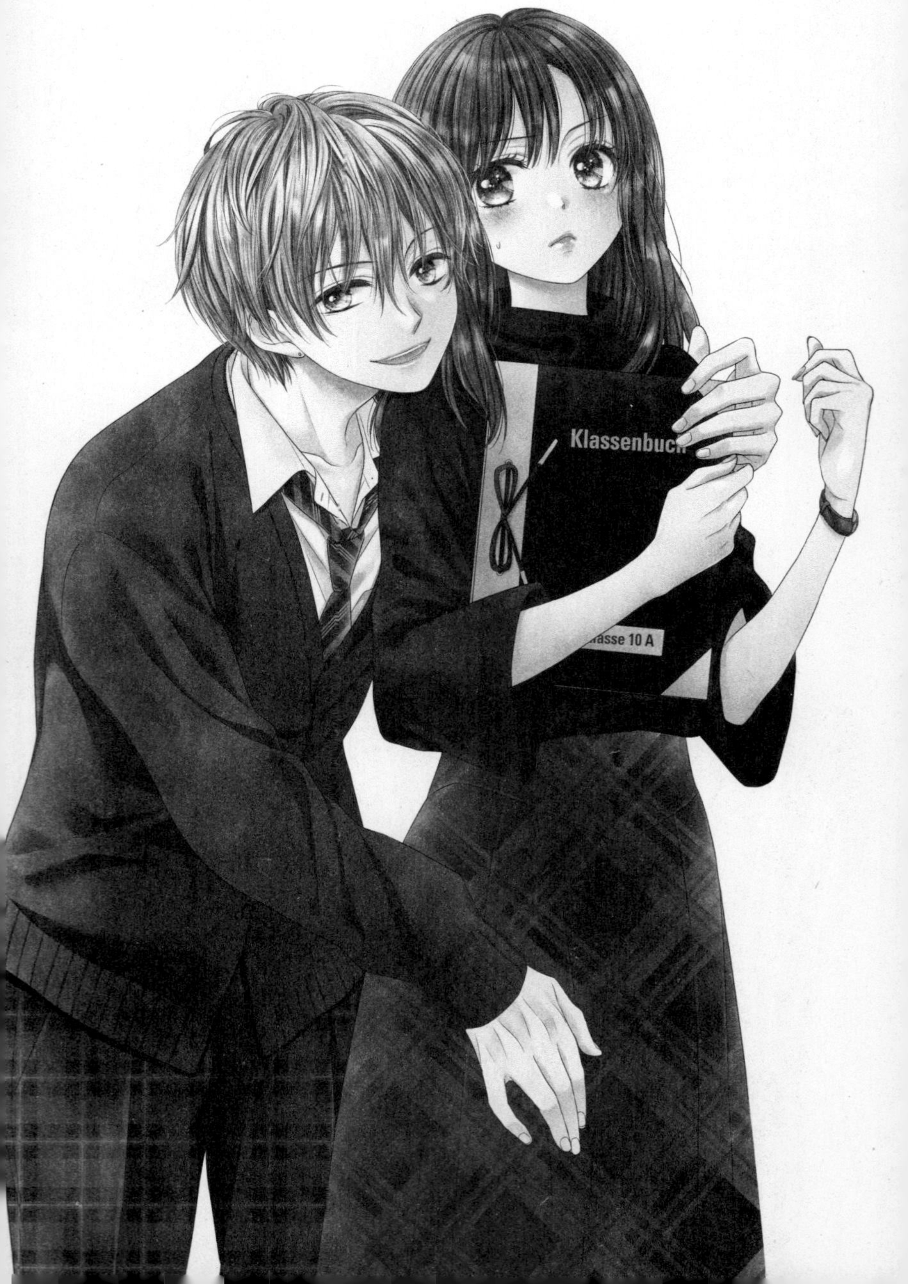
Klassenbuch
asse 10 A

Sirupsüße Sünde

TOKYOPOP GmbH
Hamburg

TOKYOPOP
1. Auflage, 2021
Deutsche Ausgabe/German Edition

Aus dem Japanischen von Josef Shanel

Cover design: Kaori KUROKI + Bay Bridge Studio

Redaktion: Benjamin Spinrath
Lettering: Vibrant Publishing Studio
Herstellung: Annika Meyer-Wülfing, Britta Philipp
Druck und buchbinderische Verarbeitung:
CPI-Clausen & Bosse GmbH, Leck
Printed in Germany

MIX Papier FSC® C083411

Wir achten auf die Umwelt.
Dieses Produkt besteht aus FSC®-zertifizierten und anderen kontrollierten Materialien.

ISBN 978-3-8420-7138-4

www.tokyopop.de

Sirupsüße Sünde

Entdecke jetzt die Einzelbände von Kayoru!

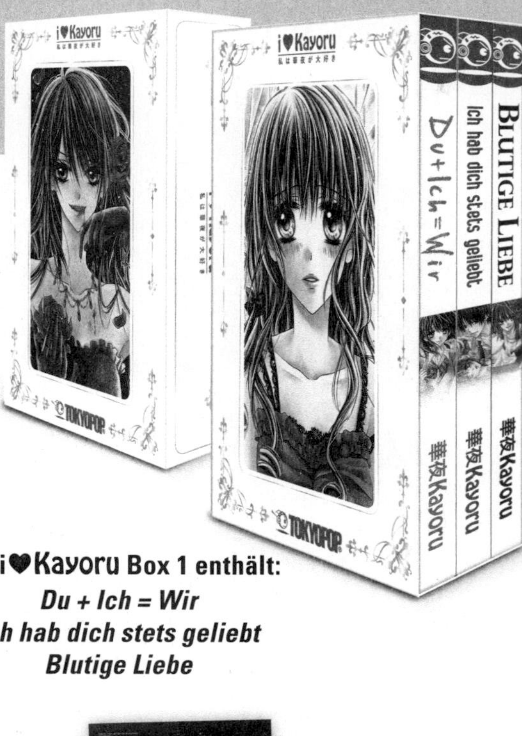

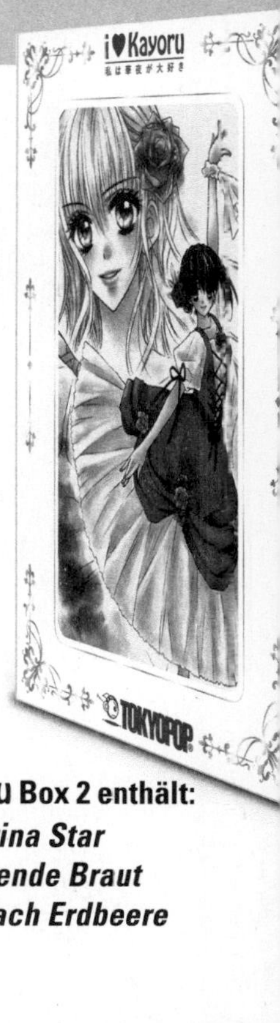

Die i♥Kayoru Box 1 enthält:

Du + Ich = Wir
Ich hab dich stets geliebt
Blutige Liebe

Die i♥Kayoru Box 2 enthält:

Ballerina Star
Eine reizende Braut
Verrückt nach Erdbeere

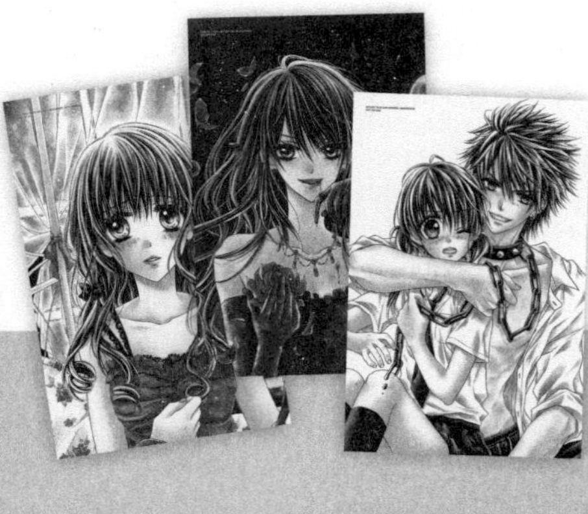

Austauschbare Inlays!

Gestalte die Schuber, wie sie dir am besten gefallen!

LIEBE KENNT KEINE DEADLINE

VERRÜCKT NACH EINEM MANGAKA

Kayoru

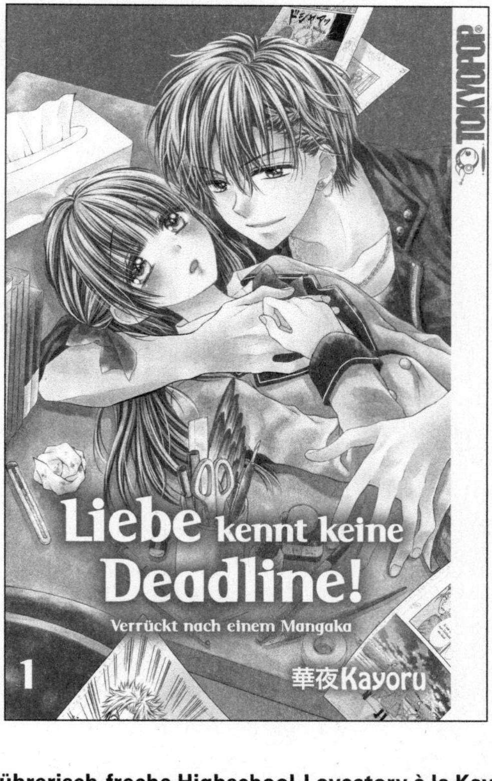

Verführerisch-freche Highschool-Lovestory à la Kayoru!

Ichika, hübsche Tochter aus reichem Hause, scheint das Sinnbild der perfekten Schülerin zu sein. Was jedoch kaum jemand weiß: Sie ist ein leidenschaftlicher Otaku und gibt sich in ihren Tagträumen schönen Mangahelden hin. In die Realität holt sie der Rowdy Subaru zurück, der sie nach einem Streit plötzlich verschleppt und sich kurz darauf als ihr Lieblingsmangaka vorstellt ...!

TOKYOPOP®

www.tokyopop.de

DEINE TEUFLISCHEN KÜSSE

Kayoru

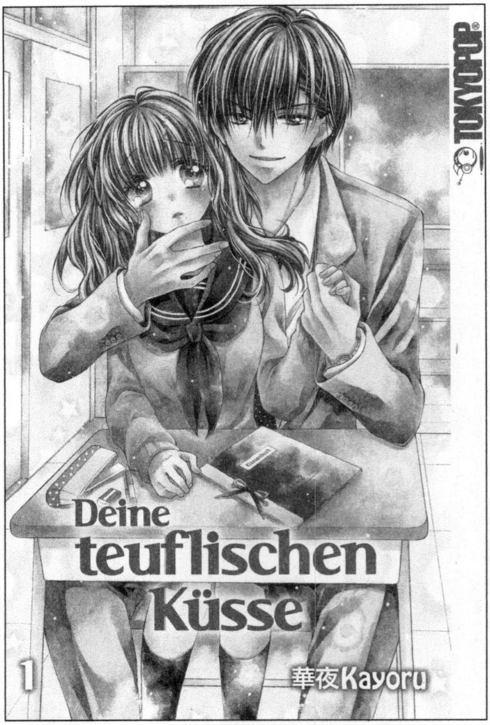

Teuflisch-süße Highschool-Lovestory à la Kayoru!

Als Mokas Vater seinen Job verliert und die ganze Familie plötzlich kein Dach mehr über dem Kopf hat, kommen sie dank Mokas Klassenlehrer Herrn Onimiya, Spross einer reichen Unternehmerfamilie, an eine günstige Wohnung. Auf Geheiß ihrer Verwandten soll Moka allerdings bei ihrem Lehrer wohnen – in der Hoffnung, dass sie sich verlieben und später heiraten. Doch der geliebte Lehrer ist in Wirklichkeit ein Teufel, der sie bei jeder Gelegenheit schikaniert ...

TOKYOPOP®

www.tokyopop.de

ALLE SIND IM HOCHZEITSWAHN

Izumi Miyazono

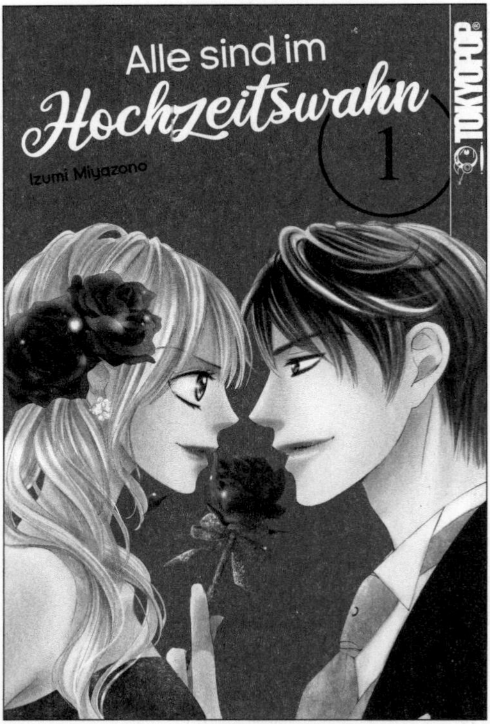

Ja, ich will (nicht)!

Die erfolgreiche und frisch getrennte Bankangestellte Asuka träumt davon zu heiraten. Doch irgendwie will sich kein passender Partner finden. Als schließlich mit Fernsehsprecher Ryu ein aussichtsreicher Kandidat auftaucht, wird es kompliziert. Denn der lehnt eine Hochzeit klar ab! Aber Gegensätze ziehen sich ja bekanntlich an ...

LIEBE IST (K)EIN WETTKAMPF

Aki Iwai

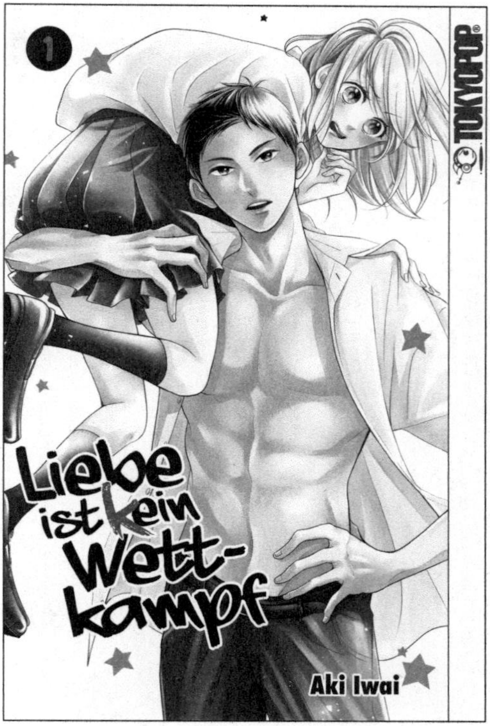

EIGENTLICH LIEB ICH DICH

sora

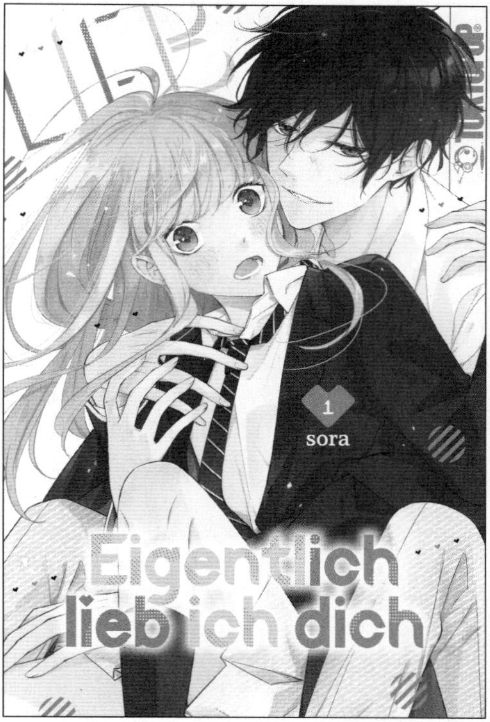

Gegensätze ziehen sich an!

Musterschülerin Chihiro kann einfach nicht Nein sagen und wird daher oft von ihren Mitmenschen ausgenutzt. Schulschwänzer und Eigenbrötler Kisaragi dagegen hält sich am liebsten aus allem raus. Plötzlich wird ausgerechnet er in Chihiros lästige Aufgaben verwickelt. Beim Sportfest, das sie mehr oder weniger zusammen organisieren, zeigt er dann jedoch ungeahnten Ehrgeiz. Ob hinter seiner Abwehrhaltung mehr steckt, als es den Anschein hat ...?

TOKYOPOP®

www.tokyopop.de

STOPP!

Dies ist die letzte Seite des Buches!
Du willst dir doch nicht den Spaß verderben
und das Ende zuerst lesen, oder?

Um die Geschichte unverfälscht und originalgetreu mitverfolgen zu können, musst du es wie die Japaner machen und von rechts nach links lesen. Deshalb schnell das Buch umdrehen und loslegen!

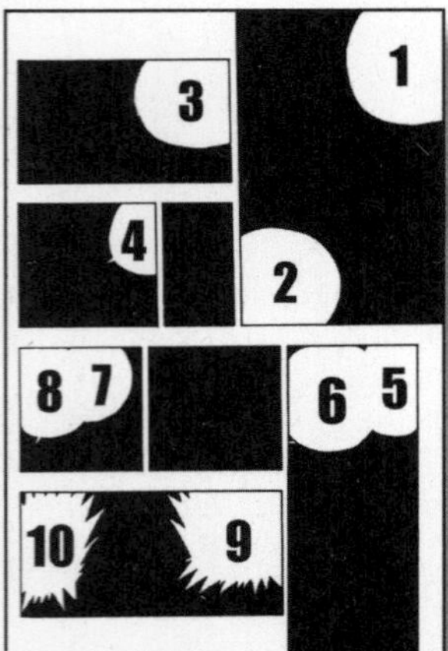

So geht's:

Wenn dies das erste Mal sein sollte, dass du einen Manga in den Händen hältst, kann dir die Grafik helfen, dich zurechtzufinden: Fang einfach oben rechts an zu lesen und arbeite dich nach unten links vor.
Viel Spaß dabei wünscht dir TOKYOPOP®!